Über die Autorin:
Amelie Ebner, geboren 1996, hatte im Februar 2013, mit 17 Jahren, einen Ski-Unfall. Seitdem ist sie vom sechsten Halswirbel abwärts querschnittgelähmt. Nach einer langen Phase der Rehabilitation kehrt sie nach Hause zurück. Als junge Frau lernt sie, wie man den Alltag mit Behinderung meistert. 2016 legt sie die Abiturprüfungen ab, im Herbst nimmt sie ein Jurastudium auf. Mit ihrer Familie, ihren Eltern und beiden Geschwistern, wohnt sie im Norden Münchens. Amelie schreibt einen Blog, der Leser in ganz Deutschland findet.

Über den Co-Autor:
Matthias Kohlmaier, geboren 1985, studierte Sportwissenschaften mit Schwerpunkt Medien und Kommunikation an der TU München. Nach dem Berufsstart im Online-Journalismus ging er zur *Süddeutschen Zeitung*. Dort ist er Redakteur im Ressort »Bildung und Karriere«. Matthias Kohlmaier lebt in München.

Amelie Ebner

mit Matthias Kohlmaier

Willkommen im Erdgeschoss

Wie ich mich mit 17
im Rollstuhl wiederfand

Besuchen Sie uns im Internet:
www.knaur.de

Vollständige Originalausgabe Juni 2017
Knaur Taschenbuch
© 2017 Knaur Verlag
Ein Imprint der Verlagsgruppe
Droemer Knaur GmbH & Co. KG, München
Alle Rechte vorbehalten. Das Werk darf – auch teilweise – nur mit
Genehmigung des Verlags wiedergegeben werden.
Redaktion: Sabrina Hausmann
Covergestaltung: ZERO Werbeagentur, München
Coverabbildung: Dominik Gigler
Fotos im Bildteil: Archiv Amelie Ebner
Satz: Adobe InDesign im Verlag
Druck und Bindung: CPI books GmbH, Leck
ISBN 978-3-426-78906-3

2   4   5   3   1

Inhalt

1
Grauer Himmel

Augen auf. Ich blicke direkt in den grauen Himmel. Ich liege im Schnee. Sehe nur den Himmel und neben mir ein orangenes Fangnetz. Was ist passiert? Wie bin ich hier hergekommen? Und vor allem: Was wollen die ganzen Leute von mir?

Ich blicke in erschrockene Gesichter. Nehme sie nur verschwommen wahr. Sie scheinen mit mir reden zu wollen, aber ich höre sie nicht. Ihre Münder bewegen sich ganz langsam. Alles vergeht in Zeitlupe. Meine Sicht wird klarer, der Himmel bleibt grau, und die Menschen schauen mich weiterhin erschrocken an.

»Amelie? Kannst du mich hören?«

›Sophie‹, denke ich. ›Ja, ich höre dich. Aber ich verstehe nicht, was hier los ist.‹

Sophie kniet rechts neben meinem Kopf. Ihre schwarzen Locken baumeln vor meinem Gesicht. Sie redet mit mir, nur verstehen kann ich sie nicht. ›Denk nach! Was zur Hölle ist hier los?‹

»Amelie, spürst du das?«

Ein fremder Mann steht bei meinen Beinen. Er hält etwas in der Hand. ›Was hat er da? Er bewegt mein Bein! Warum spüre ich das nicht? Warum kann ich es nicht bewegen?‹

Ich schüttle langsam den Kopf. Panik. Ich kann nicht aufstehen! Warum kann ich nicht aufstehen? Ich versuche, mich aufzurichten, aber mein Körper gehorcht mir nicht.

Ich versuche wieder und wieder, mein Bein zu heben. Auch das funktioniert nicht. Noch mehr Panik.

»Amelie, hör mir gut zu«, sagt Sophie. »Versuche, dich

nicht zu bewegen. Bleib ganz ruhig, alles wird gut.« Ihre Stimme klingt nicht so, als ob alles gut werden würde.

Spannend, hollywoodreif und erfunden. Zumindest teilweise, denn ganz so klischeemäßig lief es bei mir nicht ab.

Ich lag tatsächlich da, am frühen Nachmittag des 2. Februar 2013. Über mir der graue Himmel und erschrocken blickende Gesichter. Aber ich wusste sofort, was passiert war. Ich war auf einem Skiausflug die Piste runtergefahren, einem Mann ausgewichen und in den Fangzaun gerast. Mit den Armen voran. Und da sind wir auch schon bei meiner größten Sorge. Meine Arme. Nicht, dass ich nicht aufstehen konnte, meine Beine nicht spürte, meinen gesamten Körper nicht spürte; nein, ich hatte Angst um meine Arme. Das letzte Bild, das ich im Kopf hatte, war, wie ich mit ausgestreckten Armen in diesen orangenen Fangzaun rase. Ich hatte Angst, dass sie gebrochen seien. Ich wollte auf keinen Fall einen Bruch sehen! Mir wurde schon beim Gedanken schlecht. Einmal und nie wieder. In der achten Klasse hatte sich ein Mädchen direkt neben mir den Arm gebrochen. Elle und Speiche komplett durch. Kein schöner Anblick. Nein, nein, nein, nein. Bitte nicht.

Ich atmete tief ein und hob beide Arme an. Sie hingen nur komisch da. Okay, die waren bestimmt gebrochen. Scheiße. Ich legte sie langsam und vorsichtig wieder ab, froh und überrascht, keinen Schmerz zu spüren.

»Sie kann ihre Arme bewegen!«, sagte irgendwer.

Ja, warum nicht?

Langsam richtete ich meine Aufmerksamkeit von meinen mindestens fünfmal gebrochenen Armen auf meine Umgebung. Ich lag im Schnee, neben dem Fangzaun. Trug meine geliebte schwarz-weiß gestreifte Schneejacke, die ich zwei Jahre vorher meinem Cousin für 20 Euro abgekauft hatte. Außerdem diese hässliche schwarze Skihose.

Am Abend davor stand ich mindestens zwei Stunden vor dem Spiegel, probierte sämtliche Skihosen und war mit jeder unzufrieden. Ich hatte nur fett machende Skihosen, die alles andere als cool und sportlich aussahen. Ich wollte aber cool und sportlich aussehen und eine schöne enge Skihose tragen. Aber nein, hier lag ich in dieser fetten schwarzen Hose.

Direkt neben meinem Kopf kniete Sophie, ihre Hände vorsichtig auf meinen Arm gelegt. Ihre schwarzen Locken baumelten über meinem Gesicht. »Versuch, dich nicht zu bewegen!«

Rechts neben ihr kniete ein junger, hübscher Mann, den ich noch nie gesehen hatte. In seinem roten Skianzug sah er aus wie ein Skilehrer. Ich lächelte ihn an.

Ich blickte mich weiter um, so gut es eben ging, ohne den Kopf zu bewegen. An meinen Beinen stand der Mann, dem ich gerade noch ausweichen musste. Er nahm mein linkes Bein in die Hand und bewegte es.

»Spürst du das?«

»Nein.«

War mir aber auch ziemlich egal. Hatte denn keiner mitbekommen, dass meine Arme x-fach gebrochen waren? Ich wurde panisch.

»Bleib ruhig, Amelie«, sagte Sophie.

›Wie denn, mit zwei gebrochenen Armen???‹

Um mich herum schienen auch die übrigen Schaulustigen und Tatsächlich-Helfenden langsam panisch zu werden. Vereinzelt sah ich bekannte und unbekannte Köpfe über mir. Meine Sicht war eingeschränkt, da Sophie meinen Kopf stabilisierte. Sie war die Einzige aus unserer kleinen Gruppe, die zu Hause bei den Schulsanitätern war. Das beruhigte mich etwas. Die drei Jungs unserer fünfköpfigen Truppe sah ich nur selten.

»Papa! Ich muss meinen Papa anrufen!«

Die Stimmen um mich wurden lauter.

»Wo ist ihr Handy?«

»In meiner Jackentasche.«

Jemand griff in meine Jacke, holte mein Handy heraus.

»Wie hast du ihn eingespeichert?«

»Papa.«

Ich hörte, wie jemand mit meinem Papa sprach.

»Unfall … Fangzaun … Will Sie sprechen …«

Sophie hielt mir schließlich das Handy ans Ohr.

»Papa, ich kann nicht aufstehen.«

Er sagte nicht viel, blieb ruhig und meinte nur, das würde schon werden.

Ich weiß, es klingt komisch, aber mir war sofort bewusst, was los war. »Ich muss in den Rollstuhl.« Keine Frage, eine Feststellung.

»Nein, musst du nicht!« Sophie versuchte, mich zu beruhigen. Dabei war ich ruhig.

Ich blickte zu dem jungen Mann neben Sophie. Blond, blaue Augen, nicht mein Typ. Ich lächelte ihn trotzdem an. Ich weiß nicht, wieso, aber seine blauen Augen beruhigten mich. Gewöhnlich hasse ich blaue Augen. Fand ich noch nie attraktiv. Aber diese blauen Augen …

»Nummer?«, fragte oder vielmehr krächzte ich.

Er verstand mich nicht. Sprach kein Deutsch.

»Was willst du, Amelie?«, fragte Sophie.

»Seine Nummer.«

Fragende Blicke und ich weiß noch immer nicht, wieso: Aber Sophie fragte ihn nach seiner Nummer, nahm mein Handy und speicherte sie ein. Ja. Ich lag im Schnee, konnte meinen Körper nicht spüren, geschweige denn aufstehen – und holte mir die Nummer von einem Typen.

Und wer jetzt auf irgendein Liebesgeschichtenende hofft: Bis heute ist seine Nummer dort. Gespeichert unter »Stefan vom Skifahren«. Habe mich nie gemeldet. Was hätte ich auch sagen sollen? »Hallo, ich weiß nicht, ob du dich erinnerst, aber hier ist das Mädchen, das im Schnee vor dir lag, nicht mehr aufstehen konnte und deine Nummer wollte.« Ich glaube, wir können beide froh sein, dass ich ihn nicht angerufen habe. Blond und blauäugig ist eh nicht mein Ding.

Zurück zum eigentlichen Geschehen: ich, bewegungsunfähig, im Schnee liegend.

Es war das zweite Mal, dass ich an dem Tag hingefallen war. Nur, dass ich beim ersten Mal wieder aufstehen und weiterfahren konnte. Ich war eine gute Skifahrerin und stürzte normalerweise sehr selten. Und dann gleich zweimal an einem Tag! Obwohl ich doch eigentlich meine Freunde mit meinen Skikünsten beeindrucken wollte. Es war nämlich kein gewöhnlicher Skiausflug. Ich war gerade 17 geworden und das erste Mal alleine mit Freunden beim Skifahren.

Meine Eltern haben eine kleine Hütte im Südtiroler Meran, direkt in einem Skigebiet. Dort war ich seit meiner Kindheit jeden Winter Ski gefahren – und konnte es wirklich gut. Nun war der erste Tag, an dem ich Leuten außerhalb der Familie beweisen wollte, wie gut ein Mädchen, das nicht direkt in den Bergen wohnt und nicht Mitglied in einem Skiclub ist, Ski fahren kann. Dementsprechend hatte ich mich auch auf diesen Tag gefreut und sogar das Mittagessen bei meiner Oma abgesagt. Hätte mich dann doch fast für das Familienessen entschieden, weil ich dabei war, eine Erkältung zu bekommen. Zum Glück – na ja, vielleicht auch nicht – ging es mir am Abend vor dem Ausflug wieder gut, und ich konnte mitfahren.

Am nächsten Tag stand ich frühmorgens um fünf Uhr auf und packte meine Sachen. Darunter meine neuen, noch unbenutzten Skier und Skischuhe. Mein Papa, mit dem ich bisher jeden Skiausflug gemacht hatte, sollte mich zum Treffpunkt fahren. Gemeinsam holten wir zwei Freunde ab und fuhren zu unserer Schule, wo der Bus schon wartete. Oli, einer meiner besten Kumpels, war schon da und hatte mir einen Platz am Fenster neben sich in der letzten Reihe reserviert. Seit der Neunten waren wir zusammen in einer Klasse, kannten uns durch einen gemeinsamen Freund aber schon etwas länger und haben oft die Pausen zusammen verbracht. Wir nannten ihn oft Social-Oli, weil er einer der sozialsten und liebsten Menschen dieser Welt ist. (Außer es geht um Fußball oder Politik. Da wird selbst ein Social-Oli mal laut.)

Die Fahrt nach Österreich ins Skigebiet Lofer war lang, aber witzig. Vor Oli und mir saßen die zwei Jungs, die wir in der Früh mitgenommen hatten und die mit mir später auf der Piste eine Dreiergruppe bilden sollten (»Bitte in einer Gruppe von mindestens drei Personen fahren, damit im Notfall einer Hilfe holen kann …«). Oli fuhr in einer anderen Gruppe mit, die eher abseits der Piste im Tiefschnee fahren wollte. Nicht mein Ding.

Auf der Busfahrt fanden wir heraus, dass Sophie und ihr Begleiter nur zu zweit waren. Sie schlossen sich uns an. Eine fünfköpfige Truppe. Da konnte ja nichts schiefgehen.

Das Wetter in Lofer war schlecht bis zum Kotzen. Nebel, Regen, nichts, was das Herz eines Skifahrers erfreut.

Trotzdem fuhren wir mit einer Gondel den Berg hoch und gleich die erste Piste hinab. Und was soll ich sagen: Es war scheiße! Null Sicht, pappiger Schnee und ein schlecht ausgeschildertes Skigebiet. Dauernd kamen wir versehentlich von der Piste ab. Und mussten sogar einmal durch Tiefschnee bergauf stapfen, weil wir uns verfahren hatten. In einem Skigebiet! Oft musste man anschieben, weil der

Schnee dermaßen klebte. Geschwindigkeit aufbauen war so gut wie nicht möglich, Spaß haben auch nicht. Und sonderlich beeindrucken konnte ich die anderen vermutlich auch nicht. Ganz im Gegenteil. Ziemlich früh beschlossen wir, eine Hütte zu suchen und erst mal etwas zu essen.

Obwohl ich mich eigentlich schon mehr als ein Jahr vegetarisch ernährte, bestellte ich mir, wahrscheinlich aus Frust, eine Currywurst (jaja, kleine Sünden bestraft der da oben sofort). Einer meiner Kumpels hatte Glühwein mit Schuss dabei. Ich verzichtete, für mich persönlich war es noch zu früh für Alkohol.

Gestärkt stiegen wir die Treppen hinunter zur Toilette (es sollte bis heute die letzte Treppe sein, die ich hinab- und hinaufsteigen konnte) und fuhren schließlich weiter.

Im beheizten Sessellift fiel uns auf, dass es freies WLAN gab. Wenigstens eine gute Nachricht an diesem Tag. Viel Zeit blieb nicht bis zum Aussteigen, und so schrieb ich meiner Schwester, die gemeinsam mit meiner Mutter und meinem Bruder beim Mittagessen meiner Oma war. »Sitzen gerade in der Gondel. Wetter ist scheiße, aber ist trotzdem lustig. Schreib dir später noch mal.«

Das Witzigste an diesem Tag passierte dann Sophie, die während der Fahrt im Sessellift ihren Skistock verlor. Gemeinsam warteten wir oben am Lift, bis einer der Jungs die Piste nach dem Skistock abgesucht und ihn schließlich zurückgebracht hatte. Bald beschlossen wir, nicht mehr allzu lang zu fahren und uns Richtung Tal zu halten. Nach ein paar weiteren, wegen Pappschnee und Nebel sehr langsamen und langweiligen, Abfahrten steuerten wir auf das Ende des Skitages zu.

Jetzt wurde die Piste endlich etwas steiler und spannender. Nach ein paar Metern kam bereits ein kleines Stück durch engen Wald, und plötzlich war da wieder Tiefschnee.

Mein rechter Ski blieb hängen, verdrehte sich – und ich stürzte.

»Alles okay?«, fragte einer meiner Freunde und streckte mir die Hand hin.

»Ja, alles gut. Ich weiß nicht, was heute los ist.« Ich griff nach seiner Hand, und er half mir auf. Ich war sauer. Sauer auf mich, auf das Wetter, auf alles. Wie sollte ich mein Können zeigen, wenn überall dieser Scheißtiefschnee lag und man nichts sah? Die Leute dachten wahrscheinlich, ich wäre eine komplette Null. Aber ich konnte verdammt noch mal sehr gut Ski fahren! Und zwar nicht nur im Schuss. Ich konnte nicht viel, aber Ski fahren sehr wohl!

Mit Wut im Bauch fährt es sich zum Glück am besten. Und nach drei Schwüngen hatte ich meine Wut über die Kanten meiner Ski in den Schnee übertragen. Besser.

Langsam gelang es mir, wenigstens etwas Geschwindigkeit aufzubauen. Nicht so viel wie gewohnt, aber immerhin musste ich nicht mehr anschieben, sondern konnte die Ski endlich laufen lassen.

Dieses Stück Piste sah gut aus, und dieses Kribbeln im Bauch, das ich oft beim Skifahren hatte, wenn die Ski richtig schön liefen und ich große, schnelle Bogen fahren konnte, stellte sich an diesem Tag zum ersten Mal ein. Wirklich ein gutes Gefühl. Dadurch, dass es eine kleine Kurve bergauf ging, konnte ich für einen Moment nicht genau sehen, wie die Piste weiterging. Und als ich den kleinen Hügel überwunden hatte, geschah alles viel zu schnell, und zu viel passierte auf einmal.

Ich sah die scharfe Rechtskurve zu spät, nach der die Piste in ein Flachstück mündete. Ein Mann stand mitten auf der von mir kurzfristig angepeilten Linie. Ich wich aus, eigentlich nichts Besonderes für mich. Doch ich schaffte die Kurve nicht, mein linker Ski streifte den Tiefschnee. Ich sah das orangene Fangnetz auf mich zurasen und streckte in einem Reflex meine Hände nach vorne.

Ich kann mich erst wieder an den Moment erinnern, an dem ich auf der Piste lag und über mir der graue Himmel hing. Wahrscheinlich war ich bewusstlos gewesen. Sophie hat mir später erzählt, ich hätte gerufen, dass ich keine Luft bekomme. Gemeinsam haben Sophie und ein mir unbekannter Skifahrer mich wohl vorsichtig aus dem Fangzaun geholt. Da ich weiterhin kaum Luft bekam, haben sie mir, als ich wieder bei Bewusstsein war, den Helm abgenommen. Auch daran erinnere ich mich nicht.

Erst Minuten später, als ich am Rand der Piste lag und sich schon sämtliche Leute um mich versammelt hatten, setzt meine Erinnerung wieder ein.

Rund eine Stunde später hatte ich die Nummer von dem Typen, meinen Papa angerufen, und irgendwer hatte die Bergwacht verständigt. Die kamen allerdings mit einem Skidoo, einem Motorschlitten mit einer Trage hinten dran. Schnell war klar, dass es für mich zu gefährlich wäre, mit diesem ruckelnden Ding ins Tal gebracht zu werden. Sie forderten einen Hubschrauber an.

Obwohl mir nicht kalt war, wurde ich in so eine goldene Folie eingewickelt. Insgesamt fühlte ich nichts. Keine Kälte, keine Wärme und keinen Schmerz. Nur Durst.

»Bitte gib mir Schnee«, sagte ich zu Sophie.

Sie steckte mir welchen in den Mund, und er tat gut.

»Ich bin müde! Ich will schlafen.«

»Amelie, bleib wach! Du darfst jetzt nicht schlafen.«

Ich wiederholte das ein paarmal. »Ich bin müde, aber ich darf nicht schlafen.«

Allmählich verschwamm alles, und ich dämmerte immer wieder ein wenig weg. Ich sagte noch oft, dass ich im Rollstuhl landen würde. So hat es Sophie erzählt.

Dass ich nicht aufstehen konnte, kam mir nicht unnormal vor. Wie gesagt, ich hatte hauptsächlich Angst um meine Arme. Später hat mir jemand gesagt, ich hätte ein paar Stunden dort im Schnee gelegen. Keine Ahnung. Mir kam es mal länger, mal kürzer vor.

Irgendwann hörte ich endlich einen Hubschrauber. Immer wieder schien er näher zu kommen, um anschließend wieder weiter weg zu fliegen. Der Hubschrauber konnte an der Stelle nicht landen, und so seilten sich nur die Ärzte ab. Genauer gesagt die Ärztin und ein Sanitäter. Sie kamen zu mir, und ab hier verschwimmt meine Erinnerung wieder. Ich weiß nicht, was mir gespritzt wurde, aber es war gut. Ob ich mich bewegen kann, wurde ich gefragt. Wie ich heiße, wo ich wohne und was ich hier mache. Ich konnte auf alles eine recht klare Antwort geben. Nein, Amelie, in München, Ski fahren.

Die Ärztin sagte mir, dass sie mich jetzt vorsichtig auf die Trage legen und dann mit dem Hubschrauber ins Krankenhaus bringen würden. Ich wurde eingepackt, mein Genick wurde stabilisiert, und gemeinsam mit der Ärztin wurde ich in den über uns fliegenden Hubschrauber gezogen.

Hubschrauber fliegen ist cool, kann ich nur empfehlen. Ich genoss die Aussicht in die Berge. Bei jedem Ruckeln, das der Hubschrauber machte, schaute ich die Ärztin panisch an. Sie beruhigte mich mit ihrem Blick.

Das ist die Geschichte zu meinem Unfall, die nur so mittelemotionale Wahrheit. Keine Panik, keine Verzweiflung und kein Schmerz. Auch kein »Ich hab es knacken gehört«. Nur Angst um meine Arme.

2
Blind würde ich nicht aushalten, aber so ist es okay

Der Hubschrauber brachte mich direkt in ein Unfall-krankenhaus in Österreich. Ich spürte, wie wir landeten, alles wurde ruhiger. Ich wurde aus dem Hubschrauber getragen und sah eine Handvoll Ärzte, Schwestern, Pfleger und irgendwelche anderen Leute auf mich zulaufen.

Was sie untereinander redeten, verstand ich nicht. Wieder wurde ich gefragt, wie ich hieße, wo ich herkäme, wie alt ich sei und ob ich wüsste, was passiert war. »Ja, weiß ich. Wir waren Ski fahren, und ich bin in den Fangzaun gerast.«

Ich wurde auf der Trage liegend in das Krankenhaus geschoben. Der Himmel war noch immer hässlich grau.

Ich wurde immer müder und war nach wie vor bewegungsunfähig.

Ich bekam noch mit, wie ich in eine weiße Röhre, den Computertomografen, geschoben wurde. Das laute Geräusch erschreckte mich. Ich schaute mich hilfesuchend um und sah eine Schwester, die neben mir stand. Sie beruhigte mich. Warum ich so schreckhaft war, weiß ich auch nicht genau. Zu viele Schmerzmittel wahrscheinlich.

Ich wusste nicht, was die Ärzte redeten, was sie rausgefunden hatten oder was los war, auf jeden Fall ging plötzlich alles sehr schnell. Wieder wurde mir was gespritzt, und alles um mich herum wurde sehr schnell sehr schwarz. Ich sah noch, wie mein Adidas-Pulli aufgeschnitten wurde. Besser gesagt: der Adidas-Pulli meiner Schwester. ›Nein!‹, wollte ich noch rufen. ›Geht das nicht anders? Das ist nicht meiner.‹ Aber da wurde schon alles schwarz, und ich schlief ein.

Ich kann mich an keinen genauen Zeitpunkt erinnern, an dem ich wieder bei Bewusstsein war. Immer wieder öffnete ich die Augen. Sah mal niemanden im Raum, mal Schwestern und Ärzte und auch meine Mutter.

Irgendwann wurde ich richtig wach und konnte mich umsehen. Meine Mutter saß links neben mir. Überall waren Kabel und Schläuche. Mein Bett stand in der linken Hälfte des Raumes, an den rechts ein anderes Zimmer angrenzte. Durch eine geöffnete Tür sah ich dort Menschen in grüner Kleidung. ›Das sind wohl die Schwestern und Pfleger‹, dachte ich in meinem noch halb betäubten Kopf. Die Wände in meinem Zimmer waren grün, wie die Kleidung der Klinikmitarbeiter. Gegenüber von meinem Bett blickte ich auf eine große, breite Tür. Links davon befand sich, von meinem Krankenzimmer abgetrennt, ein weiß gekacheltes Bad.

An meine ersten Worte nach dem Unfall erinnere ich mich nicht. Dafür wusste ich noch immer ganz genau, was passiert war, bevor ich gestürzt bin. Skiausflug, Fangzaun, Hubschrauber, Krankenhaus.

Ich hatte das Gefühl, ich würde noch immer meine Skischuhe tragen, und meine Beine wären deswegen angewinkelt, weil ich die Ski noch angeschnallt hätte. Ich blickte an mir hinunter. Nichts. Eine weiße, flache Decke. Keine Skier, keine angewinkelten Beine.

Meine Arme lagen auf der Decke. Ich war verwundert, dass sie nicht eingegipst waren. Spüren konnte ich sie zwar nicht (glücklicherweise vielleicht, denn an meiner linken Hand hing eine Infusion, und mir wurde schon vom Anblick schlecht), aber sie lagen schön ausgestreckt da und schienen nicht gebrochen zu sein. Wobei »schön ausgestreckt« jetzt eher relativ zu sehen ist. Sie lagen leicht angewinkelt auf meinem Bauch und sahen etwas dick, etwas aufgebläht aus.

Ich versuchte, sie anzuheben. Funktionierte auch, ein wenig zumindest. Sie kribbelten und fühlten sich genauso taub an wie der Rest meines Körpers – vielleicht auch meines Kopfs, denn noch immer vernahm ich keine Spur von Panik. Ich konnte halt nicht mehr aufstehen, ansonsten alles gut.

Ich blickte zu meiner Mutter links neben meinem Bett. Sah, dass sie geweint hatte, und auch, wie sie gerade darum kämpfte, nicht wieder anzufangen.

Sie fragte mich, ob ich wüsste, was passiert war.

»Ja«, sagte ich. »Ich bin in den Fangzaun gerast, und jetzt kann ich nicht mehr aufstehen.«

Sie nickte.

»Wird das wieder?«, fragte ich.

Sie schüttelte den Kopf und weinte. Ich nickte.

»Jetzt können wir wenigstens auf dem Behindertenparkplatz parken.«

Meine Mutter schaute mich verdutzt an und lachte. Das war schön.

Die Ärzte hatten schon mit meiner Mutter gesprochen, während ich noch weggetreten war. Und irgendjemand hatte mittlerweile wohl den Ärzten Bescheid gegeben, dass ich aufgewacht war. Eine Frau im weißen Kittel kam herein und stellte sich als Frau Dr. Irgendwer vor, habe den Namen vergessen.

»Frau Ebner, wie geht es Ihnen?«, fragte sie.

»Ganz gut eigentlich.«

»Sie hatten einen Skiunfall.«

»Ich weiß.«

»Wissen Sie denn, was passiert ist?«

Gut, zum achtzigsten Mal: »Ja, ich war mit Schulfreunden Ski fahren und fuhr die Piste runter, habe die Abzweigung zu spät gesehen und musste einem Mann ausweichen. Bin dann in den Fangzaun gerast, und das war's eigentlich. Dann konnte ich nicht mehr aufstehen.«

»Okay. Es ist so, Sie haben sich dabei wohl den sechsten Halswirbel gebrochen. Der hat Ihr Rückenmark durchtrennt.«

»Okay.«

Sie zeigte mir, wo ich operiert worden war. Man habe den Wirbel an die richtige Stelle zurückgeschoben und stabilisiert. Mit einer Platte, vier Schrauben und einem Stück Knochen aus meiner Hüfte.

»Ich habe hier das Röntgenbild.«

Schnell schloss ich die Augen. »Ne, ne, ich will's gar nicht sehen. Bei so was wird mir schlecht.«

Das war schon immer so. Beim kleinsten Kratzer wurde mir schon übel und schwindelig. Ich war zum Beispiel mal beim Kieferchirurgen, da waren meine Weisheitszähne bereits gezogen, und der Arzt meinte nur: »Gut, Frau Ebner, nächste Woche geht's dann ans Fädenziehen.« Ich hab noch mit »Okay« geantwortet, bin aufgestanden und zack, lag ich da, alles um mich schwarz. Also allein der Gedanke, dass da Fäden aus meinem Mund gezogen werden müssen, hat mich so panisch gemacht, dass ich ohnmächtig wurde.

Hab ich von meinem Papa, der ist da genauso. Ein kräftiger Mann, der sich beim Blutabnehmen hinlegen muss, weil ihm schlecht wird, aber seiner vor einem Nervenzusammenbruch stehenden Tochter beim Zahnarztbesuch sagt: »Stell dich nicht so an, ist doch nur eine Spritze.«

Diese Eigenschaft von mir und meinem Papa treibt meine Mama in den Wahnsinn. »Kannst dich mit deinem Papa zusammentun, der ist genauso einer.« Meine Mutter ist da nämlich null empfindlich, genauso wenig wie meine Schwester oder mein Bruder, der zugeschaut hat, wie seine Platzwunde am Knie genäht wurde. Mir wird schlecht allein bei der Vorstellung.

Das Röntgenbild wollte ich also wirklich nicht sehen, so hat die Ärztin es mit einem Nicken weggesteckt.

»Können Sie Ihre Arme heben?«

»Ja, ein bisschen.«

Ich hob meine Arme so weit wie möglich. Sie schwebten kurz etwa zehn Zentimeter über der Bettdecke und sackten dann wieder schlaff herunter.

»Ihre Finger?«

Sie nahm meine Hand wie zum Handschlag.

»Drücken Sie mal zu.«

Ich versuchte es. Nichts passierte.

»Okay, gut. Und Ihre Beine, können Sie die bewegen?«

Sie hob die Decke hoch. Da lagen meine Beine. Ich starrte sie an. Waren das wirklich meine Beine? Ich hatte noch immer das Gefühl, sie seien angewinkelt und ich würde noch meine Skischuhe mitsamt den Skiern tragen. Aber da lagen nur meine Beine, ausgestreckt und in weißen hässlichen Strümpfen, Anti-Thrombose-Strümpfen.

Ich versuchte, sie zu bewegen. Nichts.

»Nein.«

»Okay.«

Sie deckte mich wieder zu. Ich spürte nichts.

»Können die Beine denn wieder werden?«, fragte ich.

»Nein, Ihr Rückenmark wurde durchtrennt, das ist unwahrscheinlich. Möglicherweise ist es nicht komplett durchtrennt, trotzdem sollten Sie sich darauf einstellen, dass es nicht wieder wird.«

»Und die Arme und Finger?«

»Das kann man jetzt auch noch nicht genau sagen. Einen Faden durch ein Nadelöhr zu fädeln, das werden Sie nicht mehr schaffen. Aber mit viel Training können Sie vielleicht wieder etwas schreiben.« Sie lachte. Warum sie lachte, das weiß ich nicht. Ich glaubte ihr ohnehin nicht. Ich war sicher, dass das schon wieder werden würde.

Ich war extrem müde, gegen 14 Uhr schlief ich wieder ein. Als ich eine Stunde später aufwachte, saß meine Mama noch neben meinem Bett. Ich war total erschöpft. Mein Nacken schmerzte, und ich bekam nur schwer Luft. Ich wusste aber, wo ich war und was los war. Noch immer war es für mich normal, nicht aufstehen zu können. Ich wusste, dass ich meine Beine nicht bewegen konnte. Sie sahen komisch aus, wie sie so da lagen, aber es war für mich trotzdem alles in Ordnung.

Eine Schwester kam herein und legte mir ein Armband um, mit meinem Namen darauf.

»Damit wir Sie zuordnen können.«

»Ah, falls ich weglaufe?«

Wieder komische Blicke, dann ein unsicheres Schulterzucken und ein noch unsichereres Lachen. Wenig Humor, diese Krankenhausmitarbeiter.

Meine Mutter und ich redeten ein wenig. Am nächsten Tag sollte die restliche Familie kommen. Mein Papa, meine jüngere Schwester und mein noch jüngerer Bruder.

Meine Mutter und mein Vater waren direkt hierhergefahren, nachdem ich sie noch von der Piste aus angerufen hatte. Meine Geschwister hatten bei Freunden übernachtet. Meine Mutter hatte sich vor Ort in einer Pension ein Zimmer genommen, und mein Papa fuhr wieder heim. Beide waren schon bei mir, als ich noch nicht bei Bewusstsein war.

Vieles von dem Tag, von den ersten Tagen nach dem Unfall habe ich vergessen. Auch an den folgenden Satz, den ich angeblich kurz nach der ersten Operation gesagt habe, erinnere ich mich nicht. Meine Mutter hat ihn aber in mein Tagebuch geschrieben: »Blind würde ich nicht aushalten, aber so ist schon okay.«

Zu Hause fragten viele Menschen nach mir, nachdem sich die Nachricht von meinem Unfall offenbar ziemlich schnell herumgesprochen hatte. Schule, Freunde, Familie, alle waren besorgt und wünschten mir gute Besserung. Meine Mutter zeigte mir Nachrichten auf ihrem Handy, die sie von Leuten bekommen hatte. »Amelie ist stark, sie wird das schaffen!«, schrieb uns meine Taufpatin. Vor allem die beste Freundin meiner Mutter, Andrea, war sehr besorgt. Die beiden kennen sich erst durch mich und ihren Sohn Nikolaj, mit dem ich zusammen in der Krabbelgruppe war. Seitdem sind die beiden unzertrennlich und schlimmer als Schwestern. Wir zwei Familien, wobei zu Andrea noch ihr Mann Marc, die jüngere Tochter Katharina und natürlich Labrador Sam zählen, fuhren mindestens einmal im Jahr gemeinsam in den Urlaub. Egal ob Skiurlaub in Südtirol oder Sommerurlaub in einem Ferienhaus in Dänemark. Andrea erzählte mir viel später mal, wie schlimm es für sie war, als sie von meinem Unfall erfahren hat.

Irgendwie ist so ein Unfall für Angehörige und Freunde oft viel schlimmer als für den Betroffenen selbst. So war es zumindest bei mir. Und zum Glück hatten wir in diesem Moment jemanden, der einen kühlen Kopf bewahrt hat, während alle anderen wie ferngesteuert die erste Zeit hinter sich brachten: Marc, der Mann von Andrea. Er hat sich um alles gekümmert. Hat beim ADAC angerufen, um einen Transport zu organisieren; hat sich erkundigt, wer für die Hubschrauberrechnung (7000 Euro, die wir nie hätten bezahlen können) zuständig ist und so weiter. Ohne ihn wäre vieles nicht so reibungslos gelaufen, sofern man bei einem Unfall mit folgendem Querschnitt halt von reibungslos sprechen kann. Andrea ist auch für meine Mutter eine riesige Stütze gewesen. Jeden Abend haben die beiden telefoniert.

Und dann war da noch Marie, meine allerbeste Freundin. Seit der sechsten Klasse kennen wir uns und seit der achten waren wir unzertrennlich. Haben fast jeden Tag zusammen verbracht, in der Schule, waren zweimal die Woche im Hip-Hop-Training, sind zu ihrem Pferd gefahren, waren am Wochenende feiern oder haben einfach zu Hause gechillt. Kurz nach dem Unfall konnte ich noch nicht telefonieren, war einfach zu schwach – also hat meine Mutter sie angerufen und ihr gesagt, was mit mir ist. Dass ich meine Beine nicht spürte und nicht bewegen konnte. Marie hat mir später erzählt, dass sie nur noch geweint habe damals. Ich habe sie in dem Moment schrecklich vermisst, eine meiner ersten Fragen war: »Wie geht es Marie?« Und ich freute mich schon, wenn ich wieder in Deutschland sein würde und sie mich besuchen könnte.

Beim Gedanken an Marie habe ich dann zum ersten Mal auch ein kleines bisschen an die Zukunft gedacht. Wenn auch vielleicht nicht an die allerwichtigsten Dinge, objektiv betrachtet. »Wie das wohl mit Freunden und Weggehen wird?«, fragte ich halb mich selbst und halb meine Mama. Sie erzählte von einem Freundeskreis, mit dem sie vor Jahren ein paarmal unterwegs war, da war auch ein Rollstuhlfahrer dabei. »Er wollte auf die Toilette, und ich wollte ihm schon die Tür zum Männer-WC aufmachen, als er auf die Behindertentoilette gezeigt hat. Ich hab's einfach total vergessen, dass er im Rollstuhl sitzt.«

Es wurde später, ich hatte noch nichts gegessen oder getrunken. Durfte ich nicht. Warum, verstand ich nicht genau, aber irgendwas von wegen »zu große Gefahr, dass Sie sich verschlucken«. Hunger hatte ich zwar sowieso nicht, aber Durst! Mein Mund war staubtrocken, meine Lippen aufgerissen. Mit einem kleinen Schwamm befeuchteten die Schwestern meinen Mund. Ich biss immer drauf, um mehr Wasser zu bekommen. Und bat die Schwestern fast im Viertelstundentakt darum, mir den Mund zu befeuchten.

»Ich habe solchen Durst.«

»Ich weiß«, meinte die Schwester nur, »aber wir dürfen dir noch nichts zu trinken geben, die Gefahr, dass du dich verschluckst, ist viel zu groß. Vielleicht morgen, ich frage bei den Ärzten nach.«

Gegen neun Uhr abends war die Besuchszeit vorbei, und meine Mutter musste gehen. Sie verabschiedete sich von mir und versprach, am nächsten Tag so früh wie erlaubt wieder bei mir zu sein. Der Abschied, auch wenn er nur für kurze Zeit war, fiel uns beiden schwer.

»Ich komme, so früh ich darf. Ab neun ist Besuch erlaubt, also stehe ich pünktlich hier. Hasta la vista«, sagte sie.

»Baby«, antwortete ich.

Eine Schwester kam und gab mir eine kleine Fernbedienung mit einem Knopf, um im Notfall auf mich aufmerksam zu machen. Sie legte die Fernbedienung neben meine Hand. Ich gab mir Mühe, aber meine Hand bewegte sich einfach nicht. »Das geht nicht, ich kann irgendwie nicht zudrücken.«

Sie brachte mir etwas anderes. Eine Kuhglocke, wie sie es nannte. Eine Klingel, mit der man die Schwestern rufen konnte. Sie war nur einfacher zu drücken als die normalen Klingeln, die man mit den Fingern betätigt. Bei dieser hier musste man mit der ganzen Hand auf einen großen roten

Knopf schlagen. Ich musste also nur meinen Arm etwas anheben, ihn zur Seite fallen lassen auf diesen Knopf, und ein Läuten ertönte. Aber selbst das war ziemlich anstrengend für mich, und ich brauchte immer einige Versuche, bis ich die Klingel traf, sodass die Schwestern die Tür zum Schwesternzimmer offen ließen, um mich im Blick behalten zu können.

Langsam kehrte Ruhe ein. Zumindest auf der Station. In meinem Kopf sah das ganz anders aus. Ich lag wieder auf dem Rücken. Die Schwestern hatten mich vorher auf die Seite gedreht und mich für eine Weile mit Kissen stabilisiert. Irgendwas von wegen Druckstellen vermeiden, ich hatte nicht genau zugehört, sondern war viel mehr auf meine Beine konzentriert, die bewegt werden mussten, weil ich es nicht selber konnte und ich diese Bewegung nicht einmal spürte. Gruselig.

Mir gegenüber sah ich wieder die grüne Wand, die große hölzerne Tür, Waschbecken und lauter Krankenhauszeug. An der Wand hing ein Kreuz. Und ich bedankte mich.

Ich bedankte mich bei Gott dafür, dass mir das passiert war und nicht einem anderen aus meiner Familie. Hier wurde mir zum ersten Mal dieses Gefühl bewusst, das in dieser Situation völlig fehl am Platz zu sein schien, das sich aber die ganze Zeit hielt: Ich war auf eine seltsame Art glücklich. Ich war glücklich, dass ich hier lag und nicht mein Bruder, meine Schwester, meine Mutter oder mein Vater. Ich. Und das nahm mir eine große Last.

Meine Psychologin (die einem frisch Verletzten natürlich sofort aufgezwängt wurde) brachte sehr gut auf den Punkt, was ich fühlte: Ich hatte das Gefühl, dadurch einen Aufschub für alles Schlimme, was meiner Familie passieren könnte, gewonnen zu haben. Nach dem Motto: Der Blitz schlägt nie zweimal an der gleichen Stelle ein.

So verging meine erste Nacht. Ich schlief kaum, war nicht müde, klingelte immer wieder nach den Schwestern, um mir den Mund befeuchten zu lassen, und dachte nach – aber über nichts Schlechtes.

3
Das wird nicht wieder?!

Irgendwann gegen fünf Uhr morgens bin ich dann doch ein wenig eingeschlafen. Als ich wieder wach wurde, saß meine Mutter schon neben mir am Bett.

Ich wollte sie begrüßen, bekam aber keinen Ton raus, mein Hals war völlig verschleimt. Ich habe versucht zu husten. Aber alles, was ich zustande brachte, war ein jämmerliches Keuchen. Ich hab's wieder und wieder versucht, immer wieder nur ein Keuchen. So langsam wäre es schon schön gewesen, wenigstens wieder normal einatmen zu können. Ich bekam immer schwerer Luft, der Schleim in meinem Hals wollte sich einfach nicht lösen. Meine Mutter stand neben mir, wusste nicht, was sie tun sollte, wie sie mir helfen konnte, und klingelte schließlich nach den Schwestern. Langsam wurde ich panisch, weil ich nicht mehr richtig atmen konnte vor lauter Schleim, und ich konnte einfach nicht husten. Eine Schwester kam herein und wusste zum Glück sofort, was zu tun war. Sie packte meinen Brustkorb, meinte, auf drei solle ich noch mal versuchen zu husten. Eins, zwei, sie drückte meinen Brustkorb zu, drei. Der Schleim löste sich etwas. Noch mal. Und der Schleim löste sich, und ich bekam wieder Luft.

Dadurch, dass die Lähmung auch meinen Oberkörper betraf, konnte sich meine Zwischenrippenmuskulatur nicht anspannen. Und versucht mal, ohne Zwischenrippenmuskulatur abzuhusten. Geht nicht.

Auch meine Atmung war nicht die stabilste. Geht alles übers Zwerchfell. Deswegen wurde ich zusätzlich über die Nase mit Sauerstoff versorgt.

Durch die OP sammelte sich viel Schleim in meinem Hals, und immer wieder mussten mir die Schwestern beim Abhusten helfen. Andauernd bekam ich schwer Luft, versuchte vergeblich zu husten. Nach dem gefühlt zehnten Mal innerhalb einer halben Stunde brachte ich nur noch ein »Ich kann nicht mehr« heraus.

Ich konnte wirklich nicht mehr. Vom Abhusten, Brustkorb Zusammenpressen und dem vielen Schleim, der einfach nicht weniger zu werden schien, war mir schwindelig und schlecht geworden.

»Wir werden jetzt die Ärztin rufen, die soll den Schleim absaugen«, sagte eine Schwester endlich. Die Ärztin kam recht schnell und erklärte mir, was jetzt gemacht würde.

»Wir werden Ihnen jetzt etwas spritzen, davon wird Ihnen vielleicht schummrig, und Sie werden kurz wegtreten. Dann werden wir mit einem Schlauch den Schleim in Ihrer Lunge absaugen.«

Okay. Jetzt war ich kurz davor, loszuheulen. Und zwar vor Angst. Schaute panisch zu meiner Mutter, sie versuchte, mich zu beruhigen. Wieder schüttelte mich ein Hustenreiz durch. »Gut, macht, was ihr wollt, mir egal, Hauptsache, es hört auf.«

Die Ärztin hielt eine Spritze in der Hand mit einer milchigen Flüssigkeit und steckte sie an die Infusion in meiner Hand. »Vielleicht spüren Sie jetzt ein leichtes Brennen im Arm.«

Ich spürte nichts, nur den Schleim in meinem Hals.

Da wurde mir auch schon schummrig. Was ich vor mir sah, verschwamm, und ich versuchte, dagegen anzukämpfen – keine Chance. Alles wurde schwarz.

Eine gefühlte Ewigkeit später kam ich wieder zu mir. Ein Blick auf die Uhr verriet mir allerdings, dass ich höchstens eine Viertelstunde weg war. Ich musste mich erst wieder sammeln, um mich standen die Ärztin, zwei Schwestern und meine Mutter. Ich wusste nicht, was es war, aber es war geil! Ich wollte mehr von diesem geilen milchigen Zeug in der Spritze. Und das Beste war, dass ich wieder einigermaßen normal atmen konnte.

»Mein Hals tut weh«, krächzte ich.

»Das ist normal«, erklärte mir die Ärztin. »Das kommt vom Schlauch, mit dem der Schleim absaugt wurde. Wie fühlen Sie sich sonst?«

»Gut.«

»Wenn Sie mich brauchen, geben Sie den Schwestern Bescheid.«

Zu dem Zeitpunkt war es mir noch nicht bewusst, aber hier begann meine »Sucht«. Immer wieder sagte ich in den nächsten Tagen, ich hätte Schmerzen im Hals und könnte nicht mehr richtig atmen wegen des ganzen Schleims. Und immer wieder bekam ich dieses geile Zeug gespritzt, das einen so wunderbar wegbeamt. Weit weg. Ich bekam das Medikament, hörte die Ärzte noch sagen: »Jetzt könnte Ihnen leicht schummrig werden« – und spürte schon, wie ich langsam müde wurde. Leicht benebelt wachte ich jedes Mal wieder auf, aber das legte sich schnell, und ich war wieder klar da in dieser Welt.

Eigentlich war ich noch nie süchtig nach irgendwas (außer vielleicht nach Hunden und Sport)! Eine wirkliche Sucht hatte ich nie, aber wollte sie, um ehrlich zu sein, gern mal haben, einfach um zu sehen, ob ich stark genug wäre, davon loszukommen. Klingt wirr, aber macht ja nichts. Mit 14 habe ich mal geraucht, aber mehr der Coolness halber und weil ich noch nicht »Nein« sagen konnte. Nach fast jeder Zigarette bin ich heim und habe mich übergeben. Irgendwann habe ich dann immerhin gemerkt, dass ich auch ohne Rauchen cool genug war und dass Rauchen außerdem nicht sonderlich cool war. Und jetzt merkte ich zum ersten Mal, wie toll und scheiße zugleich sich eine Sucht anfühlen kann.

Bei jedem »Nein, wir können Ihnen den Schleim jetzt nicht schon wieder absaugen …« (und damit das Propofol spritzen) war ich enttäuscht. Ja, genau, Propofol war das Zeug, an dem Michael Jackson gestorben ist.

Wirklich aufgefallen ist übrigens niemandem, dass ich ziemlich oft danach verlangte und statt »Ihr müsst den Schleim absaugen« nur »Ihr müsst mir das wieder spritzen« sagte. Und mit »oft« ist hier zwei Mal pro Tag gemeint. Oder vielleicht ist es den Ärzten und Schwestern auch aufgefallen, und sie haben gedacht, dem armen, behinderten Mädchen kann man ja mal die eine oder andere Dosis gönnen. Was weiß ich schon.

Vielleicht war der Wunsch nach immer mehr Propofol auch ein Versuch meines Unterbewusstseins, der Realität zu entfliehen. Obwohl es mir den Umständen entsprechend wirklich gut ging.

Am Mittag kam dann auch der Rest der Familie, also mein Papa, meine Schwester und mein Bruder. Ich freute mich riesig, es war zwar erst der zweite Tag im Krankenhaus, also kaum mehr als 24 Stunden her, dass ich sie alle gesehen hatte, aber es fühlte sich an wie eine Ewigkeit. Ich war sehr aufgeregt und hatte Angst davor, weinen zu müssen, wenn sie hereinkämen. Ich war noch nicht bereit zum Weinen, und vor allem wollte ich meiner Familie gegenüber keine Schwäche zeigen.

»Was, wenn ich weinen muss?«, fragte ich meine Mutter.

»Dann weinst du halt, wir weinen auch.«

Da sah ich durch die Tür schon meinen Papa, ich war so glücklich. Meine Schwester, mein Papa und mein Bruder kamen ins Zimmer und an mein Bett. Mein Papa begrüßte mich, gab mir einen Kuss auf die Stirn, und zum ersten Mal in meinem Leben sah ich eine Träne in seinem Auge. Meine Mutter hat mir später erzählt, auch zu Hause habe sie ihn das erste Mal richtig weinen sehen. Mein Papa weint nicht. Das hab ich mir wahrscheinlich von ihm abgeschaut, denn auch ich weine nur sehr selten und schon gar nicht vor anderen Leuten. Ich kann auch nicht damit umgehen, wenn Leute in meiner Gegenwart weinen. Deswegen war ich auch sehr glücklich, dass an diesem Tag niemand weinte. Wir hatten zwar alle rote Augen, konnten uns aber gut beherrschen.

Meine Schwester Sophia hatte sich auf einen Stuhl neben meinem Bett gesetzt. ›Gut‹, dachte ich mir, ›war wohl eine anstrengende Fahrt.‹ Ich weiß noch, wie sie plötzlich zu meinem Bruder sagte: »Luki, können wir rausgehen? Mir ist schlecht.« Mein Bruder hat nur den Kopf geschüttelt, da ist sie zu meinem Papa. Der wollte sie dann nach draußen begleiten, zusammen sind die beiden zur Tür, die sich nur durch einen Schalter an der Seite öffnen ließ. So weit kam es aber gar nicht mehr, denn da ist meine Schwester schon zusammengeklappt und lag plötzlich am Boden. Kreislauf. Natürlich sind alle aufgesprungen, um ihr zu helfen.

Ich habe zuerst gar nicht geblickt, was los war, und dachte, sie hätte sich übergeben müssen. Aber sie war in Ohnmacht gefallen. Was mich sehr gewundert hat, denn meine Schwester war vorher noch nie umgekippt. Ich hatte ja an dem Tag eher auf meinen Papa getippt, der wie ich nicht den stabilsten Kreislauf hat, wenn es um Krankenhaus und so weiter geht.

Aber da lag Sophia – und hat mir zumindest für einen Moment die Show gestohlen. Sie konnte recht schnell wieder aufstehen, also nicht so wie ihre Schwester … Zwar ein bisschen wacklig, aber zusammen mit meinem Papa hat sie es auf eigenen Beinen nach draußen geschafft und war eine Cola später wieder fit. »Du lagst da, überall waren Kabel und Schläuche. Das war einfach zu viel für mich«, erzählte sie mir später.

Mich hat es sehr traurig gemacht, dass ich ihr nicht helfen konnte. Ich bin ihre große Schwester, ich muss und ich will mich um sie kümmern. Wenn es um meine kleinen Geschwister geht, verstehe ich keinen Spaß. Wenn meine Schwester mal Stress mit jemandem hatte – was in dem Alter ja öfter passiert –, war ich da. Sie hat mir oft gesagt, wie viel Respekt oder sogar Angst ihre Freunde vor mir hatten. Ich fand das ziemlich lustig und vor allem unnötig. Ich hatte ihnen bei solchen Gelegenheiten bloß nett zu verstehen gegeben, dass meine Schwester nicht verarscht wird. Und dann, wo sie direkt neben mir am Boden lag und Hilfe brauchte, konnte ich nicht aufspringen und für sie da sein. Ein Scheißgefühl.

Die Zeit und der Besuch vergingen schnell, und bald musste sich meine Familie verabschieden. Sie haben mir mein Lieblingskuscheltier, meinen Tigi (der, wie der Name schon sagt, ein Schneeleopard ist, den ich mit vier Jahren bei einem Zoobesuch bekommen habe) mitgebracht. Meine Schwester gab mir im Gehen noch einen Zettel. »Für Amelie«, stand drauf.

Meine Mutter blieb und fragte, ob ich den Zettel jetzt lesen wolle.

Ich wollte nicht. Ich konnte nicht. Hätte ich den Zettel gelesen, ich hätte losheulen müssen, und ich war zum Weinen noch immer nicht bereit.

Meine Schwester und ich haben uns immer Zettel und Briefe geschrieben. Als wir noch klein waren, waren es immer kurze Nachrichten. Zum Geburtstag, zu besonderen

Anlässen oder einfach zwischendurch. Auch meiner Mutter haben wir Kinder oft Briefe geschrieben. Sowohl solche wie »Du bist die beste Mama« als auch »Du bist blöd«, wenn aus Kindersicht mal wieder was nicht hundertprozentig gepasst hat. Heute weiß ich, Mama war, ist und bleibt die Beste.

Wir können eigentlich über alles reden, sobald es aber um Gefühle untereinander geht, bekommen wir kein Wort raus und klären alles Mögliche über Zettel. Deswegen vielleicht der schriftliche Weg, der für alle Beteiligten am angenehmsten war. ›Wenn ich mich bereit fühle‹, dachte ich damals, ›würde ich auch diesen Zettel lesen.‹ Ein paar Wochen später habe ich ihn mir dann doch angeschaut. Sophia hatte geschrieben: »Du bist die beste Schwester. Zusammen schaffen wir das. Wir vermissen dich sehr!« Und den Zettel mit diversen Herzchen verziert. Süß.

Meine Familie war schon immer ein sehr wichtiger Teil von meinem Leben. Wir sind keine Toffifee-Werbung-Familie, wollen wir auch nicht sein. Wir sind chaotisch, sind alle unterschiedlich, aber trotzdem eine Einheit. Und wir können uns immer aufeinander verlassen. Ich bin die älteste von uns Kindern. Zumindest die älteste Tochter meiner Mutter. Mein Papa hat schon eine Tochter aus einer früheren Beziehung. Meine Halbschwester Nicole lebt mit Mann und Kind ungefähr eine Autostunde von uns entfernt. Sie ist schon älter, um genauer zu sein fast so alt wie meine Mutter. Wie das möglich ist? Mein Papa ist 25 Jahre älter als meine Mama. Ich hab einen etwas älteren Papa, der sich aber sehr gut gehalten hat, wie viele immer erstaunt feststellen, wenn er erwähnt, dass er 1947 geboren ist.

Sowohl zu unserer Halbschwester als auch zu ihrer Mutter, der Exfrau von unserem Papa, haben wir alle ein sehr, sehr gutes Verhältnis.

Drei Jahre nach mir kam meine kleine Schwester auf die Welt. Vorbei war das Einzelkindleben – zum Glück. Und ein Jahr später wurde auch schon mein Bruder geboren.

Wenn uns Leute gemeinsam sehen, heißt es immer: »Man sieht, dass ihr Geschwister seid.« Wir sehen das jetzt nicht ganz so. Und es wurde früher auch immer gesagt, wie brav wir doch wären. Oft kamen in Restaurants, als wir noch klein waren, Menschen an unseren Tisch, um meinen Eltern zu sagen, was sie doch für tolle Kinder hätten. Und es stimmt, wir waren brav – wenn wir irgendwo anders waren. Besser gesagt, wir waren schüchtern. Eine Gemeinsamkeit. Wenn wir irgendwo neu sind oder von Erwachsenen umgeben, waren wir alle drei immer ruhig und schüchtern.

Trotzdem gibt es natürlich auch große Unterschiede zwischen uns. Ich bin eher die Laute, auf Kindervideos hört man immer nur mich reden. Ein richtig ekelhaftes, vorlautes Klugscheißerkind. Ich bin der Meinung, dass das der Grund ist, warum meine Schwester eher still ist. Weil ich halt immer nur gelabert hab. Dafür ist sie schuld, dass ich sehr aufmerksamkeitsbedürftig bin. Weil ich mir als Erstgeborene die Aufmerksamkeit unserer Eltern immer erkämpfen musste, als plötzlich das neue Baby da war.

Meine Schwester lacht sehr viel, ist sehr gutmütig. Mein Bruder Lukas, genannt Luki, will es immer allen recht machen. Mehr oder weniger sportlich sind wir alle drei. Mein Bruder und ich spielten im Verein Fußball und machten regelmäßig Sport. Wenn ich uns mit einem Attribut beschreiben müsste, würde ich sagen: Luki ist der Sportliche, meine Schwester die Hübsche und ich die Schlaue, und natürlich nach wie vor die Laute. Man kann ja zwei Eigenschaften haben. Das heißt übrigens auch nicht, dass die anderen nicht klug wären.

Was auch passiert, wir halten immer zusammen. Klar, es gibt die üblichen Streitereien und gelegentlich Mord und Totschlag unter uns … Ich weiß noch, wie ich mich mal im Dänemark-Urlaub in aller Öffentlichkeit mit meiner Schwester geprügelt habe. Hätte uns damals jemand gefilmt, das Video wäre auf Youtube voll abgegangen. Heute lachen wir darüber, damals fanden wir es beide nicht so lustig. Warum wir uns gestritten haben? Irgendjemand hatte wieder mal den Pulli der anderen an. Mädchen halt. Trotzdem kann ich mir nichts Langweiligeres vorstellen, als keine Geschwister zu haben.

Tag drei im Krankenhaus. Ich war fast die ganze Nacht wach und habe mich gelangweilt. Die Pfleger konnten nicht verstehen, warum ich nicht schlafen konnte. Sie hatten mir angeblich so viel Schlafmittel gegeben, dass es einen Elefanten hätte umhauen müssen. Ich habe davon nichts gemerkt. Wahrscheinlich schalteten die Medikamente mein Hirn aus, denn irgendwie war ich noch immer nicht traurig oder schockiert. Irgendwas musste kaputt sein bei mir. Ich konnte nicht aufstehen, und es schien mich nicht zu interessieren. Ich dachte an meine Familie und war dankbar, dass ich hier lag und nicht Luki, Sophia, Mama oder Papa.

Gleich nach dem Aufwachen spürte ich zur Abwechslung mal etwas: meine Arme kribbelten. Ich schaute sie an, erwartete Hunderte Ameisen auf ihnen, aber nichts. Ganz ruhig lagen sie da, kribbelten aber tierisch.

Ich hab versucht, sie zu bewegen, mit der Erwartung, sie würden sich nur einige Zentimeter heben, aber sie hoben sich um einiges mehr. Meinen linken Arm konnte ich fast komplett senkrecht in die Luft strecken, der rechte knickte nach der Hälfte ein, und ich schlug ihn mir fast ins Gesicht. ›Cool!‹, dachte ich.

An diesem Morgen kam auch zum ersten Mal eine Physiotherapeutin. Mit ihr gemeinsam habe ich versucht, meine Arme zu bewegen, und es klappte immer besser. Danach massierte sie meinen Nacken, der fürchterlich verspannt war von der OP. Während der Therapie kam auch meine Mutter rein. Ich habe ihr gleich ganz stolz gezeigt, wie ich meine Arme heben konnte. Sie war ganz aus dem Häuschen. Was sie mit mir üben kann, hat sie die Physiotherapeutin gefragt. Hauptsächlich die Arme bewegen und massieren.

Das Kribbeln hörte den ganzen Tag über nicht auf, meine Arme konnte ich immer besser bewegen, und langsam spürte ich sogar Berührungen an den Armen. Sie fühlten sich für mich an wie schwere Sandsäcke, meine Mutter meinte sogar, sie fühlten sich so an, als wären sie mit Sand gefüllt, genauso meine Finger. Es hat mich riesig gefreut, dass ich meine Arme spürte und besser bewegen konnte.

Bei der Visite habe ich das dann natürlich auch gleich den Ärzten mitgeteilt. Und gefragt: »Also wird das alles wieder?«

»Wir müssen jetzt mal abwarten, wie sich alles entwickelt. Jedenfalls ist es viel wert, dass Sie Ihre Arme bewegen können.«

Jaja, das wird schon wieder, dachte ich mir nur. Vielleicht war ich auch deshalb nicht traurig, weil ich mir sicher war, dass alles wieder gut wird und dass ich in ein bis zwei Wochen wieder auf meinen eigenen zwei Beinen hier rausspazieren könnte. Satz mit x, war wohl nix.

Die Ärzte gaben außerdem ihr Einverständnis, dass ich endlich etwas trinken durfte. Erst mal nur Wasser, aber das trinke ich sowieso am liebsten. Ich konnte es kaum abwarten. Die Schwester kam rein, mit einem Plastikbecher. Sie stellte mein Kopfteil etwas aufrechter und hielt mir den Becher hin.

Ich habe versucht, ihn zu greifen, aber meine rechte Hand bewegte sich überallhin, nur nicht in die Nähe des Bechers. »Kann ich nicht.«

»Kein Problem. Ich halte ihn dir hin, dann kannst du wenigstens schon trinken, und dann hole ich dir etwas.«

Vorsichtig hab ich meinen ersten Schluck genommen. Und es fühlte sich gut an. Das kühle Wasser, das meinen trockenen, schmerzenden Hals hinunterfloss. Göttlich.

»Ich will den Becher selber halten.«

Die Schwester überlegte kurz, nahm meinen Arm und legte die Finger um die Tasse. Sie ließ los, und ich hielt sie alleine in meinen Händen. Der Becher war leer. Als ich versuchte, ihn zu meinem Mund zu führen, kippte er um. Eine erste Trockenübung. Ich konnte also für ein paar Sekunden einen Plastikbecher in der Hand halten. Das klingt so einfach, so selbstverständlich, aber in dem Moment war es wie der erste Schritt eines Kleinkindes. Ein Fortschritt. Meine Mutter hat sogar ein Foto gemacht, so besonders war dieser Moment.

Die Schwester ging und kam wenig später mit einer Schnabeltasse wieder. So eine, wie sie kleine Kinder zum Trinken oft haben. Auch hier nahm sie meinen Arm und schloss die Finger um die Tasse. Aber auch mit dieser Tasse konnte ich nicht selbstständig trinken. Meine Arme taten noch längst nicht zuverlässig das, was ich von ihnen wollte. Aber das würde alles schon wieder werden, dachte ich bei mir. Naive Amelie.

4
Es war schlimmer

Seit Tag eins war klar: Ich musste hier weg. Zurück nach Deutschland in ein Krankenhaus, das sich mit Querschnittlähmungen auskennt. Als Kassenpatient hat man es da nicht so leicht.

Ein Haus, dessen Name öfter fiel, war das in Murnau. Ein Krankenhaus der Berufsgenossenschaft mit Querschnittstation. Berufsgenossenschaft ist das Stichwort. Ein Krankenhaus eigentlich für Berufsunfälle – was auf einen Sturz beim Skifahren nicht so ganz zutrifft. Nicole kannte einen Arzt dort, und so erhielten wir dank ihr am sechsten Tag nach dem Unfall die Nachricht, dass in Murnau ein Platz für mich frei sei und ich verlegt werden könne. Ich war in Österreich zwar in guten Händen. Aber die Ärzte dort sagten, als Unfallklinik seien sie für Querschnittpatienten nicht ausgestattet und hätten, was Therapien angeht, nicht die Möglichkeiten, die eine spezialisierte Klinik hat.

Am 8. Februar ging es dann frühmorgens los. Mit einem Krankenwagen wurde ich liegend transportiert. Ich konnte noch immer nicht sitzen, weil mein Kreislauf zu schwach war.

Gleich zu Beginn, als ich von meinem Bett auf die Liege gehoben wurde, ist diese Liege zusammengeklappt. Das Beste, das man machen kann mit einem frisch verletzten Querschnittpatienten: ihn ruckartig bewegen. Ist doch ganz logisch!

Aber das war längst nicht alles, was schiefgelaufen ist. Noch immer musste mir Schleim abgesaugt werden, weil ich nicht husten konnte. Die Ärzte hatten das zwar vor der Fahrt noch mal gemacht, weil das während der Fahrt schwierig werden könnte. Trotzdem war damit zu rechnen, dass ich im Krankenwagen abgesaugt werden muss. Nach einer halben Stunde hatte ich wieder so viel Schleim im Hals, dass ich nur noch schwer atmen konnte.

Die mitfahrende Ärztin gab mir also Bescheid, dass sie mir nun das gute alte Propofol spritzen würde. Auf der einen Seite bekam ich Panik, wegen der Spritze, auf der anderen Seite war ich natürlich froh, endlich wieder normal atmen zu können. Nach fünf Stichen mit der Spritze, fünf Versuchen der Ärztin, eine geeignete Ader zu finden, war die Panik dann irgendwann verflogen, und ich dachte mir nur noch: ›Macht, was ihr wollt! Hauptsache, ihr trefft bald, weil ich langsam, aber sicher keine Luft mehr bekomme.‹

Wieder sieben Stiche später – und ich übertreibe nicht – kam dann die Frage der Ärztin an den Fahrer: »Wo ist denn das nächste Krankenhaus?« Das Beste, was man einem verängstigten Mädchen als Ärztin antun kann, ist: nach einem Arzt zu fragen. Der Krankenwagen fuhr also zur nächstgelegenen Klinik, dort wurde ein Arzt herausbestellt, der mir im Krankenwagen einen Zugang legen musste. Weil es die begleitende Ärztin nicht geschafft hatte. Kann man sich eigentlich nicht ausdenken.

Aber gut, will mich ja nicht beschweren. Pünktlich, mit mehr als zwei Stunden Verspätung (trotz Blaulicht), kamen wir in Murnau an. Sogar meine Eltern, die in Österreich noch essen waren und dann langsam Richtung Murnau gefahren sind, waren vor mir da.

Vor der Klinik hielt der Wagen. Ich hatte schon Angst vor dem Ausladen, weil ich ungern wieder zusammengeklappt werden wollte. Da ging aber alles gut. Ich wurde durch sämtliche Türen und Zimmer geschoben, sah nur Decken und Türrahmen. Liegend und unfähig, den Kopf zu heben, fällt es einem eben schwer, sich im Raum umzusehen. Alles roch ekelhaft nach Krankenhaus, und ich sorgte mich, die Trage könnte wieder den Geist aufgeben.

Meine Mutter stieß auch irgendwann auf uns, ich erzählte ihr von der schönen Fahrt und sie mir, dass meine Halbschwester schon vier Stunden gewartet hatte.

Sie wohnt nur knapp zwanzig Minuten entfernt von der Klinik und war extra dorthin gefahren, damit jemand da ist, wenn ich ankomme. Weil wir eben dachten, dass ich vor meinen Eltern da sein würde. Wütend war sie nicht, nur besorgt.

Ich wurde recht schnell aufgenommen und auf die isolierte Intensivstation gebracht. Da ich von einer anderen Klinik kam, musste erst sichergestellt werden, dass ich keine Keime oder sonstiges Getier mitbringe.

Das Zimmer war ein wirklich klischeemäßiges Krankenhauszimmer. Mein Bett stand mittig, alles war weiß, und überall standen Geräte rum. Alles piepste. Wie in einer ARD-Krankenhausserie.

Vor Betreten des Zimmers mussten meine Mutter und meine Halbschwester Kittel und Mundschutz überziehen. Das beruhigt einen sehr. Mein Papa kam nicht mit. »Ihm wird im Krankenhaus doch immer so schlecht und mit dem Mundschutz erst recht. Er kommt später bestimmt noch mal rein«, sagte meine Mama.

Ich war hundemüde. Konnte nicht mehr denken und wollte nur noch schlafen. Man sah es mir wohl an. »Schlaf ruhig ein bisschen, Amelie. Wir bleiben hier.«

Als ich wieder wach wurde, war es bereits spät, was ich nicht daran erkannt habe, dass es draußen dunkel war. Das einzige Fenster war mit weißen Vorhängen und Milchglas abgedeckt. Die Uhr hat es mir verraten. 18 Uhr. Meine Mutter saß noch immer tapfer neben meinem Bett, meine Halbschwester war schon gegangen.

Ab hier gibt es noch genau zwei Dinge, an die ich mich erinnere. Danach fehlen mir zehn Tage komplett. Das erste war das Gespräch mit einem Arzt. Er kam, kurze Zeit nachdem ich wach wurde.

»Frau Ebner, Sie bekommen nur sehr schwer Luft, es kann sein, dass wir Ihnen einen Tubus legen müssen.«

»Einen was?«

Der Arzt erklärte mir, dass sie mich künstlich beatmen wollten, indem sie über meinen Hals in die Luftröhre einen Zugang legen würden.

Ich habe ehrlich nicht verstanden, warum. Ich hab doch Luft bekommen? Warum künstlich beatmen, ich atme doch offensichtlich. Ich hab ihn gefragt, ob das denn wirklich sein müsse, ob es keine andere Lösung gäbe. Habe ihm gesagt, dass ich Luft bekäme und wirklich nicht verstehe, warum das jetzt unbedingt nötig wäre.

»Es gibt Ausnahmen, da ist es nicht nötig, die Patienten zu beatmen. Wir werden abwarten, aber es ist ziemlich sicher, dass Sie das brauchen«, meinte er nur.

Dann fehlt mir einiges an Erinnerung. Ich weiß nicht, wie ich eingeschlafen bin, wann meine Mutter gegangen ist und so weiter. Ich weiß nur, dass ich nicht mehr reden konnte, als ich aufgewacht bin. Die hatten mir tatsächlich diesen Tubus gelegt.

In der anderen Erinnerung, die ich noch habe, liege ich im Bett, voller Wut, weil die mich einfach künstlich beatmet haben. Ich konnte wegen des Tubus nicht reden und wurde noch wütender.

Eine Schwester stand neben meinem Bett. Und ich schrie (also ich wollte schreien, heraus kam allerdings nichts, außer einem Keuchen). Meine Mutter, die neben meinem Bett saß, sagte mir später, sie habe ganz genau verstanden, was ich zu der Schwester gesagt/geschrien/gekeucht hatte. Drei Worte: Hure, Schlampe, Fotze.

Die nächsten Tage auf der Intensivstation fehlen mir. Meine Mutter meinte zwar, sie hätte sich normal mit mir »unterhalten« können, soweit das mit einem Tubus eben möglich ist, aber ich kann mich an nichts Konkretes erinnern.

Die einzige klare Erinnerung, die ich an die Intensivstation habe, ist Angst. Ich hatte verdammt viel Angst. Ich wollte keine Sekunde alleine sein, hab immer nach den Schwestern geklingelt, wollte immer jemanden bei mir haben. Tageslicht gab es da nicht, ich fing schon an zu halluzinieren und habe überall Spinnweben gesehen. Ich wollte nur noch raus aus diesem Raum. Vier Leute lagen da. Die Betten wurden dauernd neu belegt, und viele wurden entlassen. Als ich dann einmal fragte, wie lang ich noch hier bleiben müsste, hat die Schwester auf eine ältere Dame gezeigt, die mir gegenüberlag: »Die Frau ist schon zwölf Wochen hier.« Toll. Hat mir natürlich brutal Angst gemacht. Dementsprechend erleichtert war ich, als die Ärzte nach einer quälend langen Woche endlich von Verlegung redeten.

Am zehnten Tag war es dann so weit, alles ging plötzlich sehr schnell. Meine Mutter kam früh und half, meine Sachen zu packen. Also meine zwei Sachen: meinen Tigi und ein Plakat, das meine Mutter gemacht hatte aus Bildern von der Familie.

So richtig klar war ich an diesem Tag nicht, also sind es auch eher nur Fetzen, an die ich mich erinnere. Was ich aber ganz deutlich vor mir sehe, ist die Sonne. Im Bett liegend wurde ich durch das Krankenhaus in das neue Zimmer geschoben. In ein Zweibettzimmer mit riesigem Balkon und großen Fenstern. Zum ersten Mal nach mehr als zwei Wochen habe ich da die Sonne wieder gesehen. Das war so ein unglaublich schönes Gefühl.

Auf der Normalstation kam ich langsam wieder voll zu mir, sodass die Ärzte Tests machen konnten. Ein Arzt kam herein, zog mir die Decke weg, sah meinen Fuß an und sagte, ich solle ihn bewegen. Ich versuchte, ihn zu bewegen. Nichts. Er legte seine Hand auf meinen Bauch, sagte, ich solle versuchen, mich aufzurichten. Nichts. Er hob meinen linken Arm hoch, sagte, ich solle ihn dort halten. Ich konnte ihn dort halten. Er hob meinen rechten Arm, sagte, ich solle ihn dort halten. Meine Hand klatschte in mein Gesicht. Anfängerfehler. Einige Male passierte es mir noch, aber der Mensch lernt dazu.

Der Arzt nahm meine Hand wie zum Handschlag. »Zudrücken!« Ich versuchte, meine Finger zusammenzudrücken. Nichts. Er nickte.

Dann erklärte er. Durch den Unfall wurde mein Rückenmark durchtrennt. Danke, so weit war ich auch schon. Querschnittlähmung. Und zwar ab dem sechsten Halswirbel. Deswegen kann ich auch meine Finger nicht bewegen und meine Arme nur eingeschränkt, weil mein Querschnitt so hoch ist, dass auch die Arme und vor allem die Finger betroffen sind.

Meine Diagnose lautete im Unfallkrankenhaus in Österreich Tetraparese C4. In Murnau wurde in den Arztbericht Tetraplegie ab C6 geschrieben. Das C steht allgemein für den Halswirbel. Und die sechs für den sechsten Halswirbel, von oben gerechnet.

Eine der ersten und wichtigsten Sachen, die ich über den Querschnitt lernen sollte, hat etwas mit der Beweglichkeit des Körpers zu tun. Querschnitt heißt nicht, dass man einfach nicht mehr laufen kann. Es gibt weitaus mehr und gravierendere Einschränkungen als nur die nicht mehr funktionierenden Beine. Einen großen Unterschied, den man bei Querschnitten bedenken muss, ist der zwischen Paraplegiker und Tetraplegiker. Paraplegie bedeutet Einschränkung an zwei Extremitäten und Tetraplegie ist die Einschränkung an vier Extremitäten. So wie bei mir. Es sind nicht nur meine Beine betroffen, sondern eben auch die Arme. Allgemein entscheidet die Höhe des Bruchs. Je höher der Bruch beziehungsweise je weiter oben an der Wirbelsäule das Rückenmark durchtrennt wurde, desto mehr Einschränkungen. Ist dein Querschnitt auf Höhe der Lendenwirbel, hattest du noch mal Glück im Unglück, denn »nur die Beine« sind betroffen. Rein von den motorischen Fähigkeiten. Zum Beispiel arbeiten Blase und Darm selbst bei den meisten niedrigen Querschnitten nicht mehr so wie vor der Verletzung.

Ist dein Querschnitt auf Höhe eines Brustwirbels, sind die Beine betroffen und zusätzlich der Rumpf, eben bis zur Höhe des Bruchs. Das bringt deutlich mehr Einschränkung mit sich, weil man durch die fehlende Rumpfmuskulatur instabiler ist. Je tiefer der Querschnitt, desto besser; denn je mehr Rumpfmuskulatur, desto mehr Stabilität. Rumpfmuskulatur ist sehr wichtig zum Aufrichten im Bett, zum stabilen Sitzen und für den Transfer – also zum Beispiel vom Rollstuhl in den Autositz.

Aber generell ist auch ein Querschnitt auf Höhe der Brustwirbel noch zu verkraften, weil man trotzdem so gut wie selbstständig leben kann. Die richtige Scheiße und damit das Unglück im Unglück beginnt bei Verletzungen der Halswirbelsäule, denn Halswirbel heißt meistens auch Tetraplegie. Also nicht nur Beine und der komplette Rumpf sind betroffen, sondern auch Arme, Schultern und Finger. Und das erschwert das Leben erheblich. Auch ich hatte

Unglück im Unglück, habe mir den sechsten Halswirbel gebrochen und bin damit ein Tetra.

Nun ist Tetra natürlich nicht gleich Tetra. Bei Tetras zählt jeder Halswirbel, jeder Millimeter an Höhe des Querschnitts.

Meistens ist das folgendermaßen, ganz grob zusammengefasst und ganz allgemein bei Verletzungen auf Höhe der Halswirbel:

- Dritter Halswirbel: extremste Arschkarte, weil du nur noch den Kopf schütteln kannst
- Vierter Halswirbel: extreme Arschkarte. Kopf bewegen, Schultern zucken und ein wenig Bizepsfunktion, also Arme etwas anheben
- Fünfter Halswirbel. Arschkarte. Kopf, Schultern und Bizeps beweglich, man kann also die Arme schon etwas mehr anheben; eventuell sogar Extensor, also das Handgelenk anheben
- Sechster Halswirbel. Arschkarte. Bizeps, Extensor und eventuell Trizeps (sehr wichtig für Transfer)
- Siebter Halswirbel. Arschkarte. Bizeps, Trizeps, Extensor und auch den Gegenspieler dazu. Mit Glück Fingerfunktion (wichtig für alles)

Ein Beispiel, das zeigt, dass man einen Querschnitt eben nicht so leicht zusammenfassen kann: Mit mir zusammen waren drei weitere C6er, also sechster Halswirbel, in Murnau. Wir vier sind relativ zeitnah verunfallt.

Jetzt denken sich die meisten wahrscheinlich: ›Okay, cool, dann haben sie die gleichen Funktionen und viel zu bereden.‹ Am Arsch. Der Erste hatte beidseitig Bizeps und Trizeps und Fingerfunktion. Eine weitere Mitpatientin beidseitig Bizeps, Trizeps ohne Fingerfunktion. Das andere Mädchen beidseitig nur Bizeps und keinen Trizeps, auch keine Fingerfunktion und ich links Bizeps und Trizeps, rechts nur Bizeps, beidseitig keine Fingerfunktion. Ich bin damit ein Krüppel unter Behinderten. Keine offizielle Bezeichnung, ich nenn mich halt einfach so. Aber ich bin damit keine Ausnahme.

Trizeps ist wichtig – es ist gut, ihn zu haben. Das Problem ist, wenn er nur einseitig stark ausgeprägt ist, ist die Gefahr für eine Skoliose, die Wirbelsäulenverkrümmung, größer, da man automatisch viel mehr mit dem starken Arm arbeitet. Das ständige Sitzen wirkt der Skoliose nicht unbedingt entgegen.

Die erste Frage, die sich Tetras gegenseitig stellen: Mit oder ohne Trizepsfunktion? Und dann kommt eine Vorführung. Bei mir sieht das immer so aus: Ich hebe meinen rechten Arm, lasse ihn wieder fallen. Hebe meinen linken Arm, beuge und strecke ihn wieder. »Links ja, rechts nein.«

Was aber noch entscheidender ist als Tetra oder Para, ist komplett oder inkomplett. Komplett gelähmt oder inkomplett. Inkomplett heißt, dass das Rückenmark entweder nur gequetscht, verstaucht oder nur leicht angerissen ist. Und das ist sehr gut, denn dann ist die Chance auf Heilung erheblich gesteigert. Eine Diagnose ist hier aber sehr schwierig. Die Ärzte gehen immer vom Schlechtesten aus, müssen vom Schlechtesten ausgehen, um keine falschen Hoffnungen zu schüren. Die sagen meist: »Sie sind komplett gelähmt, stellen Sie sich auf diesen Zustand/auf den Rollstuhl ein« oder »Was in den ersten Tagen nicht zurückkommt, kommt wahrscheinlich auch später nicht mehr«. Dann gibt es die unter Ärzten beliebten, aber unter Patienten verpönten magischen zwei Jahre. »Was in zwei Jahren nicht wieder da ist, wird nicht mehr kommen.«

Und häufig stimmt das, entscheidend sind die ersten Wochen und Monate. Aber auch nach Jahren können Funktionen zurückkommen. Dass Ärzte da so negativ eingestellt sind, finde ich falsch, denn die Hoffnung ist für so viele das Wichtigste.

So unterschiedlich Tetraplegiker sein können, so unterschiedlich kann auch eine inkomplette Lähmung ausfallen. Es gibt Querschnitte, die sind nach drei Tagen wieder rumgelaufen, welche, die nach sechs Monaten am Rollator laufen konnten oder auch erst nach vier Jahren wieder ohne Krücken laufen können. Die werden von den richtigen Querschnitten wie mir liebevoll Simulanten genannt.

Denn bei inkomplett Gelähmten gibt es motorisch und sensibel inkomplette Fälle. »Motorisch inkomplett« besagt, ob Bewegung zurückkommt, und »sensibel inkomplett«, ob Gefühl im gelähmten Körper zurückkommt. Es gibt Querschnittpatienten, die können wieder laufen, spüren ihren Körper aber nicht, und solche, die ihre Beine spüren, sie aber nicht bewegen können. Was jetzt besser ist, weiß ich nicht. Irgendwie ist beides beschissen.

Auch bei mir waren die Ärzte pessimistisch und haben gesagt, ich wäre komplett gelähmt, solle mich an den Rollstuhl gewöhnen, und das würde alles nie wieder. Es kamen verschiedene Tests, Röntgenaufnahmen, CT, mir wurden kleine Nadeln in den Körper gesteckt, die Nervenbewegungen messen sollten.

Nach einiger Zeit haben sie sich verbessert und in mir den Gedanken genährt, vielleicht doch inkomplett gelähmt zu sein. Für mich war das die beste Nachricht überhaupt. Inkomplett heißt, dass alles wieder wird. Dachte ich.

Neben dem Test zu meinen motorischen Fähigkeiten wurde in Murnau auch ein sensorischer Test gemacht. Der Arzt hat dafür mein Bein gepackt:

»Spürst du das?«

»Nein.«

Meinen Bauch berührt.

»Hier?«

»Nein.«

Und schließlich meine Arme.

Hier wurde es komplizierter. Mit einer Sicherheitsnadel hat er getestet. An den Schultern habe ich die Berührungen ganz normal gespürt, ebenso an der Außenseite meiner Arme. Je weiter es aber zur inneren Seite der Arme ging, desto diffuser wurde das Gefühl.

Am Daumen habe ich die Nadel wieder ganz normal piksen gespürt. Am Zeigefinger war es schon eher eine stumpfe Berührung und an den übrigen Fingern habe ich nichts mehr gespürt. ›Okay. Cool, 90 Prozent deines Körpers spürst du nicht mehr.‹

Denselben Test hat dieser Arzt später auch mal bei einer Zimmernachbarin gemacht. Sie hat danach geweint. »Sie spüren Ihren Körper nicht, und dann kommt auch noch der doofe Arzt und macht Ihnen deutlich, wie wenig Sie ihn spüren«, hat er richtig festgestellt.

Ich verstand die Frau. Ich konnte mich ganz genau an eine Situation erinnern, in der es mir ähnlich ging. Eine Schwester kam morgens, um mich zu waschen. Sie hat mich aufgedeckt und angefangen, meine Beine zu waschen. Das Kopfteil vom Bett war etwas aufgerichtet, sodass ich sehen konnte, wie sie mein Bein nimmt, mit dem Waschlappen daran entlangfährt und ich es einfach nicht spüre, geschweige denn mein Bein wegziehen kann.

Mich hat das so wütend gemacht. Ich habe zum ersten Mal richtig geweint, habe auf meine Beine geschlagen, wollte einfach, dass sie wieder funktionieren, sich verdammt noch mal bewegen und ich sie wieder spüre. Du kannst einfach nichts machen. Du kannst nur daliegen und deine nutzlosen Beine ansehen, die du nicht spürst.

Die Schwester, die auch noch total jung war, hat selbst fast angefangen zu weinen. Hat meine Hand genommen und mich getröstet.

Als ob das alles nicht schlimm genug wäre, kommt bei uns Hochgelähmten noch etwas Erschwerendes hinzu: Die Atmung ist komplett am Arsch.

Ich wurde ja künstlich beatmet. Meine Zwischenrippenmuskulatur konnte beim Atmen nicht mehr helfen, und mein Zwerchfell war noch zu schwach, um komplett selbstständig zu pumpen.

Durch den ungeliebten Tubus bekam ich immerhin Luft. Ein etwa zehn Zentimeter langes Rohr, das durch den Hals direkt in die Luftröhre gesteckt wird. Klingt ekelhaft und schmerzhaft? Glaubt mir, es ist hundertmal schlimmer. Das war für mich immer das Ätzendste: dieser Tubus.

Ich konnte nicht reden. Konnte nicht wirklich mitteilen, was mir fehlte, was ich brauchte. Einmal wollte ich Leitungswasser zu trinken haben. Stinknormales Leitungswasser, weil mir das Wasser aus der Flasche nicht schmeckt. Ich bin da sehr empfindlich. Glaubt ihr, irgendjemand hat mich verstanden? LEITUNGSWASSER!!! Fünf Schwestern standen im Raum, keine wusste, was ich ihnen sagen wollte. Das Wort »Leitungswasser«« ist wohl nur schwer durch Lippenlesen zu erkennen. Ich hatte nach dem zwanzigsten Versuch keine Lust mehr, habe den Kopf geschüttelt und das eklige Wasser heruntergewürgt. Meine Mutter hat mich am nächsten Tag verstanden, mir Leitungswasser gegeben und an den folgenden Tagen verschiedene Flaschenwasser zum Probieren gebracht. (Seitdem bin ich ein echter Wasserexperte und sehr wählerisch.) Es gab zwar extra Aufsätze, die man auf den Tubus stecken konnte, damit man sprechen konnte. Bei mir hat das wegen meines »zierlichen, noch kindhaften Rachens« nicht funktioniert. Ich habe mich jedes Mal sofort übergeben, wenn ich das Ding draufhatte.

Aber gut. Mit dem Nicht-reden-Können konnte ich mich gerade noch anfreunden. Meine Mutter hat mich auch so verstanden, mein Papa tat sich schwerer, aber wir haben uns arrangiert.

Was weitaus schlimmer war, waren die Schmerzen und vor allem das Absaugen. Ich bekomme heute noch Gänsehaut, wenn ich daran denke. Wenn ich so ein Absauggeräusch höre, erstarre ich und verdecke meine Kehle. Bis heute schlage ich Hände von Leuten weg, die in die Nähe von meinem Hals kommen. »Schöne Kette hast du da. Darf ich mal?« – »Autsch!«

Der Tubus war ein Fremdkörper, der in meiner Lunge steckte. Die wollte ihn loswerden und produzierte Schleim. Der wiederrum verstopfte Tubus und Lunge, Amelies Körper war zu schwach zum Abhusten, und der Schleim musste abgesaugt werden. Und anders als in Österreich wurde das nicht unter Narkose gemacht.

In der Realität lief das Ganze meistens etwa so ab:

Ich bekam schlechter Luft und klingelte, oder die Sauerstoffsättigung war schon so niedrig, dass der Alarm automatisch losging. Die Schwestern kamen, zogen sich Handschuhe über, entfernten das Beatmungsgerät, was selbst schon höllisch wehtat, nahmen einen dünnen etwa 30 Zentimeter langen Schlauch, steckten ihn durch die Öffnung an meiner Kehle in die Lunge und saugten den Schleim ab. Dieses Geräusch, dieser Schmerz. Hölle. Wirklich.

Besonders schlimm wurde es, wenn ich zu spät geklingelt hatte, die Sauerstoffsättigung aus irgendeinem Grund noch normal war, ich aber trotzdem keine Luft mehr bekam. Die Schwestern kamen und sahen die Sättigung, desinfizierten sich in aller Ruhe die Hände, zogen Handschuhe über. Währenddessen habe ich schon wild mit den Armen gefuchtelt, war gefühlt kurz vorm Ersticken. Mit einem Blick auf die Sättigung machte mir die Schwester klar, dass sie meine Sorge nicht teilte, entfernte – wieder in aller Ruhe – das Beatmungsgerät, und während ich schon Sterne und mein totes Meerschweinchen sah, saugte sie endlich den Schleim ab.

Anfangs musste das mindestens zwei Mal pro Stunde gemacht werden. Mit der Zeit wurde es aber zum Glück etwas besser. Also nicht angenehmer, aber seltener notwendig.

Dazu kam der Verbandswechsel jeden zweiten Tag. Meine Kehle spürte ich ganz normal. Da ist einfach ein offenes Loch, durch das so eine Scheißröhre gesteckt wurde. Jede kleinste Berührung tat weh. Und beim Verbandswechsel wurde dann alles noch schön desinfiziert, Pflaster abgerissen, dran gezogen. Schon wieder Gänsehaut.

Kurzum: Mir machte der Tubus nur Probleme. Ich konnte nicht reden, hatte Schmerzen, durch den Fremdkörper im Hals musste ich mich ständig übergeben. An essen war nicht zu denken, ich wurde künstlich ernährt. Die Zeit war wirklich sehr schlimm. Ich hatte Angst, da nie wieder rauszukommen.

Damit das doch irgendwann was werden konnte, musste ich von Beginn an meine Atmung trainieren. Ich wurde quasi von dem Beatmungsgerät abgestöpselt und sollte selbst atmen. Ich hatte die Panik meines Lebens. Habe es keine zwei Minuten ausgehalten. Nach zwei Wochen konnte ich fünf Minuten ohne das Beatmungsgerät atmen. Dann fiel die Sauerstoffsättigung, und ich wurde wieder angeschlossen. Auf der einen Seite wusste ich, dass ich nur durch

Training das Ding loswerden würde, auf der anderen Seite war das Üben extrem anstrengend und beängstigend. Nach einem Monat lag mein Rekord bei einer halben Stunde, aber nur mit gutem Zureden und mit viel Angst verbunden. Wieder zwei Wochen später hielt ich es eine Stunde aus, und ich fühlte mich immer sicherer. Ab der siebten Woche fühlte ich mich ohne Beatmungsgerät erstmals besser als mit und wollte gar nicht mehr angeschlossen werden. In der achten Woche war ich dann eine erste Nacht ohne Beatmungsgerät, wurde eine Woche nicht mehr angeschlossen, und die Ärzte sprachen endlich davon, den Tubus zu entfernen und einen Platzhalter einzusetzen. Für den Fall, dass es doch noch mal schlechter würde.

Am 8. April war es so weit. Die Ärzte kamen herein.

»Frau Ebner, wir entfernen den Tubus.«

Amelie, wie sie leibt und lebt, fing natürlich zu heulen an, als sie erfuhr, dass alles ohne Narkose gemacht werden sollte. Sonst weine ich nicht vor anderen Menschen. Aber wenn es um medizinische Eingriffe geht – da genügt schon eine Spritze –, werde ich sofort panisch. Drei Monate Krankenhaus mit tausend verschiedenen Prozeduren, und das hatte sich noch immer nicht geändert.

»Wir können Ihnen nichts geben, wir müssen gleich testen, ob Sie alleine atmen können.«

Leuchtete mir ein, gefiel mir trotzdem nicht.

Gesagt, getan, die Ärzte zogen das Ding raus. Höllische Schmerzen. Dann nahmen sie den Platzhalter und wollten ihn reinstecken, irgendwas passte aber nicht. Ich habe aufgeschrien vor Schmerzen.

»Okay, das gefällt ihr nicht.«

Nee. Das gefiel ihr ganz und gar nicht. Nach einem zweiten Versuch hat er es dann gelassen. Ein Pflaster wurde über das Loch geklebt.

»So, jetzt sing mal was.«

»Alle meine Entchen schwimmen auf dem See.«

Lachen. Meine Stimme war sofort wieder voll da. Was die Leute um mich stutzig machte, denn meistens braucht es wohl ein paar Tage, bis die Stimme wieder normal funktioniert. Bei mir nicht. Was die Leute aber noch viel mehr schockierte, war mein nicht vorhandener Dialekt.

»Du redest ja Hochdeutsch!«, meinte der Arzt schockiert, der bis dahin immer nur meine bairisch redende Mutter und den bairisch-südtirolerischen Dialekt meines Papas gehört hatte.

Jap. Kein Dialekt.

Ich war saufroh, endlich das Ding los zu sein. Meine Eltern auch. Mein Papa kam noch am selben Tag. Der hat vielleicht gestaunt, als ich ihn begrüßt habe.

»Hallo Papa.«

Ihm sind fast die Taschen aus der Hand gefallen. Ich habe ihm verboten, meiner Mutter davon zu erzählen, die wollte ich am nächsten Tag schocken. Er hat's tatsächlich durchgezogen und ihr nichts verraten. Die hat sich mindestens genauso gefreut.

Am dritten Tag kam dann meine Oma, die auch nichts wusste. Es war noch dazu ihr Geburtstag.

Oma kommt rein:

»Hallo Oma, alles Gute zum Geburtstag!«

»Danke, Amelie!« Oma ging an mir vorbei. Blieb stehen. Drehte sich zu mir um. »Ja, Amelie!« Sie drückte mich.

»Das ist das schönste Geburtstagsgeschenk!«

Atmen. Ohne Hilfe. Ein erster, riesiger Schritt zurück in die Selbstständigkeit.

Einschub:
Papa Günther über Amelie

L etztens hatten wir wieder so eine Situation: Die Amelie wollte alleine aus dem Bett aufstehen und in ihren Rollstuhl kommen. Das hat aber nicht geklappt, sie ist abgerutscht, und dann hing sie da zwischen Bett und Rollstuhl. Selbst befreien hätte sie sich nicht können, und das Telefon war auch zu weit weg. Zufällig bin ich nach Hause gekommen und habe ihr in den Stuhl helfen können.

Es ist ihr wahnsinnig wichtig, möglichst alles alleine zu machen oder es wenigstens alleine zu probieren. Für mich ist das oft nicht leicht, weil ich meinem Kind natürlich helfen will und ihr das Leben einfach machen möchte. Ich war aber schon immer so, auch vor dem Unfall. Habe immer versucht, alle unsere Kinder so gut zu unterstützen, wie ich eben konnte. Da ist es heute schwierig für mich, Amelie dabei zuzuschauen, wie sie zum Beispiel einen Brief aufmacht oder Socken anzieht. Ich sehe nur, dass sie sich sehr schwertut, dann ist es bei mir so eine Art Reflex, dass ich ihr helfen will. Aber wehe, ich lange dann wirklich hin und mache zum Beispiel den Brief auf. Dann kriege ich ordentlich Ärger von ihr.

Wobei sie sich in der Anonymität noch etwas lieber helfen lässt. Auf der Straße darf ich ihren Rollstuhl gern schieben. Sobald wir dann aber beim Arzt angekommen sind, schickt sie mich weg und möchte alleine fahren. Aber ich kann das gut verstehen, wenn sie den Leuten nicht zeigen will, dass sie bei vielen Sachen einfach Hilfe braucht.

Ich war schon vor dem Unfall ein sehr ruhiger Mensch, mich bringt so schnell nichts aus der Fassung. Das hat mir auch oft geholfen, um mit der Situation zurechtzukommen. Obwohl ich auch lange gebraucht habe, bis ich wirklich erkannt habe, was da gerade passiert. Wie uns am Unfalltag der Arzt erklärt hat, dass sie querschnittgelähmt sein wird, hat mich das erst gar nicht richtig erreicht. Ich habe immer noch gedacht, dass alles nicht so schlimm sein könnte, sogar noch bei der Operation.

Trotzdem habe ich mir eigentlich nie die Frage gestellt: Wie soll das weitergehen? Amelie hat mir einfach nur schrecklich leidgetan, wie sie da lag und an all diese Geräte angeschlossen war. Ich wollte so gern helfen, konnte aber nichts für sie tun. Dann kam die Zeit, in der sie beatmet werden musste und nicht reden konnte. Meine Frau hat sie ganz gut verstanden, ich habe leider gar nicht begriffen, was sie mir mitteilen wollte. Das war das Schlimmste für mich! Mein Kind lag da, und ich habe nicht verstanden, wenn sie versucht hat, mich um etwas zu bitten.

Der schönste Tag war dann auch der, als ich in ihr Krankenzimmer kam und plötzlich die Stimme meiner Tochter nach einer Ewigkeit wieder gehört habe. »Hallo Papa!« Das weiß ich noch ganz genau, ich war so glücklich in dem Moment, als Amelie wieder sprechen konnte. Da habe ich auch gewusst, dass es nun wenigstens ein bisschen bergauf gehen wird.

Das ist es dann auch, Amelie hat auf der ersten Reha und auch, nachdem sie wieder zu Hause war, viele Dinge gelernt und sich toll entwickelt. Und wir haben sie so gut unterstützt, wie wir konnten – auch ihre Geschwister waren immer für sie da. Wir haben zu den anderen beiden Kindern aber nie gesagt: Ihr müsst jetzt daheim bleiben, eure Schwester braucht euch! Sie sollten sich nicht gezwungen fühlen. Aber das war nicht nötig, die Kinder haben schon immer zusammengehalten, und das hat sich durch den Unfall sogar noch verstärkt.

An das »Was wäre, wenn?« denke ich eigentlich nicht. Vielleicht würde ich heute weniger arbeiten und mehr Zeit auf unserer Hütte verbringen, wenn das alles nicht passiert wäre. Aber es stört mich überhaupt nicht, dass das nicht so ist. Ich bin 69 Jahre alt, arbeite gern und will das auch weiterhin machen, solange es gesundheitlich geht. Ich arbeite jetzt sogar lieber als früher, weil ich die Zeit gut nutzen will. Früher habe ich viel Zeit verplempert, heute geht das nicht mehr, weil ich mehr für die Familie da sein will. Ich würde sagen, seit dem Unfall lebe und arbeite ich intensiver. Früher habe ich zum Beispiel eine Lackierarbeit an einem Auto schnell gemacht, damit sie erledigt ist. Heute will ich sie in meiner begrenzten Zeit besonders gut machen.

Die Doppelbelastung aus Beruf und behindertem Kind war dabei eigentlich von Anfang an kein großes Problem für mich. Als ich Amelie noch täglich zur Schule gefahren habe, habe ich vormittags einfach nichts angefangen, was länger gedauert hätte. Amelie hätte ja jederzeit anrufen können, dass sie abgeholt werden muss, und dann wollte ich schnell zu ihr fahren können. Die liegen gebliebene Arbeit habe ich dann am späten Abend erledigt. Aber solche Anstrengungen waren nicht schlimm. Ich wollte einfach nur, dass es Amelie und der Familie so gut geht wie möglich.

5
Was geht?

Mit der Verlegung von der Intensivstation auf die normale Station kam nicht nur die Sonne in mein Leben zurück. Ich bekam auch Zimmernachbarn, die nicht mehr irgendwelche anonymen Bettnachbarn waren, mit denen ich mich kaum unterhalten konnte, wie es auf der Intensivstation der Fall war. Einer meiner ersten Zimmernachbarn war ein Mann. Normalerweise gab es Frauen- und Männerzimmer, aber kein anderes Bett war mehr frei. Mich störte das sowieso weniger.

Er hieß Hans, war Mitte 50 und von Beruf Bauer. Auch er hatte sich den sechsten Halswirbel gebrochen – er wurde von einer Kuh überrannt.

Ich habe auch erst mal blöd geschaut. Er war dabei, die Kuh in einen Hänger zu verladen und zum Schlachter zu bringen, da ist sie durchgedreht und hat ihn überrannt. Karma!

Das Witzige an der Geschichte ist: Meine Mutter hatte bei der Hinfahrt im Radio gehört, dass eben jemand von einer Kuh überrannt und lebensgefährlich verletzt wurde. Sie betrat mein Zimmer, und da lag der Mann. Zu Ostern haben wir ihm Taschentücher mit Kühen darauf geschenkt. »Da kannst du so richtig reinrotzen.«

Hans hatte aus Querschnittsicht Pech mit dem sechsten Halswirbel, aus Tetrasicht aber Glück, denn er hatte sowohl Bizeps- als auch Trizeps- und sogar ein wenig Fingerfunktion. Er musste auch nicht beatmet werden und war deshalb recht schnell wieder fit. Zumindest für einen Tetra.

Nach zwei Wochen auf der Normalstation begannen auch die Therapien. Zumindest so, dass ich aktiv etwas tun konnte. Anfangs wurden nur meine Beine und Arme durchbewegt und die Brust abgeklopft, um den Schleim zu lösen. Davor hab ich mich übrigens oft gedrückt und mich schlafend gestellt, sobald ein Therapeut kam. Denn gelöster Schleim hieß immer auch Absaugen, und das wollte ich so oft wie möglich vermeiden.

Aber auch nach zwei Wochen war mit mir noch nicht viel anzufangen. Ich lag seit Tag eins nur im Bett. Mein Kreislauf war dementsprechend so schwach, dass ich ohnmächtig wurde, als das Kopfteil des Krankenhausbettes auf 45 Grad gestellt wurde. An die Idee, im Rollstuhl zu sitzen, war gar nicht zu denken. So trainierten wir meinen Kreislauf und machten Übungen mit meinen Armen.

Nach einer Woche kam meine Physiotherapeutin das erste Mal mit einem Rollstuhl herein. Keinem Aktivrollstuhl! Einem Pflegerollstuhl, dessen Lehne man ganz flach stellen konnte und der auch so eher nach Couchsessel als nach Rollstuhl aussah. Aber mit meinem schwachen Kreislauf blieb uns nichts anderes übrig, als es zuerst darin zu versuchen.

Wie ich da reinkommen soll, wollte ich wissen. Ich konnte ja nicht einfach aufstehen und mich reinsetzen. Ich hatte schon gehört, dass man sich mit den Armen in den Rollstuhl bringen kann, aber ich konnte mich nicht mal im Bett aufrichten. Wie sollte ich es dann in den Rollstuhl schaffen?

»Da haben wir was ganz Tolles!«, meinte die Therapeutin und grinste. Sie hat dann ein großes grünes Tuch geholt, das aussah wie eine Vogelschaukel. »Das ist unser Frosch.«

Auf diesen Frosch wurde ich gelegt und dann per Deckenlift in den Rollstuhl gehievt. Muss von außen recht witzig ausgesehen haben, aber ich hatte saumäßig Angst. Es ist ein Scheißgefühl, wenn du nicht spürst, wo deine Beine sind, was deine Beine machen, und du keine Ahnung hast, ob die Gurte wirklich an der richtigen Stelle sitzen, weil du es ja nicht spürst. Ich hasse es, Neues auszuprobieren, und ich habe auch das gehasst.

Das Sitzen im Rollstuhl war am Anfang eine Katastrophe. Die Lehne war zwar so flach wie möglich eingestellt, für meinen Kreislauf allerdings noch immer zu hoch, und trotz Kreislauftropfen drehte sich alles. Ich wollte nur noch zurück in mein sicheres Bett. Zehn Minuten habe ich es beim ersten Mal ausgehalten.

Aber natürlich blieben wir dran: Jeden Tag musste ich jetzt in den Rollstuhl. Mein Kreislauf wurde immer stabiler, die Lehne konnte fast täglich etwas steiler gestellt werden (aber nie steiler als 45 Grad) und ich immer länger im Rollstuhl sitzen bleiben. Es wurde auch mit der Zeit angenehmer, sodass ich mich irgendwann morgens freute, endlich aus dem Bett und in den Rollstuhl zu kommen.

Neben der Tatsache, dass der Rollstuhl meinen Kreislauf trainierte, hatte er noch einen weiteren Vorteil gegenüber dem Bett: Mobilität. Zum ersten Mal seit mehr als sieben Wochen konnte ich raus aus Krankenhauszimmern. Mein erster »Ausflug« ging auf den Balkon. Zehn Minuten, dann war ich total geschafft und wollte wieder ins Zimmer. Ich selbst konnte nicht fahren. Ich war noch schwach, und außerdem sind Pflegerollstühle viel zu schwer und unhandlich, als dass man selbst mit ihnen fahren könnte.

Aber ich konnte durch das Gebäude geschoben werden und mir zum ersten Mal einen Überblick verschaffen, wo ich überhaupt gelandet war. Alles kam mir so riesig vor, die Flure waren endlos lang. Die vielen Eindrücke überforderten mich komplett.

In den Aufenthaltsraum konnte ich deshalb noch nicht. Wir haben es einmal versucht, aber ich war kaum in dem

Raum drin, da wurde mir schon schwindelig. Zu viele Menschen. Ich hatte schon immer ein Problem mit großen Menschenansammlungen. Auf Flohmärkten, Festen und in Clubs wurde mir auch vor dem Querschnitt oft schwindelig, wenn zu viele andere Gäste um mich herumstanden. Und jetzt, wo ich fast zwei Monate allein in einem Zimmer mit nur wenigen Leuten gewesen war, war es noch schlimmer geworden. Also habe ich erst mal mit kleinen Schritten angefangen.

Mittlerweile hatte ich auch eine neue Zimmernachbarin. Barbara, 47 Jahre alt, auch C6, auch Skiunfall. Auch sie musste beatmet werden. Wir haben uns schnell angefreundet. Ihr Mann, der auf dem Skiausflug dabei gewesen war, wich ihr nicht von der Seite. Eigentlich wohnen die beiden bei Köln, sie waren für einen Skiausflug nach Bayern gekommen. Barbara stürzte blöd, fiel wohl auf einen Stein und konnte nicht mehr aufstehen.

Auch wenn sie älter als ich ist, wurden wir schnell gute Freundinnen. Ihr Mann, meine Mutter und eben wir beide haben viel Zeit zusammen verbracht. Konnten gemeinsam reden und lachen. Als ich fit genug war für den Aufenthaltsraum, sicherten wir uns dort unseren sogenannten Stammtisch. Einer von vier großen Tischen, die dort standen. Außerdem gab es eine Kaffeemaschine und einen Fernseher, der aber nie genutzt wurde.

Reden konnten wir beide aufgrund des Tubus anfangs nicht. Sie immer mal für eine halbe Stunde, wenn sie den Aufsatz zum Sprechen hatte. Trotzdem verstanden wir uns.

In der Klinik hatte ich viel Kontakt zu anderen Querschnittgelähmten. Anfangs, als ich das Zimmer noch nicht verlassen konnte, kam ein Rollstuhlfahrer, Para, öfter zu mir. Er saß schon länger und hatte sich mit meiner Mutter beim Rauchen angefreundet. Er hatte einen Motorradunfall gehabt, hatte sich sämtliche Knochen gebrochen und kam in ein Krankenhaus, das ihn total versaut hatte. Er meinte nur, dass er nach der OP noch schlechter dran war als davor. Das Becken, die Wirbelsäule, alles war schief verschraubt. Deswegen war er in Murnau, wo er wieder halbwegs fit gemacht wurde. Der Rollstuhl blieb.

Er besuchte mich in einer Phase, in der es mir eher schlecht ging. Ich wurde beatmet, musste mich dauernd übergeben und hatte die Sorge, nie wieder rauszukommen.

»Glaub mir«, hat er mir damals gesagt, »du denkst jetzt wahrscheinlich, es hört nie auf und du musst für immer hier bleiben. Aber vertrau mir, Mädchen, das geht vorbei. Und dann wirst du dir denken: ›Wie konnte ich jemals glauben, es nicht zu schaffen.‹ Und wenn du hier raus bist und alleine essen kannst, gehst du unten ins Café und isst den Spezial-Burger, der ist saugut.«

Und er hatte recht. Mit allem. Es scheint dir endlos, aber es endet. Zumindest die Beatmung und das ständige Im-Zimmer-eingesperrt-Sein. Und die Burger in Murnau sind wirklich saugut.

Solche Tipps von Alteingesessenen – fünf Euro in die Beschissenes-Wortspiel-Kasse – sind Gold wert. Die anderen Patienten muntern dich nicht nur auf, sondern geben dir auch viele hilfreiche Ratschläge. Ich stand zum Beispiel einmal im Trainingsraum, da kam ein älterer Herr im Rollstuhl zu mir und meinte: »Darf ich dir einen Tipp geben? Deine Reifen sind falsch herum.«

Ich sagte: »Wie, falsch rum?«

»Na ja, der linke Reifen ist rechts und der rechte ist links.«

»Da gibt's einen Unterschied?«

»Ja, das Profil verläuft bei dir in die falsche Richtung, dadurch rollen die Reifen nicht so gut.«

Und tatsächlich. Ich habe die Reifen tauschen lassen und konnte viel besser fahren. Und vor allem quietschten die

Reifen nicht mehr auf dem Boden. Seitdem achte ich immer genau auf meine Reifen, dass sie auch wirklich richtig montiert sind. Und prüfe das auch bei anderen Rollstuhlfahrern. Wenn dann mal ein frisch Verletzter dabei ist, erkläre ich ihm das auch. So wie es mir erklärt wurde.

Meistens waren es ja nur Männer, die da waren, um Tipps zu geben. Das liegt daran, dass es einfach mehr querschnittgelähmte Männer als Frauen gibt. Männer leben halt gefährlicher – und handeln vielleicht auch etwas unüberlegter. Die Tipps waren auch immer hilfreich, aber manche Sachen kann ein Mann einer Frau oder einem Mädchen nicht erklären. Und so haben die Therapeuten einen Tag organisiert, haben zwei alte Patientinnen angefragt, ob sie nicht vorbeikommen und mit uns Frischverletzten reden wollen. Zu dem Zeitpunkt waren wir drei Tetrafrauen. Barbara, meine Zimmernachbarin und gute Freundin, Sandy, auch eine jüngere Patientin, und eben ich. Die zwei sind auch vorbeigekommen, wir haben einen Raum bekommen, sogar Kaffee, und wurden dann allein gelassen. Wir haben uns vorgestellt.

»Amelie, 17, Skiunfall, einseitig Trizeps, keine Fingerfunktion.«

Eine der Rollstuhlfahrerinnen war etwas älter als meine Zimmerkollegin, knapp über 50. Die zweite in meinem Alter, 19. Beide haben erzählt, wie es bei ihnen nach dem Unfall weiterging. Mich hat natürlich interessiert, wie das ist mit Schule, ob ich wieder zurück kann. Jana, die jüngere, hat erzählt, dass sie gerade Abi gemacht hat. Sie konnte zurück an ihre alte Schule, nachdem sie das Krankenhaus verlassen hatte. Konnte alle Prüfungen am Laptop schreiben. Das hat mir viel Mut gemacht. ›Wenn es andere schaffen, kann ich es auch‹, dachte ich.

63

Anfangs ging es um Schule, Arbeit, Sport. Jana fährt viel Handbike, die ältere Frau spielt in München Rollstuhlrugby. Beide Frauen haben deutlich gemacht, dass wir alles fragen können – und das haben wir auch. Kathetern? Kann einem kein Mann Tipps geben, weil es offensichtlich ein Unterschied ist, ob ich nur die Hose aufmachen muss, meinen Penis raushole und kathetere (Sorry, ihr Tetra-Männer, wenn ihr jetzt sagt: »He, es ist trotzdem anstrengend«, dann bitte Mund halten) oder ob ich eben meine komplette Hose runterziehen und mit Spiegel und Beinspreizer das richtige Loch finden muss, bis ich kathetern kann. Denn, liebe Gesunde, eine Querschnittlähmung heißt eben nicht nur: Beine nicht bewegen. Die Blase befindet sich auch sehr weit unten, und die Nerven, die sie steuern, sind bei so gut wie allen Querschnittgelähmten betroffen. Und das ist die Sache, die die meisten Betroffenen wie ich als größte Einschränkung empfinden: Blase und Darm. Wenn ihr dazu mehr wissen wollt, googelt. Ich bin querschnittgelähmt, aber vor allem bin ich Frau. Und Frauen reden eben ungern mit jemand anderem als der besten Freundin über Toilettengänge und alles drum herum. Viele Menschen – das habe ich in den letzten Jahren zur Genüge erfahren – müssen dringend lernen zu respektieren, dass man einen Querschnittgelähmten eben nicht immer alles fragen kann mit der Begründung: »Das hat mich schon immer interessiert.«

»Ich will ja nicht unhöflich sein, aber wie gehst du aufs Klo?« Kein Mädchen würde euch das erzählen, warum ist es dann anscheinend normal, eine Rollstuhlfahrerin zu fragen?

Na ja, zurück zum Thema. Hose im Rollstuhl ausziehen. Für Paras schwer. Für Tetras unmöglich, möchte ich behaupten. Okay, ausziehen geht noch. Hosen rutschen sowieso gern runter, ich bin froh, dass jetzt High Waist in ist, sonst würde man meinen Arsch öfter sehen als den von einem Klempner. Aber: Hose anziehen, never. Auch hier konnten uns beide wertvolle Tipps geben.

Periode im Rollstuhl. Nervig genug als Fußgänger. Im Rollstuhl ein einziges Chaos. Hölle. Mal eben aufs Klo und Tampon wechseln? Träum weiter.

Dann kamen auch viele Fragen zum Thema Beziehung, Sex, Pflege. Und alles wurde beantwortet. Wir haben gut zwei Stunden geredet. Anschließend auch Nummern ausgetauscht, und noch heute schreibe ich Jana regelmäßig, wenn ich wieder eine Frage habe. Und auch ich möchte Frischverletzten helfen. Dieses Gespräch hat so viel mehr gebracht, so viel mehr Mut gegeben und war um einiges aufschlussreicher als alle Vorträge der Ärzte und Therapeuten. Die stecken nicht in unserer Haut, sitzen nicht in unserem Stuhl, und egal wie viel sie damit zu tun haben, nachvollziehen kann es keiner, wie es ist, querschittgelähmt zu sein. Und von anderen Rollstuhlfahrern zu hören, dass so viel noch möglich ist und vor allem WIE es möglich wird, ist noch mal was ganz anderes. Der Tag hat uns alle zuversichtlicher gemacht.

Aber zurück nach Murnau: Durch die glorreiche Idee einer Schwester, mir einen Bauchgurt zu geben, der wie ein Korsett eng um den Bauch gebunden wird, um das Blut oben zu halten, war mein Kreislauf stabil, und ich konnte endlich wieder aufrecht sitzen. Jetzt ging es langsam darum, mir einen richtigen Rollstuhl zu besorgen, zumindest leihweise.

Im Lager haben sie einen Rollstuhl gesucht, der die richtige Breite hatte. Die meisten Rollstühle sind zu schmal für die Leute. Jetzt mussten die Krankenschwestern einen auftreiben, in dem ich nicht versinken würde.

Zwei hatten sie da. Mit dem Frosch setzten sie mich von dem Pflegerollstuhl in Aktivstuhl Nummer eins. Als ich drinnen saß und losgelassen wurde, fiel ich mit dem Oberkörper nach hinten. Die Lehne war viel zu niedrig. Durch die fehlende Rumpfstabilität konnte ich mich ohne ausreichend hohe Lehne nicht halten. Der zweite Rollstuhl, ein giftgrünes Teil, hatte eine höhere Lehne. In ihm konnte ich sitzen. Ein Gurt, der um meine Brust geschnallt wurde, sorgte dafür, dass ich nicht nach vorne oder zur Seite fallen konnte. In diesem Rollstuhl konnte ich mich alleine fortbewegen. Zwar nur langsam, unter großer Anstrengung und nicht weiter als zwanzig Meter am Stück, aber es bedeutete einen riesigen Schritt zur Selbstständigkeit, dieses Fahren. Ich hab mich ein wenig gefühlt wie ein Kind, das zum ersten Mal ohne Stützräder Fahrrad fährt. Ich musste mich aber nicht lange zurechtfinden. Hab schnell gecheckt, dass ich nach rechts fahre, wenn ich mit dem linken Arm anschiebe oder eben andersherum. Trotzdem war es ein neues Gefühl. Ich hatte trotz Gurt Angst rauszufallen.

Ab dann gab es Rollstuhltraining für mich. Anfängergruppe für Tetras. Denn selbst ein Para-Anfänger kann besser fahren als ein Tetra-Fortgeschrittener. Die Paras haben geübt, Steigungen zu fahren, auf zwei Reifen zu kippeln oder Treppen zu fahren.

Wir haben geübt, geradeaus zu fahren und über eine zwei Zentimeter hohe Stufe zu kippen. Die vorderen Räder minimal anzukippen hat zwei Stunden Übung gebraucht. Denn anders, als viele denken, ist es alles andere als einfach, Rollstuhl zu fahren. Es ist sehr anstrengend – zumindest wenn man kaum Finger- und nur eingeschränkte Armfunktionen hat. Ich musste fast alles mit der Kraft aus Schulter und Nacken machen.

Außerdem musste ich meinen Kopf in diesem Rollstuhl, anders als im Pflegerollstuhl, der eine Kopflehne hatte, selbst halten. Nach einer Stunde schmerzte mein Nacken höllisch. Die nächsten Wochen war er durchgehend verspannt. So viel Massage konnte ich gar nicht bekommen, wie ich jetzt gebraucht hätte.

›Oh, wie angenehm, du hast immer einen Sitzplatz‹, werden sich möglicherweise jetzt manche denken. Sitzplatz: ja, immer: ja, angenehm: nein. Ganz im Gegenteil. Sich dauernd zu konzentrieren, das Gleichgewicht zu halten, ist nicht angenehm.

Ein Kumpel hat sich mal in meinen Rollstuhl gesetzt. Eigentlich hab ich damit kein Problem, ich geb den Leuten gern die Chance, das Leben aus meiner Sicht zu sehen. Dieser Kumpel meinte dann: »Warum stellst du dich immer so an, ist doch total einfach!«

Ich hab zuerst tief eingeatmet, innerlich bis 100 gezählt und dann erklärt, wie das so ist. Für jemanden, der mit den Beinen und auch mit Rumpf und dem gesamten Körper ausgleichen kann, ist das Rollstuhlfahren natürlich einfach. Alles nur mit Schultern, Armen und Kopf auszugleichen ist dann nicht mehr so leicht. Mein Nacken und meine Schultern sind durchgehend angespannt.

Vor allem, nachdem ich irgendwann den Brustgurt abgelegt hatte. Einerseits sieht er dämlich aus, finde ich – sorry an die Leute, die ihn tragen müssen. Und andererseits bin ich damit extrem eingeschränkt. Ich hab noch heute Kreislaufprobleme, mehr als vier Jahre nach dem Unfall. Um dem entgegenzuwirken, lehne ich mich mit meinem Oberkörper vor und stütze mich irgendwo ab, anstatt meine Beine hochzunehmen. Das hilft mir besser und geht vor allem schneller. Mit Brustgurt könnte ich mich gar nicht vorlehnen. Der Verzicht hat also nicht nur ästhetische Gründe. Nachteil ist halt ganz klar: Ich muss mich dauernd darauf konzentrieren, mein Gleichgewicht zu halten. Beuge ich mich etwas zu weit vor, klappe ich zusammen wie ein Taschenmesser. Passiert übrigens auch, wenn mir jemand unerwartet auf den Rücken klopft. Also bitte vorher fragen, auch wenn es nett gemeint ist. Danke.

In meinem neuen Aktivrollstuhl konnte ich noch besser therapiert werden. Ich hatte jeden Tag Physio und Ergo. In der Ergotherapie trainierten wir hauptsächlich die Hände. Mir wurde beigebracht, wie ich auch ohne Fingerfunktion greifen kann, mit der sogenannten Funktionshand, die bei Tetras üblich ist. Die Hand wird dabei zur Faust geformt. Das geschieht entweder ganz automatisch, oder man hilft mit Tape nach. Streckt man nun den Arm aus und lässt die Hand mit der Handfläche nach unten locker hängen, sind die Finger geöffnet. Zieht man das Handgelenk nach oben, schließen sie sich automatisch. Durch diese Bewegung kann man auch ohne Fingerfunktion greifen. Ich hatte schnell raus, wie meine neuen Hände funktionieren, und war von Anfang an sehr geschickt. Eigenlob stinkt, aber ich kann's nun mal nicht ändern. Anfangs haben wir mit großen, leichten Klötzen gespielt, Mensch ärgere Dich nicht im XXL-Format. Recht schnell wurden die Figuren immer kleiner, und zum Schluss konnte ich das normale Mensch ärgere Dich nicht spielen.

Auch Schreiben haben wir geübt, mit einer Schreibhilfe, die einen Stift an die Hand klemmt. Das war katastrophal. Meine Schrift sah aus wie von einem Kindergartenkind gekritzelt. Ich habe mit der rechten Hand geschrieben, zum Schreiben musste ich meinen kompletten Arm anheben. Die Bewegung zum Schreiben kommt bei mir allein aus Schulter und Bizeps. Normal legt man seinen Arm ab, und die Bewegung kommt aus dem viel feinmotorischeren Handgelenk und den Fingern. Aber das ging bei mir natürlich nicht mehr. Nach zwei Wochen konnte man ansatzweise lesen, was ich geschrieben habe. Meine Schrift war aber trotzdem noch Erste-Klasse-Niveau.

Nicht mal mehr schreiben konnte ich, das war ein Scheißgefühl! Und zeichnen, wo ich so gern gezeichnet hab. Aber
man versucht eben, so wenig wie möglich darüber nachzudenken. Und ja, an alle Psychologen: Toll. Applaus. Ich
weiß, dass ich verdränge, aber so ist das. Und jetzt? Bin
eben ein Verdränger, und so geht es mir am besten. Was
bringt es, ständig daran zu denken und darüber zu reden?
Macht es, dass ich wieder schreiben kann? Wieder laufen
kann? Also ich hab ja nicht Psychologie studiert, aber ich
würde fast sagen: Nein. Respekt an alle Leute, die sich ständig beschweren können und sich ständig damit befassen
können, was sie alles nicht mehr können, ohne sich schon
längst aufgehängt zu haben. Ich kann und will das nicht.
Will meiner Familie nichts vorheulen. Und erst recht keinem Psychologen. Und die wurden mir leider ständig auf
den Hals gehetzt.

»Wie geht es Ihnen heute?«
»Scheiße, jetzt, wo Sie da sind.«
Ich hab mich schlafend gestellt, sobald einer von der Sor-
te in mein Krankenzimmer gekommen ist. Hat leider nicht
immer funktioniert.
Zuerst war eine Frau bei mir. Mit verschränkten Armen
hat sie sich über mich gebeugt und gesagt: »Sie sind eine
Pflanze, die nun neu verpflanzt wird. In neue Erde kommt
und sich zurechtfinden muss.«
Ich hätte ja gelacht, wenn ich nicht so schockiert gewesen wäre. Ernsthaft? 17. Ich war 17. Die einzige Pflanze, die
mich in der Situation vielleicht aufgeheitert hätte, wäre
zum Rauchen gewesen. Aber doch bitte nicht so ein dum-
mes Gelaber. Einmal habe ich trotzdem fairerweise versucht, mich auf diese Frau einzulassen. Ich sollte eine Ge-
dankenreise mit ihr machen. An einen Ort, an dem ich gern
wäre. Ich habe an unsere Hütte in den Bergen gedacht. Ich

sollte mir vorstellen, wie ich dort bin, wie es dort riecht und wie es sich anhört. Ich hab es mir vorgestellt. Meinen Papa beim Holzhacken gesehen, das Alpengras gerochen, den Wald gehört, das Gras gespürt. Ich hab die Augen aufgemacht und geheult, wie noch nie in meinem Leben zuvor. Hätte ich die Möglichkeit gehabt, ich hätte in diesem Moment bestimmt eine große Dummheit begangen. Was hatte ich jetzt also von diesem Manöver? Einen der depressivsten Momente überhaupt in meinem Leben. Ist das der Sinn dahinter? Einem das vor Augen führen, was man nie wieder haben wird? Einem zeigen, wie gut es war, wie scheiße es ist und wie behindert es immer sein wird? Danke für dieses Scheißgespräch. Ich hab die Frau weggeschickt und versucht, meine Gedanken zu verdrängen, mich auf das Hier und Jetzt zu konzentrieren, und mehr als deutlich gemacht, dass ich diese Psychologin bitte nicht mehr sehen will.

»Okay, wir haben noch einen ganz netten Psychologen, den schicken wir dir mal.«

Ohne Worte. Der war genauso schlimm. Hat mir eine Broschüre gegeben: »Wandern in Murnau«. Wie oft auf den Kopf gefallen muss man denn bitte sein?

Aber das Beste war: Ich sollte erzählen, wie es mir geht. Mal wieder. Wie ich mit der Situation zurechtkomme. »Ja, passt.«

»Schauen Sie, Frau Ebner, ich kann meinen Arm auch nicht mehr komplett heben«, sagte der Idiot, hob seinen Arm halb an und schaute mich an. Das hat der wirklich gemacht! Sein Ernst. Ich saß da, und dieser nette Psychologe hob seinen Scheißarm halb an, weil es weiter nicht mehr geht. Wieso? Will er Mitleid? Mich aufheitern? Da habe ich ihm zu verstehen gegeben, dass ich ihn bitte nicht mehr brauche.

Einmal kam er zu mir, da lag ich im Bett, und mein Papa war da, ich konnte mich also nicht schlafend stellen.

»Frau Ebner, haben Sie Zeit?«

»Ich hab Besuch.«

»Oh, sehr schön, wie geht es Ihnen?«

Ich hab aus dem Fenster gestarrt und einfach nichts mehr gesagt. Ich hab ihn einfach ignoriert. Jetzt war aber das Problem, dass mein Papa ein wahnsinnig netter Mensch ist. Der gutmütigste Mensch der Welt, wenn man es nicht wirklich ausreizt. Er hat auf die Fragen vom Psychologen, den er für den Pfarrer hielt, geantwortet. Und das war ein Fehler, denn losgeworden bin ich den dadurch nicht so schnell. Aber ich hab's durchgezogen, weiterhin aus dem Fenster geschaut und alles ignoriert. Mich nicht mal verabschiedet. Aber was hätte ich sonst machen sollen? Zugehört haben sie mir ja eben nicht. Was war dann das Ende vom Lied? Im Arztbericht stand, ich sei depressiv und würde mich nicht öffnen. Am Arsch. Genau eine Frau hat mir geholfen. Die Frau der katholischen Seelsorge. Ich weiß nicht, ob sie eine Psychologin war, und wenn, dann war sie die einzige Psychologin, die wirklich etwas Sinnvolles beigetragen hat.

Ich glaube schon an Gott. Die Kirche ist halt nicht meins. War sie noch nie. Mit zehn hab ich in mein Tagebuch geschrieben: »Warum muss man in die Kirche gehen, um mit Gott zu reden, kann ich doch auch zu Hause.« Und so sehe ich das bis heute. Diese Frau jedenfalls hat mit mir geredet und mir zugehört. Ich hab gesagt, dass es mir gut ginge. Und das hat sie so akzeptiert und verstanden. Und nicht gesagt: »Das glaube ich nicht, Ihnen muss es scheiße gehen, weil Sie im Rollstuhl sitzen.« Und ich hab gesagt, dass ich gern über etwas anderes nachdenken und mich damit ablenken würde. Und sie: »Gut, soll ich dir was zum Lesen bringen?«

Zusammenfassend und nach meinen Erfahrungen: Ich will nicht sagen, alle Psychologen sind scheiße. Aber der

Großteil hat schon einen Schaden. Und mir bringt es einfach nichts, was sie von mir fordern.

Die Physiotherapie war für mich um einiges anstrengender. Sowohl physisch als auch psychisch. Mittlerweile wurde ich auch nicht mehr nur im Bett behandelt, ich konnte in den riesigen Therapieraum. Der war vollgestellt mit mehr als zehn großen Therapieliegen und verschiedensten Trainingsgeräten, die oft eher nach Foltergeräten aussahen.

Mit einem Rutschbrett half mir meine Physiotherapeutin auf die Bank. Das ist nicht ganz so witzig, wie es vielleicht klingt. Das Brett wird unter den Po geschoben, während man im Rollstuhl sitzt, sodass es zum Teil auf dem Rollstuhl liegt. Das andere Ende wird auf die Therapieliege gelegt, sodass man über das Brett auf die Liege rutschen kann. Ich habe das anfangs nicht alleine geschafft. Ich hatte weder die Kraft noch das Gleichgewicht.

Mir gegenüber hatte zeitgleich mal ein Para Therapie. Der hat seinen Rollstuhl neben die Bank gestellt, sich mit der einen Hand auf der Bank festgehalten, mit der anderen am Rollstuhl abgestützt und zack, saß er auch schon auf der Bank.

»Warum kann der das so einfach?«

»Weil er viel mehr Rumpfstabilität hat und auch viel mehr Kraft in den Armen. Außerdem kann er sich mit den Fingern festhalten«, erklärte die Therapeutin.

»Kann ich das auch irgendwann?«

»Ich bin mir sicher, du wirst es mit dem Rutschbrett später alleine schaffen.«

Ich konnte es mir beim besten Willen nicht vorstellen.

So, da saß ich nun auf der Therapiebank. Vor mir der Abgrund. Links und rechts die Liege und hinter mir keine Lehne. Es war die Hölle für mich. Ich hatte keine Kontrolle und brutal Angst umzufallen. Ich musste mich auf meine Arme stützen, sonst wäre ich sofort auf den Boden gefallen. Was denn auch sonst, ohne Rumpfstabilität?

Und weil ich eben nicht so gern auf die Nase fallen wollte, bekam ich in der Physio bald einen Spitznamen: Koala. Weil ich bei jeder Gelegenheit meine Arme um meine Physiotherapeutin geworfen hab, da ich meinte, so mehr Halt zu haben. Wenn ich gerade mal nicht geklammert hab, haben wir geübt. Viel geübt. Aufrecht sitzen, dann die Hände für zwei Sekunden anheben und frei sitzen. Im Langsitz, also mit den Beinen auf der Bank, Gleichgewichtsübungen gemacht. Die Angst blieb noch eine Weile. Am Ende der Therapie war ich immer sicherer, am nächsten Tag war alles wieder vergessen, und ich hatte wieder Angst hinzufallen.

Ich hab während der Einheit auch zwei-, dreimal geweint. Dir wird bewusst, wie hilflos und unselbstständig du bist. Was man alles nicht kann. Das macht wütend.

Das Schöne an der Therapie war, dass man auch Zeit zum Reden hatte. Und die Physios waren nicht solche Dummschwätzer wie die Psychologen. Einmal haben wir uns über Freunde unterhalten. Ich hab erzählt, dass ich gern mit Freunden feiern war und tanzen in Clubs. Ich hab mich im Spiegel gesehen, im Rollstuhl sitzend, und mir ist bewusst geworden, dass ich das wohl nie wieder können werde. Da hab ich geweint. Meine Physiotherapeutin, Annika, hat mich in den Arm genommen.

»Ach, Ami, natürlich wirst du noch feiern gehen können. Deine Freunde nehmen dich mit. In München gibt's doch so viele schöne Clubs.«

Da musste ich an einen meiner Lieblingsclubs denken. 20 Stufen hoch zum Eingang. Noch mal zehn zur Tanzfläche. Ich hatte keinen Bock mehr.

6
With a little help
from my friends

Bei der ganzen Scheiße hatte ich doch ein großes Glück: meine Familie. Keinen Tag war ich alleine, so gut wie immer war meine Mutter bei mir. Anfangs war sie noch beurlaubt oder krankgeschrieben. Aber bald musste sie wieder arbeiten gehen. Trotzdem ist sie jeden Tag eine Stunde zu mir nach Murnau gefahren, hat mindestens vier Stunden mit mir verbracht und brauchte abends wieder eine Stunde nach Hause. Quasi nebenbei hat sie sich um meine Geschwister gekümmert und den Haushalt geschmissen. Ich weiß nicht, wie sie das geschafft hat – und ich finde es schade, dass das immer so untergeht. Ständig erkundigen sich alle nach mir, wie schlimm es doch für mich sein müsse und so weiter. Meine Mutter, meine Geschwister, mein Papa, die alle genauso eingeschränkt waren, nach ihnen fragt kaum jemand.

Meine Geschwister sind zum Glück ohnehin sehr selbstständig. Wir alle sind so erzogen worden. Waren nach der Schule noch für zwei Stunden allein zu Hause, weil Mama und Papa arbeiten waren. Mit zwölf, dreizehn hat mich das immer geärgert. Ich war neidisch auf die Kinder, die zu Hause ihr Mittagessen bekamen, die gemeinsam mit den Eltern gegessen haben. Heute bin ich so dankbar für diese Art von Erziehung. Meine Geschwister und ich, wir kommen gut alleine klar. Heute sind die anderen neidisch, die Geld für überteuerte Pizza vom Lieferanten ausgeben müssen, weil sie selbst nie gelernt haben, Nudeln zu kochen.

Was uns zudem sehr geholfen hat, waren die vielen Menschen, die sich gerade in der ersten, besonders schweren Zeit auch um den Rest der Familie gekümmert haben. Da wurde mal Essen vorbeigebracht, weil meine Mutter nicht immer kochen konnte, oder mal ein Buch zum Thema Querschnitt gegeben. Andrea, die beste Freundin meiner Mutter, hat sich um unseren Hund gekümmert, wenn mal wieder alle bei mir waren. Sie hat sogar Spenden gesammelt und mir ein iPad gekauft.

Anfangs konnte ich nicht am Laptop tippen, und mein Smartphone war viel zu klein, als dass ich es hätte bedienen können. In der Ergotherapie hatten sie extra eine Vorrichtung, die aussah wie ein Notenständer, um das iPad zu fixieren, wodurch ich es auch im Bett bedienen konnte. Andrea hat im ganzen Ort, im ganzen Bekanntenkreis gesammelt. Als sie schließlich das Geld zusammenhatte, ist sie zu mir gekommen und hat mich damit überrascht. Ab da konnte ich selbst ins Internet, mit Freunden schreiben (so die Theorie) und war nicht mehr auf jemand anderen angewiesen. Die Nächte wurden dadurch auch wesentlich besser. Ich konnte nämlich trotz Schlafmittel kaum schlafen. Ich hatte keine schlechten Gedanken, das nicht, außer Heimweh vielleicht. Trotzdem waren die Nächte lang. Ich hatte zwar einen kleinen Fernseher im Krankenhaus, das Programm in der Nacht war aber nicht wirklich unterhaltsam. Außerdem konnte ich den Fernseher nur durch ein Blasrohr bedienen, da ich die Knöpfe an der Tastatur anders nicht hätte drücken können. Bis ich aber per Blasrohr die Einstellung gefunden hatte, die ich haben wollte, war eine halbe Ewigkeit vergangen und meine sowieso schon geringe Lungenfunktion komplett ausgeschöpft.

Das iPad erleichterte vieles. Einen Nachteil aber hatte es. Ich war wieder online. Ich habe bei Facebook gepostet, dass ich wieder erreichbar bin. Ich war überzeugt, ich würde mit Nachrichten überflutet. Ich hatte vor dem Unfall wirklich viele Freunde. Aber es waren nur sehr wenige, die sich meldeten. Erschreckend wenige.

Schon am dritten Tag hatte meine Halbschwester für mich auf Facebook gepostet, was los war. Dass ich einen Skiunfall hatte, meine Beine und Arme kaum noch bewegen konnte, dass ich aber trotzdem noch die alte Amelie wäre.

Die Anteilnahme war extrem. So viele Leute haben kommentiert, haben mir privat geschrieben. Sowohl gute Freunde als auch mittelgute Freunde, Leute, die ich vom Sehen kannte, oder auch mir Fremde, die mich aber kannten. Haben geschrieben, dass sie geschockt wären, dass sie aber wüssten, wie stark ich sei, und vor allem, dass sie immer für mich da sein würden.

Zwei Monate später. Ich war fit genug, um selbst online zu gehen. Und von den »Freunden«, die »immer für mich da« sein würden, meldete sich kaum einer.

Mich hat das sehr traurig gemacht. Ich war extrem enttäuscht. Kein »Wie geht's dir?«, nichts. Besser gesagt, kaum. Die Leute, die sich gemeldet haben, kann ich an meinen zehn Fingern abzählen. Und für die, die von Anfang an bis heute geblieben sind, reicht ein einziger Finger.

Eine gute Bekannte meinte, ich solle doch einen Blog einrichten. Ich hatte keine Ahnung von Blogs, hab mir noch nie einen angeschaut und wäre deswegen von alleine gar nicht auf den Gedanken gekommen. Ich hielt es trotzdem für eine gute Idee. Auf Facebook hab ich immer mal wieder geschrieben, was so los ist. Es kamen sehr viele Fragen, viele davon anonym und leider auch sehr viele Gerüchte. Ich wäre besoffen Ski gefahren, müsse jetzt für immer Windeln tragen, läge im Koma und noch mehr Sachen, die ich so nicht auf mir sitzen lassen wollte.

Also hab ich recherchiert, wie man einen Blog erstellt.

Außerdem auf Facebook gefragt, ob denn überhaupt Interesse besteht – da ich keinen Blog erstellen wollte, wenn ihn dann eh keiner liest. Ich hab ihn weniger für mich gemacht, sondern mehr, um die Leute zu informieren. Und viele Menschen, teils bekannt, teils unbekannt, haben mir bei Facebook daraufhin gesagt, dass ich das auf jeden Fall machen soll. Hab ich dann auch. *Zweiterfebruar.blogspot.de* – der Name erklärt sich von selbst. Was ist passiert, was kann ich, was nicht, wann werde ich entlassen und so weiter. Einer der ersten Einträge vom 23. August 2013 passt gut in die Kategorie »Was kann ich, was nicht«:

Jeden verdammten Morgen dasselbe: Kreislaufprobleme! Meine Beine können ja das Blut nicht mehr hochpumpen, deswegen fehlt es im Kopf und ich sehe schwarz! Dann heißt es, 15 Minuten Beine hoch, bis ich wieder normal sehe … Schrecklich!

Recht schnell wurde dieser Blog aber auch ein guter Mülleimer für meine Gedanken. Ich hab geschrieben, wie enttäuscht und verletzt ich von meinen Freunden bin. Habe gehofft, sie dadurch zu erreichen und dazu zu bringen, mir zu schreiben. Damit hatte ich wenig Erfolg.

Meine beste Freundin Marie hat mir immer geschrieben. Wir waren unzertrennlich, haben alles zusammen gemacht.
Kennengelernt haben wir uns in der Schule. In der sechsten Klasse kam sie neu dazu und hat sich zu meiner Freundin und mir in die erste Reihe gesetzt. Sie kam mir bekannt vor, und als sie ihr Federmäppchen geöffnet hat und da ein Bild von einem Haflinger war, wusste ich auch, woher: Sie

hatte ein Pferd auf dem Hof, auf dem ich Reitunterricht hatte.

Ob das ihr Pferd sei, hab ich gefragt. Und das war für uns drei Mädchen schon genug Stoff für Gespräche. Wir freundeten uns an. Leider musste Marie krankheitsbedingt die Klasse wiederholen, und wir verloren uns aus den Augen. In der Achten musste ich dann notenbedingt die Klasse wiederholen. Schule war mir egal, ich hab lieber mit Freunden, mit nicht ganz korrekten Freunden, draußen gechillt. Dementsprechend waren dann auch meine Noten. Für mich war das nicht schlimm. Wirklich gute Freunde hatte ich in meiner Klasse sowieso nicht. Und so kamen Marie und ich wieder in eine Klasse, haben nach einem Schulausflug gemeinsam ihr Pony besucht und waren ab da unzertrennlich. Wir saßen in jedem Fach nebeneinander, haben die Pausen gemeinsam verbracht, und war die eine mal krank, war die andere das Opfer, das keine Freunde hatte, im Unterricht alleine saß und sich in den Pausen alleine zu den anderen stellen musste. Gut, so schlimm war es nicht. Aber wir sind eben immer nur zu zweit durch die Aula gestiefelt und zu den verschiedenen Leuten gegangen, um sie zu begrüßen.

Auch außerhalb der Schule waren wir meistens zu zweit unterwegs. Wir waren am Wochenende feiern, haben dann bei einer von uns übernachtet. In der neunten Klasse sind wir auf die Idee gekommen, mit Hip-Hop-Tanzen anzufangen, und sind jeden Donnerstag ins Training gegangen. Wir waren unglaublich schlecht. Trotzdem – oder vielleicht auch gerade deshalb – wurde unser Trainer ein Jahr später mein Freund. Das war ungefähr drei Monate vor meinem Skiunfall. Zwei Wochen vor diesem unseligen zweiten Februar 2013 habe ich dann auch schon wieder Schluss gemacht. Er hat mir nach meinem Unfall noch geschrieben, wollte mich besuchen. Ich habe abgelehnt.

Nach dem Unfall haben sich zwar kaum Freunde gemeldet, dafür aber viele Menschen, mit denen ich davor nichts am Hut hatte. Leute, mit denen ich nie zu tun haben wollte, haben mir geschrieben. Die ersten Nachrichten waren ja noch lieb gemeint. Dass sie geschockt wären, mir viel Kraft wünschen usw. Darüber hab ich mich noch gefreut. Aber dann kam halt auch oft: »Kann ich dich mal besuchen kommen?«, »Wir können ja befreundet sein.« ... Und sorry, aber nein. Wirklich nicht. Ich wollte vor meinem Unfall nicht mit dir befreundet sein, dann will ich es auch jetzt nicht. Die Leute denken, nur weil man am Boden ist und sich keiner meldet, würde man mit jedem Freundschaft schließen wollen. Die nutzen das wirklich aus und meinen, bei einer Rollstuhlfahrerin ist es egal, die freut sich schon, wenn sie überhaupt Freunde findet. Jedenfalls war ich froh, dass diese Leute bald verstanden hatten, dass das nichts werden würde. Und ich hatte immer noch Marie, die für mich da sein würde.

Anfangs, als ich noch nicht selbst schreiben konnte, hat sie immer meine Mutter gefragt, wie es mir ginge, wann sie mich endlich sehen könnte. Als ich mich nach ungefähr fünf Wochen fit genug für einen Besuch fühlte, war Marie gleich am nächsten Tag da. Ich hätte heulen können, als ich sie gesehen hab. Ich war so glücklich. Sie hat mich sofort verstanden. Ich wurde noch beatmet, konnte nicht reden, und ab der ersten Sekunde hat sie schon besser verstanden, was ich »sagte«, als meine tapfere Mutter. Marie hat sich neben mein Bett gesetzt, und wir haben geredet. Sie hat mir von der Schule erzählt, dass sich alle Sorgen machen und nach mir fragen würden. Es war, als wäre nie etwas gewesen. Wir haben uns genauso gut verstanden wie zuvor. Anfangs.

Sie hat mich immer mal wieder besucht. Hat gesagt, ich soll mich einfach melden, wenn sie kommen soll, und sie steigt in den nächsten Zug und fährt los. Aber natürlich wurden die Besuche seltener, und wir distanzierten uns voneinander.

Wenn sie dann doch vorbeikam, war es nicht mehr wie früher. Das hat mich verletzt. Ich wollte, dass alles wieder so ist wie vorher. Ich war ständig hin- und hergerissen zwischen »ich schreibe mit ihr und treffe sie, mach mir dadurch aber bewusst, dass es nicht mehr so ist wie früher« und »ich schreibe ihr nicht mehr, vermisse sie aber«. Ich hab nicht geschrieben. Ich hab zu wenig geschrieben. Sie hat weniger geschrieben. Wir haben gar nicht mehr geschrieben.

Wir beide hätten einfach mehr Zeit gebraucht, um uns an die neue Situation zu gewöhnen. Und die Zeit hab ich uns nicht gegeben und damit viel zerstört.

Nach drei Monaten, als ich bereits nicht mehr beatmet wurde, bekam ich meinen ersten Besuch, neben Familie und Marie. Zwei meiner engeren Kumpels haben meinen Papa begleitet. Und ich wusste von nichts.

Oli und Nico. Beide waren beim Skifahren dabei. Oli saß bei der Hinfahrt neben mir, bei der Rückfahrt nur noch neben meinem kaputten Helm. Nico war einer unserer fünfköpfigen Truppe und beim Unfall dabei.

Ich war wirklich froh, sie zu sehen. Gleichzeitig war es mir unangenehm, so gesehen zu werden. Mir war peinlich, dass ich so hilflos im Bett lag und vor allem so schrecklich aussah. In der Schule war ich immer top geschminkt und in ausgewählten Klamotten – hier seit Wochen ungeschminkt, ein wunderschönes Krankenhaushemd, total fertig und an diversen Geräten hängend, unfähig aufzustehen, sie zu begrüßen oder mir eine nervende Haarsträhne aus dem Gesicht zu streichen. Ein Pflegefall.

Immerhin reden, das konnte ich. Beide waren total lieb. Sie haben mir später gesagt, dass sie auch aufgeregt gewesen waren und nicht wussten, wie sie mit mir umgehen sollten. Bis sie mich gesehen und die ersten Worte mit mir geredet hatten. Ab da war ihnen klar, so haben sie es mir jedenfalls gesagt, dass ich mich nicht verändert hatte und sie mit mir ganz normal umgehen konnten. Sie haben mir geholfen, wenn ich Hilfe brauchte. Haben mich durch das Krankenhaus geschoben, mir einen Strohhalm ins Glas gesteckt und mir das Glas hingehalten, damit ich trinken konnte.

»Du siehst gut aus«, meinte Nico.

»Lüg nicht, ich seh komplett behindert aus.«

Und wir haben gelacht. Besser gesagt: Ich hab gelacht. Okay, für Behindertenwitze war es also noch zu früh.

»Danke. Ihr seht auch gut aus.«

Das Süßeste war jedoch das Geschenk, das sie mir mitgebracht haben. Ein riesiger Bilderrahmen mit Fotos von ihnen im Fußballstadion. Sie haben auf ein großes Tuch »Niemals aufgeben, Amelie« geschrieben und es dort hochgehalten. Das hat mich sehr gefreut. Zu wissen, dass sie hinter mir stehen und an mich denken.

Sie haben mich noch ein paarmal besucht, gemeinsam mit drei anderen Kumpels aus meiner Schule. Linus, Florian und Kätzi, der eigentlich Thomas heißt.

Linus kenne ich am längsten von allen, länger noch als Marie. Wir waren gute Schulfreunde und haben uns manchmal außerhalb der Schule auf Partys getroffen oder was unternommen. Florian und Kätzi waren auch Schulkumpels. Da sie im selben Ort wie ich wohnten, sind wir nach der Schule immer gemeinsam heimgefahren.

Ich war schon immer eher das Kumpeltyp-Mädchen. Hatte viel mehr Jungs als Freunde, und meine engsten Freunde waren fast ausschließlich Jungs. Marie war da die Ausnahme. Mit Jungs komme ich einfach besser klar. Das ging schon in der Krabbelgruppe los, als ich mir Nikolaj, den Sohn der Freundin meiner Mutter, als besten Freund suchte. Ab der Grundschule war ich mit den Jungs beim Bolzen, hab Pokémon gezockt, und als wir alle älter wurden, haben wir am Skatepark gechillt.

Warum ich mit Jungs besser klarkomme? Keine Lästereien, nicht hintenrum reden. Ehrlichkeit. Man kann Witze übereinander machen, ohne dafür gehasst zu werden. Das mag ich an Jungs. Ich bin ein Mädchen, das »Alter« sagt, das Beleidigungen freundlich meint und der egal ist, wenn's mal dreckig wird. Und damit kommen viele Mädchen nicht klar. Ich fühle mich unter Jungs eben wohler. Weniger Gefühlsgelaber, mehr Action.

Als die Jungs zu Besuch waren, sind wir alle zusammen Pizzaessen gefahren. Sie haben mir ins Auto geholfen, mich die Treppen zur Pizzeria hochgetragen, mir die Pizza geschnitten und mir gezeigt, dass ich sehr wohl noch ausgehen kann. With a little help from my friends.

Genau einmal waren während der langen Monate im Krankenhaus zwei Freundinnen da. Als sie mich besucht haben, konnten wir normal reden, haben uns gefreut, einander zu sehen. Danach hab ich kaum noch was von ihnen gehört, bis irgendwann keine einzige Nachricht mehr kam.

Von allen Mädels, die mir nahe waren und die jetzt meine Ex-Freundinnen sind, bin ich sehr enttäuscht. Bis heute. Sie waren einfach nicht da. Genauso wie sehr viele Kumpels. Entweder haben sich die Leute gar nicht gemeldet. Nie. Oder sie haben sich anfangs gemeldet, dann immer weniger, und als ich dann das erste Mal auf Facebook gepostet habe, dass ich mich über Besuch freuen würde, waren es nur noch sehr wenige, von denen ich etwas hörte.

Und von denen, die geschrieben haben »Ja, wir kommen vorbei«, war mehr als die Hälfte nur auf Aufmerksamkeit aus. Damit sie überall erzählen können, sie würden mich kennen und mich bald besuchen kommen. Am Arsch.

Ich konnte nicht mehr laufen. Ich konnte nicht die Augen davor verschließen und so tun, als wäre nichts. Ich hatte nicht die Wahl. Diese Menschen, einst Freunde genannt, schon. Und die allermeisten haben sich für den einfacheren Weg entschieden, die Augen verschlossen und mich alleine gelassen. Für sie war das vermutlich angenehmer, mir hat es alles sehr viel schwerer gemacht. Mithilfe von Freunden ist alles einfacher, vor allem dann, wenn man auf Hilfe angewiesen ist. Zu wissen, dass kaum einer mehr da ist, der mit mir Pizzaessen gehen, mit mir zum See fahren, mich zu Hause besuchen oder mir einfach nur zuhören würde, wenn es mir schlecht geht, war sehr hart.

Blogeintrag vom 2. November 2013:
Ich hab immer über die Leute gelacht, die Sachen gepostet haben wie »Wie kann sich ein Mensch so verändern« usw. Ich hab immer gedacht »Ja, so schlimm kann's doch nicht sein!«
Aber wisst ihr was? Ich verstehe die Leute jetzt! Es ist unfassbar, wie sich Menschen in so kurzer Zeit so grundlegend ändern können!
Das ist wirklich unglaublich, unglaublich traurig …

Am letzten Tag im Krankenhaus, bevor ich zur Reha in den Schwarzwald sollte, war immerhin Linus da. Mit ihm, meiner Familie, darunter auch mein Cousin mit seiner Familie, und den Leuten in der Klinik hab ich meinen letzten Tag verbracht und eine kleine Abschiedsfeier gehabt.

7
Willkommen zu Hause

Ich saß hinten im Auto, mein Papa ist gefahren. Meine Gedanken waren längst zu Hause, und bald würde ich es auch sein. Zu Hause! Endlich! Nach acht Monaten Krankenhaus und Reha wollte ich so schnell kein Krankenhaus mehr von innen sehen. Es hatte mir so was von gereicht. Ich konnte nicht mehr. Mein Heimweh war riesig. Die letzten Wochen war ich für die Therapie kaum mehr zu gebrauchen. Ich hatte meine zu Beginn der Reha angefressenen Kilos wieder runter und stattdessen sogar Gewicht verloren. Ich weiß, für viele Leute, darunter auch der mir aufgedrängte »Psychologe«, kaum vorstellbar. Ein junges Mädchen, das unglücklich darüber ist, abgenommen zu haben. Mein Psychologe meinte irgendwas von Magersucht. Falsch! Aber Zuhören war sowieso nicht seine Stärke.

Jede Woche musste ich als Neu-Querschnittgelähmte einmal zu ihm. Also bis ich mich dann verweigert hab, aber das hatten wir ja schon. Sein Büro befand sich in demselben Stockwerk, in dem auch mein Zimmer war. Ich rollte also den langen Flur entlang, an dessen Ende sein Behandlungszimmer lag. Ein Mann mittleren Alters, ungefähr 45, öffnete mir die Tür. Er trug ein weißes Hemd, natürlich, und Birkenstocksandalen, natürlich. Ah, richtig: Das war übrigens der, den mein Papa mal für den Pfarrer gehalten hat.

»Ah, Frau Ebner, nehmen Sie Platz!«

»Danke, ich sitze schon.«

Ich fuhr ins Zimmer, stellte mich an den Schreibtisch, ihm gegenüber. Ein hässlicher Raum. Ein massiver Schreibtisch, vollgestellt mit Akten, Blöcken, Stiftehaltern, Karten mit ekelhaft kitschigen Sprüchen an der Wand. Und natürlich Fotos von seinen Kindern. Ohne eine Frau? Läuft wohl nicht so, Herr Psychologe?!

»Wie geht es Ihnen?«

Ich hatte mir vorgenommen, ihm eine Chance zu geben, aber schon jetzt wollte ich mich am liebsten umdrehen und gehen.

»Gut, und Ihnen?«

»Gut, also …«, sagte er und schrieb etwas auf seinen Block.

»Ja?«

»Die Schwestern haben mir mitgeteilt, Sie hätten geweint?«

Geweint. Oh Gott, ich ertrug den Typen und seinen hässlichen grauen Bart nicht. »Ja.«

»Warum?«

»Weil mir die Haare ausfallen.«

»Und das belastet Sie?«

›Neeeeeeeeeeeeeeeeeeeein!‹ Ich war 17 Jahre alt, saß im Rollstuhl, da war eine Glatze doch genau das, was noch fehlte! Ich wusste noch immer nicht, warum, ob Tabletten oder Psyche oder beides, aber aus irgendeinem Grund waren mir auf einmal sehr viele Haare ausgefallen. Ich hatte mir morgens die Haare gekämmt, und die Putzfrau hat mich später gefragt, warum ich mir im Bad die Haare geschnitten hätte. Dass sie mir ausfielen, war so schlimm für mich, dass ich deswegen geheult hatte. Ich hatte Angst, eine Glatze zu bekommen. Und viel hat nicht gefehlt. Ich erinnerte mich an einen im Nachhinein lächerlichen Gedanken, den ich ein paar Jahre vorher hatte: »Wäre es schlimmer, alle Haare zu verlieren oder nicht mehr laufen zu können?« Ich war damals zu keinem Ergebnis gekommen. Heute weiß ich, welches von beidem das größere Übel ist. Und nein, es ist nicht der Haarverlust. »Ja, schon«, antwortete ich nur.

»Aber die Haare wachsen ja wieder nach.«

Ja, danke, da wäre ich jetzt von selbst nicht draufgekommen. »Kann sein, trotzdem sieht es scheiße aus, und es wird Jahre dauern, bis sie wieder so lang sind.«

»Hm, ja, das schon«, sagte er und schrieb weiter.

Klasse. Half mir echt weiter. Idiot.

Ich sollte von meiner Familie erzählen, meinen Freunden, dem Unfall. Da ich wenig Bock auf diesen Kerl hatte, aber wusste, dass ich nicht drumrum kommen würde, erzählte ich ihm alles kurz und knapp. Ich sah noch immer den Sinn dahinter nicht, einem fetten (er war gar nicht so fett, etwas dicker vielleicht) alten Mann Dinge zu erzählen, wenn er mir dann eh nur »Tipps« gibt, auf die ich von selbst auch kommen würde. Na ja, gut. Zum Schluss hat er daraus ein typisches Verdränger-Verhalten gemacht und ich würde ja nicht mit der Situation klarkommen und mich isolieren. Und mich nicht öffnen und generell sehr depressiv wirken. Aggressiv, lieber Psychologe. Das, was Sie aus meinem Verhalten gelesen haben, wenn ich in Ihrer Gegenwart war, nennt man Aggression.

Gut, ich habe meine Stimmung zwar allgemein anders, nämlich mehr als gut, in Erinnerung, aber was weiß ich schon.

Mir ging es nach dem Besuch beim Psychologen immer schlechter als zuvor. Ich habe das zwar sowohl ihm als auch den Schwestern und Ärzten gesagt, musste aber trotzdem jede Woche hin. Ich habe auch mit meinen Mitpatienten darüber gesprochen, und die konnten die Abneigung gar nicht verstehen. Die meinten nur, es würde ihnen guttun, mit dem Psychologen zu reden. Kann ich null verstehen. Wirklich nicht.

Ein anderes Mal erzähle ich ihm – was ich auch schon den Schwestern und Ärzten anvertraut hatte, so viel zum Thema Verdrängen und Isolieren –, dass ich etwas Angst hatte, weil ich immer mehr Gewicht verlor und kein Essen hinunterbekam. Ich weiß nicht, warum, aber irgendwie hat er das überhört. Als ich dann mal gewogen wurde und mit Rollstuhl 56 Kilo hatte, wobei der Rollstuhl 19 Kilo ausmacht, war das Drama groß, und es hieß: »Ja, Frau Ebner, wir haben gesehen, Sie wiegen zu wenig.« Und in meinen psychologischen Befund hat der Sack geschrieben: »Magersüchtig.«

Zum Schluss bin ich allein draufgekommen, warum ich nichts mehr runterbekommen hatte: Heimweh. Daran hatte der tolle Psychologe nämlich nicht gedacht. Außerdem konnte ich das Kantinenessen einfach nicht mehr sehen. Der überragende Vorschlag war: »Wenn Ihnen das Essen nicht schmeckt, können wir Ihnen auch etwas anderes kochen.« Klasse. Bleibt halt immer noch Essen aus der Kantine. Kaum hatte ich dann Besuch von daheim, konnte ich wieder normal essen. Für mich war klar: Es reicht, ich muss nach Hause.

Und nun war es so weit. Nach Hause. Zu Hause. Endlich.
»I'm on my way back home«, schrieb ich am Tag vor der Heimfahrt bei Facebook. Bereits eineinhalb Wochen vorher hatte ich gepostet: »Nur noch elf Tage.« Die Leute sollten ja schließlich wissen, dass ich fast schon wieder da bin. Es war ein tolles Gefühl, wieder nach Hause zu kommen und dort bleiben zu können, ohne wieder zurück zur Reha zu müssen.
Und alle Leute wussten Bescheid. Natürlich überlegte ich mir leise und heimlich für mich, wie sie mich wohl empfangen würden. Darf man doch erwarten, oder ist das jetzt zu überheblich? Auch wenn kaum jemand geschrieben hatte

und mich besuchen gekommen war. Wenn ich persönlich wieder nach Hause käme, dann musste doch alles besser und einfacher werden. Luftballons, Schilder, ein paar Leute, Kuchen, eine kleine Willkommensparty – das war doch nicht zu viel erwartet. Ich war so aufgeregt und so dumm. Aber die Hoffnung starb, stirbt und wird immer zuletzt sterben: Liebe Familie, Freunde, geliebter Hund, geliebtes Haus, ich war auf dem Weg! On my way back home!

Doch noch lag die Fahrt vor uns. Vier Stunden, um genau zu sein. Eine Strecke, die mein lieber Papa x-mal gefahren war und vorerst zum hoffentlich letzten Mal auf sich nehmen musste.

Der Abschied fiel mir relativ leicht. Einige Tage vor meiner Abfahrt hatte ich Zweifel und wollte meine Reha im Schwarzwald wieder verlängern, weil ich riesige Angst hatte, was da auf mich zukommt, was mich zu Hause erwartet. Aber am Tag der Rückkehr war ich irre froh, dass ich es nicht getan hatte. Die Freude auf zu Hause war riesig, und so war der Abschied von den Leuten auch nur halb so schlimm. Obwohl die mir mit der Zeit schon ans Herz gewachsen waren.

Größtenteils zwar nur alte Männer, weil Männer allgemein risikobereiter sind und damit verletzungsgefährdeter und häufiger im Rollstuhl landen. Ich als junge Frau war da eine echte Ausnahme. Und dann auch noch Sportunfall und nicht als Beifahrerin in einen Autounfall verwickelt – doppelte Ausnahme. So viel zu Männer-Frauen-Stereotypen. Trotzdem fühlte ich mich auf der Reha immer wohl und als kleine Prinzessin, die das Fernsehprogramm bestimmen durfte. Konnte mich da echt nicht beschweren. Durchsetzen konnte ich mich trotzdem immer und mitreden sowieso. Lieber mit den alten Männern gemütlich Bier trinken und Fußball schauen (Fußball schauen mit Rollstuhlfahrern, schon irgendwie ironisch) als das Geheule von irgendwelchen anderen Leuten anhören. Gut, wenn die alten Männer dann über ihre Genitalien redeten, das hätte ich jetzt nicht unbedingt hören müssen. Trotzdem war es alles in allem eine gute Zeit.

Wir hatten den größten Teil der Strecke geschafft. Geredet wurde wenig, da ich hinten in unserem VW-Bus saß – ständig nach vorne zu schreien war mir auf Dauer zu anstrengend. Ich schlief immer wieder ein. Man glaubt gar nicht, wie müde einen das Autofahren macht, wenn man es lange nicht getan hat. Muss an der Reizüberflutung liegen.

Wir hielten an, und ich wurde wach. McDonald's. Bei McDonald's hielten wir immer, wenn wir aus dem Urlaub nach Hause kamen. Egal ob aus Südtirol, wo wir unsere kleine Hütte haben, oder vom Strandurlaub in Dänemark. McDonald's erinnert mich immer ans Nach-Hause-Kommen nach einem entspannten Urlaub. Nach Hause kam ich jetzt auch, nur lag diesmal kein entspannter Urlaub hinter mir. Trotzdem, ein Stück von meinem alten Leben. Wir aßen und fuhren weiter. Ich kannte die Strecke jetzt und wusste, dass es nicht mehr weit war. Meine Aufregung stieg, mein Bauch kribbelte, die Umgebung wurde mir immer vertrauter. Wir fuhren die Hauptstraße in unserem Ort entlang. Häuser auf jeder Seite. Wir wohnen in einer kleinen Gemeinde eher ländlich direkt am Münchner Flughafen. Wie ich das alles vermisst hatte. Nur wenig hatte sich über die letzten Monate verändert. Ein neues Haus stand da, und die alte Eisdiele war blau gestrichen.

Und da sah ich sie schon: die rote Kirche und den kleinen Friedhof, neben dem wir wohnen. Tote sind die angenehmsten, weil ruhigsten Nachbarn. In meinem Kopf hatte ich ziemlich klar das Bild des Grundstücks vor Augen. Ein großer Hof, auf der linken Seite unser rotes altes Haus. Im

Hof selbst stehen viele Autos, da mein Papa seine Lackier-
werkstatt dort hat, an die eine Kfz-Werkstatt grenzt. Biegt
man in den Hof, blickt man direkt auf die drei großen blau-
en Werkstatttore.

Dieses Bild hatte ich in Gedanken vor mir, nur dass jetzt
wahrscheinlich mehr Autos und Leute da sein würden. Mit
Luftballons natürlich. Und da kam sie schon: unsere Einfahrt. Diese Aufregung, was oder wer erwartet mich? Wir
bogen ein, und ich sah: nichts. Unser Haus ohne Luftballons, keine Schilder, keine Freunde. Ein wenig Enttäuschung.
Doch die verflog schnell, denn schon stürmte meine Familie aus der Tür, alle winkten. Ich war zu Hause! Alle be-
grüßten mich, mein Papa hob mich aus dem Auto in den
Rollstuhl, mein Hund sprang an mir hoch, und ich wurde
über eine 15 Zentimeter hohe Schwelle ins Haus getragen.
15 Zentimeter hören sich für einen Fußgänger nach nichts
an, sind für mich allein aber genauso überwindbar wie die
Chinesische Mauer, nämlich gar nicht. Aber auch das war
erst einmal ein Problem der Zukunft. Mein Zuhause! Meine Schwester hatte im Hausgang eine Girlande aufgehängt:
»Endlich bist du wieder da«. Ja, endlich war ich wieder da,
endlich wieder bei euch. Ich glaube, ich hatte selten so ein
schönes Gefühl im Bauch. Wenn ihr mal wirklich Glück
empfinden wollt, rate ich euch, bleibt acht Monate weg (am
besten funktioniert es vermutlich, wenn ihr im Krankenhaus mit einer schlimmen Krankheit seid) und kommt dann
heim. Göttlich.

Ich sah mich zu Hause um. Einiges hatte sich verändert,
seit ich das letzte Mal aus dem Haus gegangen war. Die Per-
spektive, klar. Jetzt sah ich alles sitzend und damit ein
Stockwerk tiefer. Kinderperspektive, sage ich gern. Und
auch im Haus selbst: Man kommt zur Haustür hinein, und
rechts führt die Treppe in den ersten Stock hoch, wo auch
mein altes Zimmer ist. Daraus würde erst mal nichts wer-

den, und ich fuhr links vorbei. Geradeaus geht es in die Speisekammer, wo Kühlschrank, Waschmaschine, Trockner und Lebensmittel stehen. Unser Haus ist ziemlich alt, diese Tür eng und der Raum schmal, weswegen ich im Rollstuhl nicht hineinkam. Aber auch das war mir in dem Moment unwichtig. Man geht nach links und hat jetzt das Badezimmer vor sich. Das wurde komplett umgebaut. Ich erkannte den Raum, in dem ich mir Tausende Male die Zähne geputzt hatte, kaum mehr wieder. Klar hatte ich mir immer Bilder vom Umbau zeigen lassen, aber real war das dann doch noch was anderes. Die Badewanne wurde rausgerissen, um Platz zu schaffen für eine ebenerdige Dusche. Toilette und Waschbecken wurden Rollstuhl-freundlich, also Amelie-freundlich, umgebaut und neue Fliesen verlegt. Sie sind dunkelgrau und schöner als die alten.

Jetzt war ich gespannt auf mein Zimmer. Meine Schwester sagte: »Mach die Augen zu!« Ich schloss sie und wurde in mein neues Zimmer geschoben. Zum Glück ist unser Haus ebenerdig, und wir haben im Erdgeschoss noch einen Raum neben Küche, Bad, Wohnzimmer und eben Speisekammer, der früher als Spielzimmer genutzt wurde. Dort stand ich nun, mit verschlossenen Augen zum ersten Mal in meinem neuen Zimmer. »Okay, du kannst gucken.« Was ich sah, haute mich fast vom Rollstuhl. Die Wände waren in einem schönen Lila gestrichen. Ein kleiner Schreibtisch stand am Fenster, und meine alte Fernsehkommode, wobei eigentlich neu, denn zwei Wochen vor meinem Unfall hatte ich neue Möbel für mein Zimmer bekommen, stand an der Wand, darin mein Fernseher. Ein neues verstellbares Bett gegenüber vom Schreibtisch. »Wow. Richtig schön. Viel besser, als ich es mir vorgestellt habe! Danke! Wer hat sich denn da so viel Mühe gegeben?« Mein Bruder stand hinter meiner Schwester und lachte schüchtern. Ich hätte es mir ja denken können. Mein Bruder hatte sein kleines Zimmer meiner Mutter als Arbeitszimmer überlassen und war in mein altes Zimmer im ersten Stock gezogen. Natürlich half er da gern beim Umbauen.

Meine Familie hatte eine Menge geleistet. Meinen Saustall sortiert, verpackt und in das neue Zimmer eingeräumt. Allein dafür bräuchte das »Wohnen-nach-Wunsch«-Team 17 Mann und zwei Jahre Zeit. Respekt, ehrlich!

Die Küche und das Wohnzimmer hatten sich kaum verändert. Dieselben zwei durchgelegenen kleinen Sofas, dieselbe Fernsehtruhe. Nur der schöne Teppich war weg, denn Rollstuhl und Teppich vertragen sich nicht.

Wir setzten uns an den langen Küchentisch, ich hatte (trotz McDonald's) einen Riesenhunger – endlich wieder. Hunger haben ist was Schönes. Und natürlich hat mir meine Mama mein Lieblingsessen gekocht: Paprikasuppe. Schmeckt zehnmal besser, wenn man sie lang nicht mehr hatte, hundertmal besser, wenn man sich acht Monate fast ausschließlich von Krankenhausessen ernährt hat, und unendlichmal besser, wenn man sie zu Hause mit der Familie essen darf.

So richtig vertraut war uns allen die Situation nicht mehr. Etwas unbeholfen versuchten wir, Gespräche zu führen. Über das Krankenhaus und die Zeit dort wollte keiner reden. Stattdessen sprachen wir über Alltäglichkeiten. Alle, mich eingeschlossen, waren bemüht, die Situation möglichst normal wirken zu lassen. Was natürlich nur bedingt funktionierte. Nach dem Essen setzte ich mich auf das Sofa; also genau genommen ließ ich mich auf das Sofa heben. Ich war doch ziemlich fertig. Schnell wurde klar, dass die Couch für mich nicht mehr wirklich geeignet war. Die Lehne und die Polster waren zu niedrig, sodass ich nur wenig Halt hatte und mich nicht aufrecht hinsetzen konnte und stattdessen recht krumm dalag, was auf Dauer wenig angenehm sein würde. Wir alle waren uns schnell einig, eine andere Lösung zu finden. Wäre wahrscheinlich eh bald Zeit geworden, bin nicht sicher, wie lang die durchgesessenen Federn noch gehalten hätten. So sitzliegend chillte ich nun auf dem Sofa, kuschelte mit meinem Hund, konte ein wenig durchatmen und über den Tag nachdenken. So richtig glauben konnte ich es noch nicht, dass ich wieder bei meiner Familie war. Und die Vorstellung, bleiben zu dürfen, nicht wieder weg zu müssen, war unbeschreiblich.

Ein wenig enttäuscht war ich von dem Tag trotzdem – obwohl ich es nach der Vorgeschichte hätte besser wissen müssen. Wo waren nur die Freunde? Hatte mich denn wirklich niemand vermisst? Meine Gedanken wurden unterbrochen durch ein Klingeln mit unmittelbar darauf folgendem Gebell. Ich erschrak heftiger als gedacht, hatte schon fast vergessen, dass mein Hund verrückt ist. Ich hörte, wie meine Mutter die Tür öffnete und jemand hereinkam. Da ich nicht aufstehen konnte, um zu sehen, wer da war, blieb ich sitzen und wartete. Ich hörte eine tiefe Stimme und Schritte näher kommen. Und da sah ich ihn. Stand schüchtern vor mir und hielt einen Kuchen in Herzform vor sich. »Willkommen zu Hause, Amelie«. Kätzi stand vor mir. Hätte ich gekonnt, ich wäre aufgesprungen und hätte ihn umarmt. Nachdem das nicht ging, stellte er den Kuchen ab, beugte sich vorsichtig zu mir hinunter und umarmte mich. Umständlich war und ist das, kann ich sagen. Für beide Umarmer. Ich musste aufpassen, das Gleichgewicht zu halten. Wenn ich bei einer Begrüßungsumarmung im Rollstuhl sitze und mich darauf konzentriere, nicht umzufallen, kann es passieren, dass ich meine Arme zu spät hebe und meine Hand an Stellen landet, die ich bei Fremden ungern ohne vorherigen Smalltalk berühre. Aber gut, läuft trotzdem.

Er setzte sich zu mir aufs Sofa, fragte, wie die Reha gewesen war, wie es mir ginge und wer mich schon alles besucht hatte, was ich noch geplant hätte. ›Gut, gut, keiner, nichts und du?‹

Wir redeten ein wenig weiter. Er, eher schüchtern, ich, eher müde, hatten bald nicht mehr viel zu sagen. Und es war völlig okay. Er verabschiedete sich und ging, versprach noch, mich bald wieder zu besuchen. Ich war glücklich, dass scheinbar doch noch jemand an mich dachte. Einer war definitiv besser als keiner.

Meine Schwester setzte sich zu mir auf das Sofa. Gemeinsam aßen wir den Kuchen und schauten eine unserer Lieblingsserien, *Berlin Tag und Nacht*. Ich weiß, Volksverdummung, blablabla … Ich will beim Fernsehen ja auch nichts lernen, ich will unterhalten werden. Und das tut's. Wir schauten die Serie, schon fast seit sie zum ersten Mal lief, und hatten uns früher immer pünktlich zu Beginn um sieben Uhr zusammen in mein Bett gesetzt. Auch am Abend vor meinem Unfall. Und jetzt saßen wir hier. Schauten *Berlin Tag und Nacht*, so als wäre nie etwas gewesen.

Es wurde später und ich müder. Meine Schwester und meine Mutter halfen mir in den Rollstuhl, und ich testete zum ersten Mal unser neues Waschbecken und putzte mir die Zähne. Eine kleine Umstellung war es schon zu dem auf Reha, weil unser neu installiertes Waschbecken etwas niedriger hing, was für mich besser ist, da ich Wasserhahn, Zahnputzbecher und so weiter einfacher erreichen kann. Selbstständig die Zähne zu putzen erschien mir in den ersten Wochen unmöglich, wurde dann zu einem Wunsch, zum Schluss zu einem realistischen Ziel. Heute ist es für mich wieder das Normalste auf der Welt. Schon im Krankenhaus habe ich viel trainiert. Anfangs die bereits mit Zahnpasta bestrichene Zahnbürste in meinem Mund gehalten, irgendwann versucht, sie im Mund zu bewegen, wieder einige Zeit später in meinen Mund geführt und die Zähne selbst geputzt, bis ich nach vier Monaten und viel Training Tricks gefunden hatte, wie ich schließlich auch die Zahnpasta selbst aus der Tube auf die Zahnbürste bekomme. Die Bürste lege ich dafür ins Waschbecken, nehme die Zahnpastatube in beide Hände und drücke die Zahnpasta heraus. Anfangs hatte ich noch den Nerv und die Eitelkeit, die Zahnpastatube auf- und zuzudrehen. Mittlerweile liegt sie immer schon geöffnet da, weil es zu viel Zeit raubt. Ich war nie ein Fan von elektrischen Zahnbürsten, habe aber eingesehen, dass eine Elektrische weitaus praktischer ist für jemanden, der seine Finger nicht bewegen kann.

Und jetzt saß ich da, sah eine zugegeben etwas blasse und abgemagerte Person im Spiegel, die sich die Zähne putzt, ohne groß darüber nachzudenken. Nach dem Zähneputzen folgte das Wichtigste, also wenigstens für mein leicht paranoides Ich: dreimal – und zwar wirklich genau dreimal – den Mund mit Wasser ausspülen. Wenn ich das nicht mache, habe ich acht Jahre Pech, zehn Jahre schlechten Sex, und die Welt geht fünfmal unter. Mindestens.

Wie auch immer, ich putzte Zähne, ohne groß darüber nachzudenken. Schminkte mich ab, wobei Schminken nach Zähneputzen das nächste Ziel war. Anfangs nur Wimperntusche. Das ging x-fach ins Auge, bis sie endlich an den Wimpern war. Mittlerweile kriege ich auch das mit dem Eyeliner wieder selbst hin. Ähnlich wie die Stifte zum Schreiben, klemme ich ihn mir zwischen Ring- und Zeigefinger und ziehe so eine Linie am Augenlid entlang mit einem mal mehr, mal weniger ausgeprägten Wing. (Für alle Männer: Das ist der Strich, der am oberen Wimpernkranz hinaus in Richtung Schläfe gezeichnet wird; siehe Kleopatra.) Ich zog mir einen kuschligen Pullover an, was wie

Zähneputzen und Schminken nach dem Unfall neu gelernt werden musste, und beschloss, die Jogginghose anzulassen. Meine Mutter und meine Schwester halfen mir wieder ins Bett.

Allein in meinem Zimmer liegend, checkte ich mein Handy auf neue Nachrichten. Meine Halbschwester mit Familie hatte geschrieben: »Schön, dass du wieder zu Hause bist, freuen uns schon, dich zu besuchen!« Ähnliches auch von meiner Taufpatin und meinem Cousin. Aber noch immer nichts von Freunden. Noch immer schade.

Wenig später standen meine Mutter und meine beiden Geschwister mit Matratzen unterm Arm im Zimmer: »Können wir alle hier schlafen?« Natürlich konnten wir. Wir bauten uns ein Matratzenlager. Meine Schwester lag neben mir, meine Mutter daneben und ganz am Rand mein Bruder.

Ich lag noch lange wach, als die anderen längst eingeschlafen waren. Mein Kopf war so voller Gedanken und wollte nicht aufhören zu denken. Ich schaute mich im Halbdunkel um und fühlte mich wohl. Mein Haus, mein Zimmer, meine Familie, alles da. Ich war glücklich. Meine Bettdecke roch so gut. Ich konnte nicht aufhören, an ihr zu riechen. Hört sich komisch an, aber sie roch halt einfach so sehr nach meinem Zuhause!

Doch je mehr ich darüber nachdachte, wie schön es bei meiner Familie war, umso mehr fragte ich mich, wo denn meine Freunde waren. Ich hatte wohl einfach zu viel erwartet. Warum auch sollte nun eine große Party stattfinden, nachdem sich monatelang kaum jemand gemeldet hatte. Vor meinem inneren Auge liefen Bilder und Videos, die ich auf Facebook gesehen hatte. Von Menschen, die nach drei Monaten im Ausland nach Hause kommen und am Flughafen sehnsüchtig von Freunden und Familie erwartet werden. Mit Schildern, auf denen »Schön, dass du wieder da bist« oder »Endlich haben wir dich wieder« steht. Die umarmt werden, wo geweint wird. Und ich war acht beschissene Monate durch die Hölle gegangen (mehr oder weniger), querschnittgelähmt zurückgekommen, und offenbar war keiner froh, dass ich endlich wieder da war. Sind drei Monate im Ausland wirklich so viel mehr wert? Das verletzte mich. Ich war doch kein anderer Mensch. Kleiner vielleicht, im Rollstuhl, aber immer noch Amelie. Wieso bekam ich keine blöden Schilder? Würden sie sich überhaupt noch melden? War mein neues Ich wirklich so abschreckend? Oder war es der Rollstuhl, der sie hinderte? Die sollten verdammt noch mal vorbeikommen. Gut, vielleicht wollten sie mir einfach Zeit mit meiner Familie geben und die Familienfeier nicht stören, redete ich mir schließlich ein.

Aber auch am nächsten Tag ließ sich niemand blicken, meldete sich auch niemand. Mir egal. Okay, eigentlich nicht.

Am Morgen wollten wir gemeinsam frühstücken, aber da mein Kreislauf noch immer extrem schwach war und vor allem am Morgen Probleme machte, brachte mir meine Mutter das Frühstück ans Bett.

Später besuchte uns Mamas beste Freundin Andrea mit ihrer Familie, Ehemann Mark, Sohn Nikolaj, Tochter Katharina und Labrador Sam, um mit uns Spaghetti zu essen. Sie kannten mein Nach-dem-Unfall-Ich schon von einigen Besuchen im Krankenhaus, deshalb war die Begegnung nicht allzu kompliziert. Zusammen saßen wir an unserem Küchentisch. Normalerweise saß ich immer auf der Bank zwischen Katharina und Andrea. Da es aber schwierig, eigentlich unmöglich für mich geworden war, auf der Bank zu sitzen, saß ich jetzt meiner Schwester gegenüber. Etwas ungewohnt, weil wir sonst wirklich immer in dieser Ordnung saßen, aber wir würden uns auch daran gewöhnen. Trotzdem sind es auch diese kleinen Dinge, die sich noch heute manchmal seltsam anfühlen.

Aber wie toll, dass wir hier wieder alle gemeinsam sitzen konnten! Darauf hatte ich mich schon im Krankenhaus sehr gefreut. Klar hatten wir auch bei den Besuchen dort immer gegessen, aber eben nie wir neun (pardon elf, da zwei Hunde!) gemeinsam. Ich kann mich erinnern, dass ich das erste Mal selbstständig gegessen habe, als Andrea mich besucht hat. Geschnittene Gurken, die ich selbst aus einer Brotzeitbox genommen und mir in den Mund gesteckt habe. Das wurde gefeiert wie die ersten Schritte eines Kleinkindes.

Mittlerweile aß ich nicht nur geschnittene Gurken selbst, sondern auch Spaghetti. Und das nicht wie zu Beginn mit einem extra angefertigten Besteck, das zum Essen an meiner Hand befestigt wurde, sondern mit ganz normalem Besteck.

Am Abend saßen meine Schwester und ich wieder vor dem Fernseher, schauten *Berlin Tag und Nacht*. Viel änderte sich die nächsten Wochen nicht. Nur waren irgendwann meine Geschwister in der Schule, meine Eltern beim Arbeiten und ich allein zu Hause mit meinem Hund. Bis auf Marie hatte sich noch immer niemand gemeldet. Sie kam an einem Tag abends nach der Schule vorbei. Wir redeten ein wenig, und da sie noch für die Schule lernen musste, konnte sie nicht lange bleiben. Die Zeit, die wir die nächsten Wochen miteinander verbrachten, blieb beschränkt, wirkte gezwungen. Scheiße!

Blogeintrag vom 23. November 2013:

Mal wieder was zum Thema Querschnitt:
Die meisten werden wahrscheinlich denken, meine
Beine liegen einfach nur noch ruhig und locker da.
So ist es aber nicht!
Ich habe sogenannte Spastiken. Ich versuche, das
mal in meinen Worten zu erklären:

Spastik wird definiert als »unkontrolliertes
Muskelzucken«. Meine Beine liegen also nicht ruhig da,
sondern bewegen sich. Bei mir (das ist bei jedem
Querschnitt anders) bewegen sie sich zum Beispiel
immer, wenn man sie berührt, und das unterschiedlich
stark. Manchmal bewegen sie sich nur ein wenig, aber
meistens bewegen sie sich ziemlich stark, und das
nervt! :) Stärker wird die Spastik auch dann, wenn ich
krank bin oder lange Zeit ruhig gestanden/gesessen
habe.
Anfangs fand ich die Spastik nur nervig und sinnlos,
aber mittlerweile sehe ich auch einige Vorteile darin!
Zum Beispiel bleiben mir durch die Anspannung
wenigstens ein paar Muskeln in den Beinen erhalten.
Oder ich kann sie bei verschiedenen Sachen ausnutzen,
zum Beispiel beim Drehen im Bett.
Ich nehme auch eine hohe Dosis an Tabletten gegen
die Spastik, die aber trotzdem noch stark ist. (Gegen
Spastik hilft auch THC.)

Ich hoffe, das ist einigermaßen verständlich.
Wenn nicht, beantworte ich wie schon gesagt gern
alle Fragen!
Außerdem kann ich hier nur von mir sprechen, da jeder
Querschnitt anders ist.

8
Ich sehe euch,
wie ihr mich seht

Was mich noch wochenlang wirklich fertiggemacht hat, waren Bilder, Beiträge, die ich bei Instagram, Facebook und Co. von Freunden gesehen habe. Vielleicht eher ehemalige Freunde, ich war mir da nicht mehr so sicher. Wie sie sich gemeinsam für Partys verabredeten, Bilder aus dem Urlaub posteten, sich zur bestandenen Führerscheinprüfung gratulierten und dann gemeinsam mit dem Auto herumfuhren. Selbstständig werden, Freiheit und Leben genießen. All das, worauf ich mich mit 16 so gefreut und was auch ich geplant hatte. Ich hatte mir das alles so anders vorgestellt. Aber irgendwie war es auch meine eigene Schuld. Ich hätte es besser wissen müssen. Schon als ich auf Reha war, hatte sich kaum jemand gemeldet, warum sollten sie es jetzt plötzlich tun? Dumm und naiv, Amelie! Ich dachte einfach, wenn ich wieder zu Hause bin, würde sich das regeln – die räumliche Distanz würde geringer und die Besuche mehr. Nichts, einfach nichts. Was ich so ohne Besuch den ganzen Tag daheim gemacht habe? Nichts.

Vielleicht würde ja alles besser, wenn ich zurück in die Schule komme und mich die Leute dort sehen? Das redete ich mir wenigstens ein.

Noch kam das aber ohnehin nicht infrage. Nicht, weil ich keine Lust gehabt hätte, ganz im Gegenteil, aber mein Kreislauf war zu schwach. Außerdem gab es noch einiges an Organisatorischem zu klären: Wie sollte ich zur Schule und wieder zurück kommen? Wir mussten einen Schulbegleiter finden. Musste die Schule Umbauten vornehmen? Grundsätzlich war relativ klar, dass ich an mein altes Gymnasium zurückgehen würde. Die Schule war relativ barrierefrei, es gab einen Aufzug und auch Behindertentoiletten. Dass barrierefrei nicht unbedingt rollstuhlgerecht heißt, sollte ich noch früh genug merken und sollten sich bitte die lieben Architekten für die Zukunft merken. Vielen Dank dafür!

Vorerst blieb ich zu Hause, wo mich der Alltag sehr schnell eingeholt hatte. Die letzten acht Monate hatte ich so gut wie jeden Tag volles Programm. Physiotherapie, Ergotherapie, Rollstuhlsport, ich hatte mit den anderen Patienten Spiele gespielt, mich unterhalten und trainiert. Anfangs mussten wir zu Hause noch Therapeuten finden, deshalb fiel dieser Tagesordnungspunkt vorerst weg. Genauso wenig hatte ich den ganzen Tag Leute um mich herum. Nur mich selbst und meine Gedanken, bis nachmittags meine Familie wieder da war. Wir unternahmen dann oft etwas. Mit meiner Mutter ging ich shoppen, mit meiner Schwester einkaufen im Supermarkt, und meinen Bruder begleiteten wir zu Fußballspielen.

Trotzdem können die Tage sehr lang werden, und weil wir nicht täglich etwas unternehmen konnten, da verständlicherweise jeder noch anderes zu erledigen hatte, wurde mir sehr schnell sehr langweilig. Ich sah fern, schlief viel – und dann das Gleiche wieder von vorn. Nicht gerade so, wie ich es mir zu Hause vorgestellt hatte.

Drei Wochen vergingen, und ich langweilte mich zu Tode. Von meinen Freunden noch immer keine Nachrichten. Natürlich nicht.

Mittlerweile hatten wir zum Glück eine Praxis mit Ergotherapeuten gefunden, die auch Hausbesuche machten. Mittwochs und freitags hatte ich nun immer eine Stunde Therapie – eine mehr als willkommene Stunde Abwechslung. Zwei nette, junge Therapeutinnen wechselten sich ab. Mit ihnen verstand ich mich auf Anhieb, und auch die Therapie gefiel mir. Die ersten Termine waren noch entspannend, weil es vor allem darum ging, meine Verspannungen zu lösen. Den ganzen Tag zu sitzen ist nicht so erholsam, wie es sich vielleicht anhören mag. Da ich fast alles mit meinen Armen mache – Rollstuhl anschieben, schreiben, essen, greifen –, sind mein Nacken und meine Schultern ständig angespannt und dadurch eben auch oft verspannt. Ziel der Ergotherapie war und ist bei mir schlicht: Alltagsbewältigung. Üben, mit Besteck zu essen, schreiben, schminken, Zähne putzen, greifen. Da ich hier allerdings schon sehr fit war und ich das auch gut alleine trainieren konnte, gingen wir weg von der Motorik und hin zur Sensorik. Durch verschiedene Therapien wurde meine Sensibilität trainiert. Heißt nicht, tote Hundebabys ansehen und trainieren, nicht zu weinen, sondern mit Bürsten, Massagegeräten, Elektrostimulation oder auch Erbsen/Linsen das Gefühl in meinen Armen, Fingern, Beinen stärken. Vor allem, was die Finger angeht, machten wir schnell Fortschritte. Zu Beginn der Therapie spürte ich zum Beispiel weder meinen Ringfinger noch den kleinen Finger. (Hatte oft sogar Brandblasen und offene Stellen am Finger, über die ich mich immer wunderte.) Nach einem Monat spürte ich schon einen leichten Druck, wenn meine Therapeutin einen angespitzten Bleistift gegen meinen Ringfinger drückte. Bis ich dann sogar eine sanfte Berührung genau lokalisieren konnte. Ein kleiner Schritt für Amelie, doch ein großer Schritt aus Sicht meiner Therapeutin.

Größere Probleme bereitete uns zu Hause die Suche nach einem Physiotherapeuten. Auf Reha wurde mir einer empfohlen, der seine Praxis 20 Minuten von uns entfernt hat und selbst einmal Therapeut in der Reha-Einrichtung war. Dankbar für die Empfehlung, fuhren meine Eltern mit mir in die Praxis. Und schon nach den ersten Sekunden habe ich mir gedacht: »Auf gar keinen Fall.«

Und in dieser Hinsicht ist auf mein Bauchgefühl Verlass. Wenn ich shoppen bin, weiß ich meist schon wenige Sekunden nach Betreten eines Ladens, ob ich dort was finde oder nicht. Und bei dem Physio war ich mir von Beginn an sicher, dass ich eine Praxis gefunden hatte, die nicht geeignet war. Nicht, weil alles hässlich pink/lila gestrichen war, nur alte Menschen herumliefen oder wir nur begrüßt wurden mit: »Kommt gleich«. Nein, irgendwie hab ich mich einfach nicht wohlgefühlt. Aber gut. Der Termin war ausgemacht, und Probieren geht über Studieren.

Wenig später begrüßte mich ein junger älterer Herr. Relativ schnell wurde mir klar, wer für die pinke Inneneinrichtung zuständig war. Hat überhaupt nichts zu sagen, ich habe nichts gegen Schwule, echt nicht. (»Oh mein Gott, die sitzt doch im Rollstuhl, was erlaubt sie sich? Sie selbst müsste doch am besten wissen, wie es ist. Blablabla.« Ich höre eure Gedanken bis hier. Schnauze!)

Ich also frei von Vorurteilen in Begleitung meiner Eltern mit diesem Typen in das Behandlungszimmer.

»So, jetzt zeigen Sie bitte einmal, wie Sie auf die Liege kommen.«

»Kann ich nicht.«

»Nicht?«

»Nein, deswegen bin ich hier.«

»Ach so, ich sehe schon. Okay, dann zeige ich Ihnen doch erst mal lieber den Kraftraum.«

So ging das weiter.

»Ach, das können Sie also auch nicht? Da müssen wir noch üben!«

Danke. Erstens wusste ich selbst, was ich nicht konnte, und brauchte niemanden, um mir das auch noch ständig reinzudrücken. Und zweitens war ich gewillt zu üben. Aber der Therapeut dachte offenbar, mich durch solche Bemerkungen motivieren zu können/müssen.

Zwischen uns hat es einfach nicht gepasst. Drei Mal bin ich noch hin. »Versuch's doch noch mal. Vielleicht hattet ihr einfach einen schlechten Start«, hat meine Mama gesagt. Aber auch die nächsten Male wurden nicht besser. Zum fünften Termin sind wir dann einfach nicht mehr erschienen.

Zum Glück fanden wir eine neue Praxis bei uns im Ort, die auch Hausbesuche anbietet. Und zwei Wochen später stand eine supernette Therapeutin in unserem Haus, mit der es sofort funktioniert hat – und zwar wirklich alles: Meine Physiotherapeutin renkte mir Wirbel ein, wenn sie mal wieder durch das viele Sitzen verschoben waren; machte Atemübungen mit mir, für meine durch die wochenlange Beatmung geschwächte Lunge; bewegte meine Beine, damit sie beweglich blieben und die Sehnen nicht verkürzten, oder quälte mich, indem sie verspannte Muskeln so kräftig massierte, bis sie wieder locker waren. Gemeinsam trainierten wir auch meine Oberkörperstabilität. Ich sollte meinen Oberkörper im Sitzen aufrichten und beide Arme nach vorne strecken. Klingt leicht, oder? Jetzt das Ganze bitte mal probieren, ohne Beine, Bauch, Rücken anzuspannen. Nicht mehr ganz so leicht – willkommen in meiner Querschnittwelt. Ich lernte das mit dem Armeausstrecken nach viel Üben.

Blogeintrag vom 22. Dezember 2013:
Mein kleiner Cousin hat auf seinen Wunschzettel
für »Dinge, die nichts kosten« geschrieben,
dass ich wieder laufen können soll.
Ohne Worte.

Neben Fernsehen und Schlafen hatte ich nun vier Mal die Woche Therapie – und mittlerweile hatte sich ein guter Freund gemeldet – Linus, der mich auch schon im Krankenhaus in Murnau besucht hatte. Nachdem ich vier Wochen zu Hause war, kam er bei mir vorbei. Ich war ihm kein Stück böse, einfach nur dankbar, einen Freund zu haben, der sich gemeldet hatte. Trotz Schulstress besuchte er mich von da an jede Woche. Wir redeten viel. Da es mittlerweile immer kälter wurde draußen, konnte ich kaum noch etwas unternehmen. Verbrachte die Zeit im Haus. Gefangen im Zimmer, im Körper.

»Gefängnis ist schlimm. Kein Ausgang, gefangen in einer Zelle, auf andere angewiesen sein und das für viele Jahre. Schrecklich! Glaub mir, das will keiner«, hat Linus einmal in einem Gespräch gesagt.

»Kein Ausgang, alleine, gefangen im eigenen Körper, auf andere angewiesen sein, für immer«, antwortete ich.

»Hmm … okay, du gewinnst.«

Ich kann nicht mehr laufen, das sieht jeder – und das hält jeder für die größtmögliche Einschränkung. Aber das ist nur ein Teil des Problems. Es fängt schon im Haus an. Ich komme nicht in den ersten Stock. Treppen gehen ist ein bisschen sehr schwierig für mich. Treppenlift? Ja, wenn man das Geld oder die Versicherung hat. Für mich unmöglich, in den ersten Stock zu gelangen. Aber das ist nicht mal das größte Problem. Ich hab mein neues Zimmer unten, muss nicht unbedingt in den ersten Stock. Die 20 Treppenstufen sind nicht die größte Einschränkung. Es ist die eine verdammte Stufe vor der Haustür, die mich einschränkt. Es ist eine Stufe, die mich davon abhält, selbstständig das Haus zu verlassen oder es zu betreten. Die Leute denken, ›oh Mann, die Arme, kommt nicht über die 20 Treppenstufen in den ersten Stock‹. Oh Mann, ich komm nicht alleine in mein eigenes Haus. Ich komm nicht alleine raus. Ich brauche immer Hilfe. Jemanden, der mich die eine Stufe runterbringt. Rampe geht leider nicht, weil die so weit in den Hof reichen würde, dass keine Autos mehr vorbeikämen.

Zum Glück war meistens jemand da für mich. Und wenn ich aus dem Haus bin, dann sowieso nie alleine. Mit meinem Papa zur Therapie, mit meiner Mama zum Einkaufen oder mit meinen Geschwistern und dem Hund zum Gassigehen. Alleine wäre ich draußen sowieso nicht weit gekommen. Im Haus selbst war ich eigentlich ganz mobil. Ich bin in Küche, Wohnzimmer, Bad und mein Zimmer alleine gekommen, da alles ebenerdig ist. In unsere Speisekammer, wo auch unser Kühlschrank steht, bin ich aufgrund der engen Tür und einer zwei Zentimeter hohen Stufe nicht alleine gekommen.

Anfangs habe ich trotzdem viel Hilfe gebraucht. Und meine Familie hat mir geholfen, wo sie konnte. Ich brauchte Hilfe beim Essenmachen. Und nicht, weil ich keinen Schweinebraten kochen konnte, sondern weil ich mir kein Butterbrot machen konnte. Und mir wurde immer Essen gemacht. Ich wollte meiner Familie aber nicht auf die Nerven gehen und immer fragen: »Kannst du mir ein Käsebrot machen?«, »Kannst du mir eine Banane schälen?« Ich hab oft gewartet, bis sich jemand was zu essen gemacht hat, und dann gefragt, ob ich auch etwas haben könnte. Ich wusste, meine Familie würde mir immer helfen. Aber mir war das unangenehm, da habe ich lieber gewartet. Ich war schon vor dem Unfall sehr schlank, durch den Querschnitt ist das aber noch extremer geworden. Vielleicht, weil ich nicht einfach zum Kühlschrank rennen und mir was zu essen holen kann, wenn ich Hunger hab. Also, wer abnehmen will und es bei den Weight Watchers nicht geschafft hat, sollte es mal mit einem Querschnitt versuchen …

Meine Geschwister konnten zum Glück von Beginn an sehr gut einschätzen, wo ich Hilfe benötigte. Wenn sie gesehen haben, dass ich mich schwertat, zum Beispiel wenn ich eine Zeitschrift umblättern wollte, haben sie entweder zugesehen und abgewartet, bis ich nach Hilfe fragte, oder gefragt »Geht's?«. Meine Mutter konnte es auch ganz gut einschätzen – mein Papa, der kann es bis heute nicht. Ich musste ihm immer wieder sagen: »Lass mal, Papa, es geht schon«, weil er mir immer helfen will. Was ja total lieb ist! Ich meine: Er ist mein Papa, natürlich will er seiner Tochter helfen. Ich verstehe das schon. Nur, wenn man sich immer helfen lässt und alles für einen erledigt wird, lernt man nicht. Wenn etwas nicht auf Anhieb funktioniert, versuche ich es noch mal. Wenn ich einen Brief nicht gleich öffnen kann, versuche ich es noch mal. Und wenn ich 20 Minuten brauche. Und das ist keine Übertreibung, das ist eine völlig normale Zeitspanne für mich, um einen Brief zu öffnen. Wenn mein Papa danebensitzt, gibt er mir entweder den Brief schon geöffnet oder nimmt ihn mir nach meinem ersten fehlgeschlagenen Versuch aus der Hand und öffnet ihn. Und so erfahre ich nie, ob ich den Brief jetzt alleine hätte öffnen können. Und wenn ich dann mal alleine zu Hause bin und es um Leben und Tod geht, ich den Brief nicht öffnen kann, weil ich nicht geübt habe, sitze ich blöd da. Gut, es gibt jetzt nicht so viele Leben-oder-Tod-Briefe, aber es geht ums Prinzip. Und es tat mir jedes Mal leid, wenn ich dann meinen Papa angeschrien habe, dass er mich dieses oder jenes doch bitte alleine versuchen lassen soll. Aber nur so konnte ich wieder selbstständiger werden.

Ich glaube, aus diesem Grund bin ich auch so fit und für einen Tetra sehr selbstständig. Weil ich immer weiter probiert habe, etwas zu schaffen, und vor allem gesagt habe: »Nein, lass mich das probieren.« Denn viele andere probieren nicht, geben nach dem ersten Versuch auf und lassen sich helfen. Oder sagen eben nicht: »Finger weg, Papa, ich schaffe das schon.«

Und so nett es auch gemeint ist, wirklich hilft man, wenn man sich eben nicht sofort immer einmischt, sondern denjenigen einfach mal versuchen lässt und sagt: »Versuch's noch mal, du schaffst das schon!«

Natürlich nicht vor eine Treppe stellen und sagen: »Jetzt lauf, du schaffst das schon.« Aber einen Tetra einfach mal einen Brief öffnen lassen. Und wenn er ihn dir zum Öffnen hinhält, sagen: »Versuch's noch mal.« Nur mal so als Tipp für die Allgemeinheit.

Blogeintrag vom 28. Dezember 2013:
Ich bin oft richtig genervt von Leuten, die unaufgefordert fragen, ob sie helfen können.
Das mag jetzt blöd klingen, aber es nervt einfach! Klar meinen es die Menschen gut, aber ich bin körperlich behindert und nicht geistig, ich kann nach Hilfe fragen.
Ein paar Bespiele:

Meine Schwester und ich gehen/fahren normal auf dem Gehweg, als ein Mann auf einem Fahrrad anhält und fragt, ob er helfen kann … (klar?!)

Ich war dabei, meine Jacke auszuziehen, als ein Mann herkommt und sie mir auszieht! Und nicht mal reagiert hat, als ich ständig wiederholt habe, dass ich das selbst mache.

Ich stehe im Supermarkt am Eingang und warte auf meine Eltern, kommen in fünf Minuten insgesamt zehn Leute an und fragen, ob sie helfen können!

Ich hasse das, aber man kann auch nicht böse sein, weil es ja gut gemeint ist.

Ich hab genug Tetras kennengelernt, die so viel mehr könnten und so viel selbstständiger wären, die aber einfach zu faul sind. Ich kann das nicht verstehen. Was ich alleine kann, mache ich auch alleine. Was ich nicht kann, übe ich. Und wenn etwas wirklich nicht funktioniert, dann lasse ich mir helfen. Und das nur sehr ungern. Ich war vor dem Unfall ein sehr selbstständiger Mensch. Ich fand es schon immer widerlich, wenn ein Kellner mir den Stuhl unter den Arsch schiebt, damit ich mich hinsetzen kann. Danke, aber nein. Ich zieh mir den Stuhl selber unter den Arsch. Oder ganz schlimm war immer, wenn mich jemand von seinem Essen probieren lassen wollte, egal ob der Freund oder ein Kumpel. Und mich dann mit seiner Gabel »füttern« wollte. Ekelhaft. Hab ich nicht gemacht. Ich hab entweder die Gabel in die Hand genommen und gegessen oder mit meiner eigenen Gabel zugestochen. Ich weiß nicht, warum das so ist und ich nicht sagen kann: »Oh, voll süß, dann hat er mich mit seiner Gabel gefüttert.« Ist ja vielleicht auch nicht so wichtig.

Jedenfalls wollte ich immer für mich selbst sorgen. Und dann musste ich plötzlich gefüttert werden, als ich nach drei Monaten nicht mehr künstlich ernährt wurde. Konnte keine Gabel halten und schon gar nicht gezielt zu meinem Mund führen. Die Schwestern kamen, um mir das Essen zu geben; oder wenn Besuch da war, eben der. Meine Mutter, mein Papa, meine Geschwister. Oder auch Freunde. Das hab ich nur einmal zugelassen. Von meiner Familie hab ich die Hilfe angenommen. Nicht gern. Von Freunden kann ich das nicht. Ich fühle mich dabei so unwohl, dass ich lieber hungere. Nach einem Monat war ich zum Glück so weit, dass ich mit einem Essbesteck alleine essen konnte. Zumindest Kleingeschnittenes und alles, was nicht schwer aufzuspießen war.

Wenn ich in einem Restaurant bin, bestelle ich mir, wenn möglich, Essen, das nicht mehr geschnitten werden muss. Spätzle, Reis, Salat mit Putenbruststreifen. Einen Schweinebraten? Lecker, aber ohne Messer kommt man nicht weit. Hab zwar eine große Klappe, aber ganz passt der dann doch nicht rein. Zu Hause schneidet mir meine Familie mein Essen, und das würden sie im Restaurant auch machen, nur die anderen Leute sehen ja dann, was ich nicht kann. Und das will ich nicht. Es verletzt mich.

Ich bin also nicht nur ein Mensch, der gern alles alleine macht, ich kann auch nur sehr schwer um Hilfe bitten und mir helfen lassen. Miese Kombination für einen Tetra.

Während meine Familie langsam mit mir umzugehen wusste, mich wie einen Menschen behandelte, wurde mir mit jedem Ausflug, den ich in die Welt da draußen unternahm, deutlicher, wie wenig integriert Rollstuhlfahrer sind. Wie wenig die Menschheit von uns mitbekam. Mein erster Ausflug in ein Einkaufszentrum war die Hölle. Alle starrten mich an. Sie gafften, sie machten einen Bogen um mich.

Ich habe nichts gegen Aufmerksamkeit. Ich mochte es immer, aufzufallen. Ich hab gern auffallende Kleidung getragen und provoziert. Aber so, wie ich mit wohlgemerkt normalen Klamotten im Rollstuhl angeschaut werde – das hätte ich früher nicht erreicht, wenn ich nackt auf die Straße gegangen wäre. Das Hauptproblem ist noch nicht einmal unbedingt, dass ich angeschaut werde, sondern wie. Das hat lange gedauert, sich daran zu gewöhnen.

Es gibt verschiedene Blicke, die man als Rollstuhlfahrer bekommt. Bei den alten Menschen gibt es zwei Sorten. Die, die dich mitleidig anlächeln und vermutlich denken: ›Oh, das arme Ding.‹ Und die, die sich an vergangene Zeiten erinnern und denken: ›Zu meiner Zeit hätte es das nicht mehr gegeben.‹

Die Erwachsenen ignorieren mich meistens. Laufen mit starrem Blick an mir vorbei. Hören sicherheitshalber auf zu atmen und zu reden, wenn sie neben mir sind.

Jugendliche schauen angewidert. Die Mädchen eher mit dem Bitchblick, die Jungs so: ›Wenn die nicht im Rollstuhl sitzen würde, wär sie 'ne ganz Hübsche.‹

Mitleidig, traurig und auch angewidert. So will man als Frau nicht angeschaut werden. So will kein Mensch angeschaut werden.

Kinder. Kinder können am besten damit umgehen. Sind interessiert und fragen auch mal. Die Mütter ziehen ihr Kind peinlich berührt weg, wenn es fragt: »Warum kann die nicht laufen?« Oder wenn kleine Jungs rufen: »Woa! Traktor!« Dabei muss sich doch dafür niemand schämen. Lasst eure Kinder fragen! Sie wegzuziehen und »Schau nicht so« zu sagen bringt keinem was und fördert eine Generation, die mich ein paar Jahre später wieder begafft oder wie Luft behandelt.

Ich war anfangs komplett eingeschüchtert von diesen Blicken und wollte nicht mal mehr shoppen gehen. Aber man gewöhnt sich dran. Nie vollkommen und ich glaube, schüchterne Menschen tun sich dabei schwerer. Ich habe mittlerweile gelernt, damit umzugehen. Wenn jemand gafft, gaffe ich zurück. Wenn jemand nicht aufhört, sage ich etwas. »Keine Angst, ich sabbere Ihre Handtasche nicht voll.«

Einmal war ich mit meiner Schwester beim Einkaufen. Sie war an der Kasse, und ich bin schon ein wenig vorgefahren, um auf sie zu warten. Und wirklich alle Anstehenden haben mich angegafft. Nicht geschaut, gestarrt. Für alle hörbar habe ich gerufen: »Sophia, hab ich irgendwas im Gesicht oder warum schauen alle so blöd?«

Anfangs war ich verunsichert und dachte, die Leute sind angewidert, weil ich behindert bin, und starren mich darum an. Heute denke ich, die Leute schauen mich an, weil ich geil bin. Ich rede es mir zumindest ein.

9
Hallo Schulhof –
hallo Klassenzimmer

Ich war mittlerweile seit einem Monat zu Hause, und von meinen früheren Freunden hatte ich mit genau zwei regelmäßigen Kontakt. Oli, der von Anfang an für mich da gewesen war und auch nie damit aufgehört hatte. Er hatte immer wieder geschrieben und gefragt, wie es mir so ginge, was ich mache, wann ich wieder in die Schule käme. Und er hatte mich auch regelmäßig besucht.

Und Linus, der etwas Zeit gebraucht hatte, um mir zu schreiben, im Krankenhaus dafür öfter zu Besuch war als alle anderen und mir auch zu Hause oft Gesellschaft geleistet hat. Zusammen sind wir auf ein Konzert gegangen, haben bei mir ferngesehen und geredet.

Mit Marie war es eine andere Sache. Sie hat mir oft geschrieben, war auch bei mir. Ich hab sie nur nicht wirklich wiedererkannt. In meinen Augen hatte sie sich sehr verändert – sie hatte angefangen zu modeln. Das konnte sie problemlos, sie ist das hübscheste Mädchen, das ich kenne. Aber sie hatte sehr abgenommen. Hat von nichts anderem mehr geredet. Und das hat mich aufgeregt. Auf der einen Seite war sie immer noch Marie, meine allerbeste Freundin und bessere Hälfte, ich konnte reden mit ihr und lachen. Und dann war sie auf der anderen Seite plötzlich noch das Model Marie. Die nichts mehr gegessen und an nichts anderes mehr gedacht hat.

Zwischendurch hatten wir mal zwei Wochen Funkstille. Was für uns lang war, wir hatten uns früher jeden Tag geschrieben und uns fast jeden Tag gesehen.

Es war ein ständiges Hin und Her. Ich hab sie vermisst, wenn sie nicht da war, war sauer, wenn sie da war. Ich hätte ihr mehr zuhören müssen, stolz auf sie sein, dass sie so viel erreicht. Und war es nicht. Ich wollte meine Marie zurück. Und weil das nicht ging, wollte ich niemanden.

Vom Rest meiner Freunde war ich noch immer sehr enttäuscht. Es wurde immer schlimmer, die Tage wurden länger und die Sorgen größer. Ich hab mich gefragt, warum keiner da ist. Warum sie sich alle abgewendet hatten. Mich gefragt, ob ich jetzt für immer alleine in meinem Zimmer sitzen müsste und fernsehen.

Ich habe gehofft, dass es besser würde, wenn ich wieder in die Schule komme und die Leute mich zwangsweise sehen müssten.

Nachdem ich mich einigermaßen zu Hause eingelebt hatte, wollte ich schnellstmöglich wieder in die Schule. Ich hätte nie gedacht, dass ich das jemals sagen würde, aber ich hab die Schule wirklich vermisst. Es wird saulangweilig, wenn der Kopf nichts zu tun hat.

Meine Lehrer haben mir schon alle gesagt, dass sie mich unterstützen würden, wo es nur möglich ist, und sich alle freuen, wenn ich wieder zurückkomme. Fast alle. Ich war bei einem Lehrer, der viel zu sagen hat an der Schule, zu einem ersten Gespräch.

»Du willst hier zurück an die Schule?«

»Ja, genau.«

»Okay, weil in München gibt es eine Schule, die kennen sich damit eigentlich viel besser aus.«

»Ähm, okay. Also so viel zu beachten gibt es da ehrlich gesagt nicht. Ich brauche mehr Hilfe als die anderen, aber jetzt auch nicht besonders.«

»Ja, gut.«

Zwei Sätze später: »Und diese Schule in München wäre halt auch ausgelegt für so was.«

»Ja, die Schule hier ist doch auch rollstuhlgerecht mit Aufzug und sogar Behindertentoiletten.«

»Okay, gut.«

Wieder drei Sätze später: »Und diese Schule in München wäre zum Hinfahren ja auch schlecht, oder?«

Ich hatte selten ein so schlimmes Gespräch! Es hat mich unfassbar wütend gemacht. Es gab keinen Grund für mich, auf irgendeine Behindertenschule zu gehen.

»Wir sind ja eigentlich keine Integrationsschule«, hat genau dieser Lehrer auch mal gesagt. Scheißegal, ob Integrationsschule oder nicht. Integration geht jeden an. Mich wundert es überhaupt nicht, dass so wenig Behinderte an öffentlichen Schulen sind, wenn mit allen so umgegangen wird. Ich bin selbstbewusst und lass mich nicht so schnell einschüchtern. Mich konnte dieser Lehrer nicht von meinem Weg abbringen. Aber was passiert mit den weniger Selbstbewussten? Die werden alle schön abgeschoben. Dahin, wo sie am besten hinpassen, wo sie am wenigsten auffallen und am wenigsten stören: auf Behindertenschulen.

Nur, weil dieser eine Lehrer zu faul war, einen Antrag im Jahr mehr auszufüllen. Wäre es so, dass die Schule nicht für Rollstühle ausgelegt wäre, dass es keinen Aufzug gäbe und zehn Stufen zum Haupteingang führen würden, hätte ich ihn verstanden. Dann hätte ich die Schule gewechselt. Aber meine Schule war komplett rollstuhlgerecht.

Im Verlauf des Gesprächs hat er mich noch mehrmals darauf hingewiesen, dass es in München diese tolle Schule gäbe, die für mich viel besser geeignet wäre. Und ich hab ihn noch mehrmals darauf hingewiesen, dass hier meine Freunde sind, meine gewohnte Umgebung und der kürzere Schulweg. Er hat sich irgendwann damit abgefunden.

Als Nächstes stand eine erste Besichtigung der Schule an. Wir wussten, dass das Gebäude rollstuhlgerecht ist, aber das heißt noch lange nicht, dass man auch wirklich überall hinkommt. Für die Besichtigung sind extra zwei Rollstuhlfahrer dazugekommen, die irgendwo irgendwas zu sagen hatten.

Bei der Besichtigung der Toiletten die erste Überraschung: Alles stand voller Putzkram. Die Behindertentoilette war zur Putzkammer umfunktioniert worden. Dem Direktor war das sehr peinlich. Ich fand es nicht schlimm. Die Toilette hat die Jahre über keiner gebraucht, warum dann nicht den leeren Raum nutzen? Wir hatten Behinderte an der Schule, aber alle ohne Rollstuhl, sie waren also nicht auf eine größere Kabine angewiesen.

Das Putzzeug wurde entfernt, und zum Vorschein kam eine praktische und sehr große Kabine, mit Toilette und Waschbecken. Alles, was nötig war, war da. Aber dann haben die Behindertenbeauftragten losgelegt.

»Da brauchen wir unbedingt eine Strickleiter, damit man auf die Toilette wechseln kann! Dann brauchen wir drei Kleiderhaken auf verschiedenen Höhen, damit, egal wer reinkommt, seine Jacke aufhängen kann. Dann brauchen wir unbedingt lauwarmes Wasser, damit, wenn sich jemand hier ein Zäpfchen stecken will, das auch lauwarm ist, das Wasser angenehm ist!«

Ohne Witz, das haben die gesagt. »Wenn das alles so gebaut worden wäre, wie ich das vor zehn Jahren gesagt habe, wäre das jetzt alles nicht nötig.« Blablabla.

Also bei allem Respekt. Es ging jetzt darum, dass ich wieder auf die Schule gehen kann. Mir reichte die Toilette, das Waschbecken, und ein bisschen Papier zum Trocknen der Hände wäre nett. Das hab ich dann auch so gesagt. Die haben einen Aufstand gemacht, als stände sonst was bevor. Ich glaube, jeder Rollstuhlfahrer stimmt mir zu, wenn ich sage, dass man zufrieden ist, wenn die Tür breit genug ist, dass man überhaupt auf die Toilette kommt. Wenn die dann auch noch funktioniert, Halterungen hat und das Waschbecken intakt ist, dann ist der Tag schon gerettet.

Ich verstehe nicht, warum alles immer so kompliziert sein muss. Da hab ich für einen Moment sogar den Lehrer verstanden, der mich weghaben wollte. Ich war jedenfalls mehr als zufrieden mit der Ausstattung der Toilette. Und dann wurde auch noch eine kleine Rampe vor die etwa einen Zentimeter hohe Stufe gebaut, das fand ich schon mehr als aufmerksam.

Aber hätte ich mir gleich denken können, dass der Termin so endet. Die beiden Rollstuhlkollegen sahen schon so behindert aus. Das Beste war ein Vorschlag zum Schluss: »Wenn es bei dir dann mal so weit ist mit Schwangerschaft und so, wir beraten da gern. Wir haben auch Videos und so.«

Danke, nein. Hatte nicht vor, mich heute noch zu übergeben. »Ich glaub, da bin ich bei meiner Frauenärztin besser aufgehoben. Also wenn alles gut läuft und es hoffentlich wirklich erst in ein paar Jahren mal so weit sein sollte.« Das war schon mehr als merkwürdig.

Die anderen Räume waren alle gut zu erreichen. Der Aufzug fuhr in jedes Stockwerk, Eingang ebenerdig, und zur Aula gab es zwar Stufen, daneben aber auch eine Rampe. Die Türen waren alle breit genug, und unter die Schultische bin ich auch gekommen.

Das einzige Problem waren die Chemie- und Physiklehrsäle. Die Bänke gingen nämlich stufenweise nach oben, ähnlich wie im Kino. Da bin ich nicht hingekommen. Aber auch hierfür gab es Lösungen: Die Lehrer sollten in ein anderes Klassenzimmer gehen, das keine solchen Stufen hatte.

Oder eine normale Schulbank wurde mit ins Klassenzimmer vor die erste Reihe gestellt. Mir persönlich war die erste Lösung lieber. Bei der einzelnen Schulbank saß ich immer vor allen anderen und vor allem alleine. Der nette Lehrer, der sich bei mir schon ein paar Fehltritte erlaubt hatte, meinte dann: »Oh, die Bank ist gut, da setz ich immer die Schüler zur Bestrafung hin.« Toll. Danke. So fühlte ich mich auch.

Aber das Leben ist kein Wunschkonzert, und ich hab mich nicht beschwert. Ich war froh, wieder in die Schule gehen zu dürfen.

Bevor ich in den Unterricht eingestiegen bin, hab ich ein paar Tage später noch mal in der Schule vorbeigeschaut. Ich wollte meine alten Leute sehen und auch meine neue Klasse. Zusammen mit Marie bin ich während der Pause in die Schule gegangen. Und da hab ich viele der Leute zum ersten Mal wiedergesehen, mit denen ich vor meinem Unfall viel Zeit verbracht hatte. Und viele sind zu mir gekommen. Leute, die mir nie geschrieben und sich in acht Monaten kein einziges Mal gemeldet hatten, sind zu mir und haben mich umarmt. Und ich hab mich gefreut. Hab kurz vergessen, dass sie sich nicht gemeldet hatten. Zumindest bei vielen. Ich dachte, jetzt, wo sie mich wieder jeden Tag in der Schule sehen, würde alles wieder. War dann nicht so.

Es gab auch einige, die mich eindeutig gesehen haben, mich aber total ignoriert haben. Leute, mit denen ich gut befreundet war, sind an mir vorbeigegangen, als wäre ich Luft. Ich war sauer und enttäuscht, ich hätte an Ort und Stelle losheulen können.

Und ich möchte von diesen Leuten bis heute wissen: Warum? Warum habt ihr mir meinen Wiedereinstieg so erschwert? Ihr könnt euch nicht vorstellen, was das für ein Gefühl ist. Da zu sitzen, Leute zu sehen, mit denen du gern

Zeit verbracht hast und die an dir vorbeigehen, ohne auch nur ein Wort zu sagen. Ohne einen Blick.

Umso glücklicher war ich, dass Marie und wenigstens ein paar andere bei mir standen. Der Großteil davon Jungs.

Nach der Pause bin ich zu meiner neuen Klasse gegangen. Zusammen mit Marie und einer Lehrerin, die sehr dafür gekämpft hatte, mich zurück in die Schule zu bringen. Ich wollte gern wissen, wer so in der neuen Klasse sein wird. Ein paar kannte ich schon. Ich musste ja wieder ein Jahr wiederholen, also noch mal die Zehnte machen, da ich zu viel verpasst hatte.

Einer meiner früheren besten Kumpels war auch in dieser Jahrgangsstufe. Er war einer der Schulfreunde, mit denen ich auch außerhalb der Schule Zeit verbracht hatte. Wir waren zusammen shoppen und haben beide gern fotografiert. Nachdem er sitzen geblieben war, waren wir immer noch sehr gute Freunde, und ich bin fast jede Pause zu ihm. Er hatte sich nach meinem Unfall nicht gemeldet. Ich hab ihm dann geschrieben, dass ich wieder in die Zehnte komme und ob wir nicht zusammen in eine Klasse wollen, weil ich sonst keinen kenne. Er wollte nicht. Eine Zeit lang war ich extrem enttäuscht von ihm. Ich hab lange versucht, ihn zu ignorieren. In der Oberstufe hatten wir später einige Kurse zusammen. Und wir haben ein wenig geredet so wie früher, aber wirklich vergessen konnte ich das nie. Mir wurde auch später erzählt, wie fertig er gewesen war, als er von meinem Unfall gehört hat. Ich hab davon nie etwas gemerkt. Na ja. Vergessen, aber nicht vergeben.

Wir sind also rein in meine neue Klasse, und ich hab einen kurzen Vortrag gehalten. Wer ich bin, was genau passiert ist und dass ich jetzt in diese Klasse komme. Hab versucht zu erklären, welche Auswirkungen meine Lähmung hat. Ich habe erklärt, dass die Klasse bitte keine Rücksicht nehmen soll und auch keine Angst haben muss, mich irgendwie zu verletzen, indem irgendwer was Falsches sagt. Auch nicht mit »Läuft bei dir« würde mich jemand treffen. Der Satz wurde zu dem Zeitpunkt ständig gesagt. Und meine Mitschüler sollten auch alles fragen, was sie wollten. Ich war überrascht, denn es kamen tatsächlich Fragen.

»Wie schreibst du?«, fragte jemand.

Ich habe nach einem Stift gefragt und gezeigt, wie ich ihn in die Hand nehme. Und dass ich noch mehr üben muss und am Anfang noch nicht komplett mitschreiben würde können.

»Ab wann kommst du in den Unterricht?«

»Ich versuche, so schnell wie möglich wieder einzusteigen.«

»Was ist das für eine Narbe an deinem Hals?«

»Da wurde ich beatmet. Zu atmen musste ich erst wieder lernen.«

Mit den Fragen hatte ich nicht gerechnet. Ich dachte, dafür wären sie zu eingeschüchtert. Deswegen hat es mich gefreut, dass gefragt wurde. Denn das hieß wohl, dass sie eben nicht von mir oder dem Rollstuhl abgeschreckt waren. Ich glaube, durch dieses kurze Frage-Antwort-Spiel konnte ich den anderen und auch mir selbst ein wenig Angst nehmen.

Der Anfang in der Schule war dann sehr hart. Sowohl physisch als auch psychisch. Nach zwei Wochen Ferien braucht man ja schon eine Woche, um sich wieder auf Schule einzustellen. Ich hatte mehr als acht Monate Zwangsauszeit – da kann man sich vorstellen, wie es mir ging. Ich hab zu Beginn nur zwei Stunden ausgehalten, dann war ich so fertig, dass ich oft noch auf der Rückfahrt im Auto eingeschlafen bin. Ich konnte auch erst zur dritten Stunde kommen, weil mein Kreislauf so früh noch nicht stabil genug war.

Hinzu kam, dass mich von den Leuten, die mich bei meinem ersten Besuch so freudig empfangen hatten, immer weniger beachtet haben – bis sie mich komplett ignorierten. Warum, weiß ich nicht. Hier zählt die Ausrede »Ich wusste nicht, wie ich mit dir umgehen soll« nicht, denn sie waren ja schon einmal bei mir. Hatten gesehen, dass sie ganz normal mit mir reden konnten.

Was gut war: Ich hatte einen Schulbegleiter. Anfangs war ich komplett dagegen, hab mich mit Händen und Füßen gewehrt. Ich wollte keinen Begleiter, weil es mir unfassbar peinlich war. Ich wollte nicht, dass die Leute sehen, wie ich Hilfe brauche. Hat nicht funktioniert, das war eine Bedingung der Schule.

Im Nachhinein bin ich froh, dass mir diese Hilfe aufgezwungen wurde. Ich hab somit in Daniel einen sehr guten Freund dazubekommen, und vor allem wäre es sinnlos gewesen, alleine in die Schule zu gehen. Ich hätte es ohne Unterstützung gar nicht geschafft. Wäre nicht von Raum zu Raum gekommen oder wenn, dann erst zum Ende der Stunde. Und ich hätte meinen schweren Schulranzen auch nicht transportieren können. Vor allem aber hätte ich keine Mitschriften gehabt. Am Laptop war ich beim Schreiben anfangs fast noch langsamer als mit der Hand. Deswegen war ich froh, dass ich dafür jemanden mit einer sehr schönen Handschrift hatte.

Zwei Jahre hat Daniel mich begleitet. Er wollte eigentlich schon nach dem ersten Jahr anfangen zu studieren, das hat aber zu meinem Glück nicht geklappt, und er hat noch ein Jahr drangehängt. Und es war eines der witzigsten Jahre überhaupt.

Wir haben uns nicht sofort verstanden. Wir kannten uns schließlich nicht, er kam aus einem Nachbarort und war auch auf einer anderen Schule. Hätten wir nicht durch seine

Arbeit gezwungenermaßen miteinander zu tun gehabt, wir hätten wohl einen Bogen umeinander gemacht. Er ist eher dünn, trägt eine Brille und war nicht der Jungstyp, mit dem ich sonst befreundet war. Aber nachdem wir uns jeden Tag stundenlang gesehen haben, waren wir schon nach einem halben Jahr auch außerhalb der Schule befreundet, und heute gehört er zu meinen engsten Freunden.

Während der ersten gemeinsamen Schultage musste ich ihn etwas einweisen, da er keine Ahnung vom Rollstuhl hatte. Wir haben uns morgens am Parkplatz getroffen, und er hat mich zur Schule gebracht. Hat mich im Gebäude geschoben, da mir die Wege von Klassenzimmer zu Klassenzimmer viel zu lang waren. Er hat meine Schultasche getragen, mir Türen aufgehalten und eben für mich mitgeschrieben. In der Pause hat er mir Essen geholt, und wenn wir Nachmittagsunterricht hatten, sind wir gemeinsam zum Griechen um die Ecke. Jeden Donnerstag waren wir dort Stammgäste, und heute treffen wir uns noch immer dort zum Essen.

Zu Beginn meiner neuen Schulkarriere wurde mir immer ein Platz in der ersten Reihe freigehalten. Klar war das nett gemeint, aber für mich völlig unsinnig. Ich konnte dann irgendwann deutlich machen, dass ich querschnittgelähmt und nicht kurzsichtig bin und mir so meinen eigentlichen Lieblingsplatz – so weit hinten wie möglich – zurückerobern.

Nach sechs Wochen hatte ich mich wieder einigermaßen in der Schule eingelebt. Nachmittagsunterricht ging trotzdem noch nicht. Ich hatte auch vier Mal die Woche Therapie, zweimal Ergo, zweimal Physio, und das hat mir wirklich gereicht. Ich hab viel geschlafen, weil ich so fertig war. Aber die Anstrengung und der Stress waren mir tausendmal angenehmer, als zu Hause rumzuhocken, Fernsehen zu schauen und auf Nachrichten von Freunden zu warten, die nie kommen würden.

Ich bin in der Schule recht gut mitgekommen. Wenn ich die Hausaufgaben mal nicht geschafft hatte, war das für die meisten Lehrer kein Problem. Das hatte bei mir ja nichts – na gut, manchmal schon – mit Faulheit zu tun. In der Schule hatte ich Daniel, der mir meine Unterlagen geben konnte und für mich mitschrieb. Zu Hause aber hatte ich diese Unterstützung nicht. Und da ich anfangs nicht gut schreiben konnte, war das ein großes Problem.

Aber, wie gesagt, die meisten Lehrer hatten Verständnis dafür. Generell waren die Lehrer sehr entspannt und haben mich unterstützt, wo sie nur konnten. Vor allem meine Mathelehrerin und später auch mein Oberstufenkoordinator haben sehr auf mich geschaut. Da ich anfangs noch sehr viele Fehlstunden hatte, bekam ich Zusatzstunden. Einzelunterricht in den wichtigsten Fächern, das hat mir extrem weitergeholfen.

Zum Halbjahr war ich dann so fit, dass ich nur noch den Nachmittagsunterricht verpasst habe. Das Gute war, dass ich mit dem Halbjahreszeugnis vom Schuljahr vor dem Unfall wieder einsteigen konnte. Denn das war mehr als gut für meine Verhältnisse. Ich hatte fast nur gute Noten, und das überraschte wirklich alle.

Ich war vor meinem Unfall immer eine schlechte Schülerin gewesen. Ich war stinkfaul und noch dazu frech. Oder laut, rebellisch, wie auch immer. Und das ist eine ganz schlechte Mischung, wenn es um den Stand bei Lehrern geht. Ich hab nie gelernt. Für eine Schulaufgabe habe ich ein paar Tage vorher angefangen, meine Hefte und Bücher ein bisschen durchzublättern. Schon meine Grundschullehrerin hatte mir geraten, ich solle lieber auf die Realschule gehen. Aber nein, Klein-Amelie wollte unbedingt aufs Gymnasium. Nicht wegen meinen Eltern, die haben sich weniger eingemischt, sondern weil meine Freunde aufs Gymnasium gegangen sind. Und so kam es, dass die pubertierende Amelie in der achten Klasse sitzen bleiben durfte. Wegen ein paar Fächern, nicht der Rede wert. Aber auch das hat nichts geholfen. Ich war trotzdem faul, und meine Noten waren immer noch schlecht. Über eine Vier hab ich mich gefreut, unabhängig, in welchem Fach ich sie bekommen hab. Und mit Fünfen und Sechsen konnte ich meine Eltern lange nicht mehr schockieren.

Jetzt gibt es ja die Schüler, die sich wenigstens mündlich rausreißen können und sich bei den Lehrern einschleimen. Aber auch so ein Kind war ich nie. Ich hab vor mich hin geträumt, war zickig und hab Verweise gesammelt. Essen und Trinken im Unterricht, Hausaufgaben zum x-ten Mal nicht gemacht, Lehrer nachgeäfft, im Unterricht mit dem Handy gespielt. Was mir dabei allerdings den Verweis einbrachte, war, dass ich zum Lehrer sagte, nachdem er mir das Handy weggenommen hatte: »Wenn ich vergewaltigt werde, sind Sie schuld.« Am Abend wollte ich nämlich weggehen, und wie sollte ich im Notfall die Polizei ohne Handy anrufen? Das Ende vom Lied war: Ich bekam einen Verweis, und mein Handy gab's auch nicht zurück. Am Abend hatte ich dann zwar das Prepaid-Handy von meinem Bruder, aber leider kein Guthaben. Und ich hatte natürlich die letzte S-Bahn verpasst, meine Freunde waren schon heimgegangen, und ich musste besoffen irgendeinen Weg finden, um nach Hause zu kommen. Ein Kumpel, den ich dort getroffen hab, hat mich dann mitgenommen.

In der neunten Klasse saß ich lange allein. Wurde von der Lehrerin an einen Einzeltisch gesetzt. Ich hatte zu der Zeit einen guten Kumpel in der Klasse, der mir ähnlich war und am Unterricht wenig Interesse hatte. Mit ihm saß ich vor meiner Verbannung an einem Tisch in der letzten Reihe. Vom Unterricht hab ich in dieser Zeit wenig mitbekommen. Alle aus der Klasse haben Arbeitsblätter ausgefüllt, wir hatten am Ende der Stunde nicht einmal unser Federmäppchen geöffnet.

Ich muss zugeben, ich hab viele Verweise provoziert. Oft konnte ich mich rausreden: »Ich tu's nie wieder.« Aber manchmal hat selbst das nicht geholfen. Ich hab nie Schule geschwänzt, so eine war ich nie. Aber ich hab gern dazwischengeredet, diskutiert. Marie und ich hatten einmal gemeinsam Sportunterricht. Wir hatten keine Lust mitzumachen und haben uns an den Rand der Halle gehockt. Und sind trotz mehrmaliger Aufforderungen durch die Lehrerin, uns endlich zu bewegen, einfach dort sitzen geblieben.

»So, entweder ihr lauft jetzt mit, oder ihr schreibt einen Aufsatz über euren Lieblingssport.«

»Okay, dann schreiben wir. Zählt Sex auch als Sport?«

Kurzum: Ich war einfach ein richtiges Arschlochkind!

Vor allem in der achten und neunten Klasse war ich schlimm. Ich gebe es zu. Aber ich schäme mich nicht, ich hatte Spaß. Muss man auch mal sagen. Die armen Lehrer, die mich in dieser Phase hatten. Ein paar von ihnen hatten es aber auch nicht anders verdient.

In der Zehnten hat es bei mir dann irgendwie klick gemacht. Ich konnte mich einigermaßen beherrschen und mich bei dem einen oder anderen Lehrer beliebt machen. Aber was noch viel wichtiger war: Ich hab angefangen zu lernen. Ich habe Spaß daran gefunden zu lernen. Und vor allem hatte ich Freude daran, gute Noten zu bekommen. Und so war es dann auch, ich hatte sogar einmal eine Zwei in Latein. Und das, nachdem ein Lateinlehrer bei der Verbesserung der Lateinschulaufgabe in der neunten Klasse gemeint hatte, er läse jetzt die am schlechtesten übersetzten Sätze vor – er hat gleich meine ganze Schulaufgabe vorgelesen.

Das Lernen hab ich beibehalten. Ich habe auch im ersten Halbjahr nach meiner Rückkehr viel gelernt. So gut wie vor meinem Unfall war ich nicht. Aber dafür, was alles dazwischen passiert ist, war eine Drei in Latein im Zwischenzeugnis immer noch gut. Trotzdem war es das erste Fach, das ich zur Oberstufe hin abgewählt habe. Genauso wie Physik.

Blogeintrag vom 2. Februar 2014: Einjähriges mit meinem Querschnitt. Schatz, ich liebe dich nicht unbedingt, kann's mir aber nicht mehr ohne dich vorstellen. Schon als ich dir das erste Mal begegnet bin, hast du mich umgehauen. Du bist immer bei mir, zwischen uns passt leider kein Blatt Papier. Wer die bessere Hälfte von uns ist, ist auch klar. Du lässt mich sitzen, öfter als der Wendler sein Publikum. Fesselst mich an den Stuhl, und das ohne Ketten. Ich hoffe nur, du lässt mich irgendwann gehen.

Die Schule lief also. Ich bin immer besser mitgekommen und konnte auch schon mehr mitschreiben und meine Hefteinträge sogar lesen. Respekt hatte ich nur vor den Klausuren, die ich ja auch irgendwann wieder mitschreiben musste. Und das hieß in Deutsch, vier Stunden durchschreiben. Es war ja überhaupt schon hart, in einer Unterrichtsstunde alles mitzuschreiben, weshalb ich auf meinen Schulbegleiter angewiesen war.

Aber auch hier haben die Lehrer alles gegeben, um mir

zu ermöglichen, mit den anderen mitzuhalten. Nachteilsausgleich wurde gestellt. Es kam jemand vorbei, der auch wirklich mit Behinderten arbeitete und sich dementsprechend auskannte.

Für die Klausuren gab es verschiedene Optionen: Die erste war, am Laptop zu schreiben. Klingt ja auch naheliegend: Wer nicht mit der Hand schreiben kann, schreibt mit dem Laptop. Für einen Tetra aber hat das keinen Sinn gemacht. Denn ich konnte noch immer meine Finger nicht bewegen. Ich war mit dem Laptop genauso langsam wie beim Schreiben mit der Hand, nur dass das fast anstrengender für mich war. Ich hab mir zwei Tipphilfen an die Hände gesteckt, um so Taste für Taste zu drücken. Dafür nahm ich die Kraft aus den Armen, die ich ständig anheben musste. (Was sich übrigens bis heute quasi nicht geändert hat. Jetzt habe ich bloß etwas mehr Kraft und komme deshalb besser zurecht.) Normalerweise legt man seine Arme ja ab und tippt dann mit den Fingern. Das konnte ich nicht, und deswegen waren beim Schreiben Nacken, Schultern und Arme durchgehend angespannt. Außerdem musste ich aufrecht im Rollstuhl sitzen, und das schaffte mein Kreislauf noch nicht. Die Lösung war dann naheliegend: Ich sollte so viel wie möglich schreiben, und der Rest wurde mündlich gemacht. So hab ich meine erste Deutschklausur, so gut es ging, am Laptop geschrieben, und der Rest wurde danach besprochen. Gedichtanalyse. Wirklich nicht meins. Ich weiß gar nicht mehr, welches Gedicht ich erklären sollte. Aber ich bin relativ weit gekommen und musste nur einen kleinen Teil mündlich ausführen. Ich war danach völlig erschöpft. Ich bin heim, hab mich hingelegt und bis zum nächsten Tag geschlafen. Die ganze Woche hatte ich Muskelkater. War also nicht die beste Lösung. Aber ich hab's probiert.

Meine Handschrift wurde zum Glück immer besser, und die Matheklausur konnte ich wenig später schon mit der Hand schreiben. Ich habe dafür 50 Prozent Zeitverlängerung bekommen. So konnte ich zwischendurch Pausen machen und meine Schultern ausruhen. Das ging echt gut so. Natürlich hat mir danach auch alles wehgetan, aber es war in jedem Fall besser als mit dem Laptop. Und was mir besonders wichtig war: Ich konnte mit den anderen mitschreiben und hatte das Gefühl, dass wir die gleiche Leistung bringen müssen. Ich wollte so viel Normalität und so viel von meinem alten Leben wie möglich. Mir war es peinlich, am Laptop zu schreiben. Mir war es peinlich, in einem anderen Raum schreiben zu müssen, damit ich mündlich die Klausur beenden konnte. Mir hat das immer wieder bewusst gemacht, dass ich anders bin. Und das wollte ich nicht sein.

Blogeintrag vom 8. Februar 2014:
Mir sind jetzt ein paar Vergleiche bzw. Beispiele eingefallen, wie sich ein Querschnitt »anfühlt«.
Also bei mir war es ganz am Anfang so, dass, wenn ich meine Arme auf meinen Brustkorb gelegt hab, es sich angefühlt hat, als hätte ich eine Rüstung an.
Man spürt an den Händen den harten »Untergrund«, also die Rippen. Aber von diesem Bereich kommt kein »Signal« zurück.
Es hat sich total falsch angefühlt, wirklich so, als würde man eine Rüstung tragen, die keinen Kontakt mit dem Körper hat.
Jetzt fühlt es sich »normal« an, wenn ich meine Arme auf dem Brustkorb habe. Ich weiß auch nicht mehr, wie es sich anders anfühlt. (:
Am Anfang haben sich meine Beine auch anders

angefühlt als jetzt, nach einem Jahr.
(Aber das Gefühl/Gespür in den Beinen
jetzt ist extrem schwer zu erklären!)
Deswegen ein allgemeiner Vergleich, der mir heute
eingefallen ist:

Eine Querschnittlähmung fühlt sich an wie eine
Amputation.

So kann man das ganz gut beschreiben. Sofern ich ruhig
liege, fühlen sich meine Beine gar nicht an, einfach als
wären sie nicht da, als wären sie amputiert. Genauso
wie mein Bauch.
Mir ist auch eine gute Lösung dazu eingefallen, wie ich
euch erklären kann, wie es sich anfühlt, wenn ich zum
Beispiel mein Bein berühre:
Setzt euch mal neben einen Freund/eine Freundin.
Und zwar so, dass eure Oberschenkel so dicht als
möglich nebeneinander sind. So, und dann berührt
ihr den Oberschenkel eures Freundes.
Genau so fühlt es sich an! (:

Einschub:
Schwester Sophia über Amelie

*A*ls der Anruf kam, dass Amelie beim Skifahren gestürzt und wahrscheinlich querschnittgelähmt ist, habe ich geheult. Dass wir in dem Moment bei meiner Oma zum Mittagessen waren und der Unfall weit weg in Österreich passiert ist, hat die Situation für mich noch schlimmer gemacht: Wir konnten nicht eben mal schnell zu ihr fahren. Wir wussten nur, dass es ihr bestimmt schlecht ging, konnten ihr aber nicht helfen.

Der nächste schreckliche Moment für mich war, als wir zum ersten Mal zu Amelie ins Unfallkrankenhaus gefahren sind. Die Tür zu ihrem Zimmer ist aufgegangen, und ich habe meine Schwester zwischen all den Geräten und Schläuchen kaum sehen können in ihrem Krankenbett. Das war schrecklich. Ich habe mich dann zu ihr ans Bett gesetzt, aber mir wurde kurze Zeit später so schlecht, dass ich aus dem Zimmer rauswollte. Mein Papa brachte mich dann zur Tür, aber ich bin umgekippt, noch bevor wir sie öffnen konnten.

Auch bei den nächsten Besuchen fiel es mir sehr schwer, mich Amelie gegenüber normal zu verhalten. Ich habe gemerkt, dass ich ganz anders mit ihr rede und sie auch anders ansehe als vor dem Unfall. Ich hatte manchmal das Gefühl, deshalb nicht so für sie da sein zu können, wie das in dieser Situation nötig gewesen wäre.

Wirklich besser ist das erst geworden, als Amelie wieder zu uns nach Hause gekommen ist. Im Krankenhaus und in der Reha war sie teilweise noch wie ein fremder Mensch für *mich gewesen – dabei habe ich sie zu Hause schrecklich vermisst.*

Wir hatten schon immer ein sehr enges Verhältnis. Mit meinem Bruder verstehe ich mich zwar auch sehr gut, aber mit Amelie ist es etwas anderes. Ich hatte mich früher immer sehr an ihr orientiert. Daran, wie sie sich angezogen und verhalten hat. Ich wollte gern so sein wie sie und habe versucht, mir möglichst viel von ihr abzuschauen.

Das hat sich durch den Unfall nicht geändert, ich bewundere meine Schwester. Auch dafür, dass sie trotz der Querschnittlähmung derselbe Mensch geblieben ist. Sie hat auch heute eine große Klappe und würde meinen Bruder und mich immer beschützen. Ich finde, dass sie heute unwichtigere Dinge mehr ausblendet und sich auf das Wesentliche konzentriert. Das könnte ich auch gern.

Natürlich helfe ich ihr im Haushalt oder wenn wir irgendwo hingehen. Ich schiebe den Rollstuhl oder gebe ihr daheim Sachen, an die sie nicht herankommt. Wenn sie mal aus Faulheit irgendwas von mir verlangt, von dem ich weiß, dass sie es auch selbst könnte, gebe ich es ihr manchmal nicht. Zum Beispiel wenn sie sagt, ich soll doch bitte ihren Teller auf die Spülmaschine stellen. Sie will alles selbst machen, dann kann sie das auch selbst erledigen. Hin und wieder nervt es auch, dass sie bei bestimmten Dingen Hilfe braucht. Wenn sie mich um 23 Uhr anruft und bittet, unsere Mama aufzuwecken und zu ihr ins Erdgeschoss zu schicken, habe ich da natürlich nicht viel Lust drauf, weil ich schlafen will. Ich mache das dann aber trotzdem, ich will mich auch um sie kümmern, genau wie alle anderen in unserer Familie.

Mit der Aufmerksamkeit, das ist manchmal so eine Sache. Ich kann es verstehen, dass Freunde und Familie verstärkt auf Amelie schauen. Trotzdem war das für Lukas und mich gerade am Anfang auch nicht immer einfach. Ich hatte da gelegentlich das Gefühl, weniger wichtig zu sein. Wenn Verwandtschaft zu Besuch kommt, dann fragt mich nur selten jemand, wie es mir geht oder was ich so mache. Ich sitze dann meistens nur bei den anderen. Ich habe mich aber mittlerweile dran gewöhnt, dass bei uns ein Familienmitglied aus guten Gründen mehr im Fokus steht.

Ein bisschen ist das vielleicht auch meine eigene Schuld. Ich bin sehr schüchtern und seit Amelies Unfall vielleicht sogar noch zurückhaltender geworden. Ich würde gern so wie meine Schwester mehr aus mir herausgehen, aber so bin ich irgendwie nicht. Vielleicht wird das aber mit der Zeit noch besser, ich bin schließlich drei Jahre jünger als Amelie.

10
Auf vier Rädern

Ein weiterer Schritt zur Selbstständigkeit stand bevor: der Führerschein.

Schon in Murnau wurde mir gesagt, dass Autofahren auch als Querschnittgelähmter möglich ist. Einige Male wurde mir auch von Rollstuhlfahrern ihr Auto vorgeführt. ›Wie soll das funktionieren? Ohne Beinfunktion auf Gas und Bremse drücken? Hä?‹, hab ich mir anfangs gedacht.

Das geht ganz einfach: Man wartet immer ab, bis eine Spastik in die Beine schießt, und dann drückt man das Gaspedal runter. Wenn man Glück hat, kommt im richtigen Moment eine Spastik im linken oder rechten (keine Ahnung, wo die Bremse ist) Bein, und man bremst. Totaler Quatsch – habt ihr wahrscheinlich zu spät bemerkt.

Im Ernst: Wie fährt man einen Motorroller? Mit der Hand, genau. Und so ähnlich funktioniert das eben auch bei Autos für Rollstuhlfahrer. Besser gesagt Querschnittgelähmte, weil Rollstuhl bedeutet ja nicht automatisch keine Beinfunktion.

Man beschleunigt das Auto also per Handgas. Davon gibt es aber viele verschiedene Arten.

Weil ich mich selbst viel zu wenig auskenne, beschreibe ich euch einfach, wie ich Auto fahre:

Rechts neben meinem Lenkrad und links neben der Mittelkonsole hat mein Auto einen Hebel. An diesem Hebel befindet sich ein weiterer kleinerer Hebel, der im 90-Grad-Winkel angebracht ist. Dieser kleine Hebel ist sozusagen mein Gaspedal. Drücke ich ihn nach unten, gebe ich Gas. Drücke ich nach vorne, bewegt sich der große Hebel mit, und ich bremse. Kuppeln ist nicht nötig, dafür gibt es schließlich Automatikgetriebe. Gangschaltung ist für jemanden, der seine Finger kaum gebrauchen kann, eher schlecht.

So, jetzt gibt es ja beim Autofahren natürlich nicht nur Gas und Bremse. Mit der linken Hand muss ich auch noch lenken. Rollstuhlfahrer mit Fingerfunktion haben hierfür meist einen Lenkknauf am Lenkrad, da ja nur eine Hand frei ist und man das Lenkrad sonst nicht besonders weit drehen könnte. Häufig sind an diesem Lenkknauf Knöpfe angebracht für Blinker, Scheibenwischer, Hupe und was ein Auto sonst noch so braucht. Da ich als Tetra diesen Knauf aber nicht halten könnte, habe ich eine Lenkgabel. Meine Hand befestige ich damit am Lenkrad, und ich kann wunderbar lenken.

Da der Blinker links ist, mein linker Arm jetzt aber festgesteckt ist und ich ihn während des Fahrens nie wegnehmen würde, gibt es eine Verlängerung vom Blinker zu meinem rechten Arm. Der Blinkhebel ist so nur wenige Zentimeter von meiner rechten Hand entfernt, und die kann ich ohne Probleme kurz vom Handgas wegnehmen. Ich habe auch Hebel für Scheibenwischer, Hupe usw. Mein Auto kann übrigens sowohl von mir als auch von Fußgängern gefahren werden.

So sieht mein Auto aus, alles relativ unkompliziert. Es gibt noch weitaus umfangreichere Umbauten. Sprachsteuerung oder Blinken mit dem Mund zum Beispiel. Sodass auch noch höher Gelähmte und eingeschränktere Menschen problemlos Auto fahren können.

Hinfallen – Aufstehen – Weitermachen.
Das mit dem Aufstehen hat bisher nicht
funktioniert. Aber das Weitermachen!

Das Fahren an sich ist zwar eine komplexe Angelegenheit, aber nicht das wirkliche Problem. Das größte Ärgernis ist, überhaupt erst mal vors Lenkrad zu kommen. Aufstehen und Einsteigen ist nicht.

Die schnellste Lösung bietet ein Auto, das so umgebaut wurde, dass man mitsamt Rollstuhl vors Lenkrad kann. Da wird der Rollstuhl gesichert, und man fährt vom Rollstuhl aus. Hat aber auch einige Nachteile. Zuerst braucht man ein großes Auto, damit man überhaupt mit Rollstuhl reinkommt. Dann eine Rampe oder einen Lift, der einen ins Auto bringt. Bei einem Bus gibt es dafür häufig einen Kassettenlift an der Schiebetür. Der nimmt viel Platz weg, und selbst Behindertenparkplätze sind dafür oft zu schmal. Normale Parkplätze kann man sowieso vergessen, da wird man immer zugeparkt, trotz 1 008 449 Schildern an der Seite mit »Bitte mind. 1 m Abstand halten«. Immer. Die Leute sind blind für diese Schilder. Eben mal durchs Fenster quetschen: ist nicht. Dann stehst du da und wartest drei Stunden, bis Frau mit fünf Einkaufswagen kommt: »Ich war nur schnell fünf Minuten drin.«

Ich parke mittlerweile wenn möglich so, dass links von meinem Auto kein weiterer Parkplatz mehr kommt, und lasse zusätzlich einen Meter Platz. Ich brauche zwar zwei Parkplätze, aber anders geht's nicht. Die Leute regen sich immer auf, bis sie den Rollstuhl sehen.

Mit meinem Kombi ist es zwar schwer, einen Parkplatz zu finden und nicht zugeparkt zu werden, für einen Bus wäre es aber viel komplizierter. Damit kann man sich allerdings arrangieren.

Die zwei größten Nachteile und Gründe, warum so ein Umbau für mich nicht infrage kommt? Erstens der Preis. Bist du nicht während der Arbeit oder live im Fernsehen verunfallt, ist das nicht zu bezahlen. Zweitens funktioniert das, soweit ich weiß, nur mit Elektrorollstuhl, und den will ich nicht benutzen. Auch ohne Elektrorollstuhl, sondern mit normalem Rollstuhl würde ich das nie wollen, weil mir der Rollstuhl viel zu unbequem ist. Für mich kam nur ein Auto infrage, bei dem ich auf einem normalen Autositz sitzen kann.

Dafür gibt es wieder zwei verschiedene mir bekannte Möglichkeiten. Man wählt die Bus-Variante, nur bleibt man nicht im Rollstuhl sitzen, sondern setzt sich auf den Fahrersitz. Da kann man sich im Auto umsetzen, was bei Regen und Schnee ein riesiger Vorteil ist. Und der Rollstuhl ist schon automatisch im Auto verladen und muss nur noch befestigt werden. Oder man fährt einen Kombi, in dem man sich direkt vom Rollstuhl auf den Fahrersitz umsetzt. So läuft es bei mir.

Für den Transfer öffnet man die Autotür und stellt den Rollstuhl neben den Fahrersitz. Die Beine kann man nun zuerst mit den Armen in den Fußraum heben, oder man setzt sich erst um und zieht sie dann hinterher. Ein Para hat es dabei natürlich leichter. Tetras haben es wie immer schwer. Wir schaffen es a) gar nicht selbst ins Auto und b) nur mit Rutschbrett. Denn zwischen Fahrersitz und Rollstuhl ist im Auto durch den Türrahmen noch mindestens ein Abstand von 15 Zentimetern, je nach Auto auch mehr. Die Kraft oder die Rumpfmuskulatur, um sich über dieses Loch zu stützen, hat ein Tetra meistens nicht. Ich kenne nur wenige Tetras, die es ohne Rutschbrett ins Auto schaffen.

Ich selbst habe zwei Jahre geübt, bis ich es mit Rutschbrett allein ins Auto geschafft habe. Aber jetzt klappt es. Ich hab ein fest im Auto verbautes Rutschbrett. Das lässt sich herunterklappen, und es liegt dann zwischen Autositz und Rollstuhl. Der Vorteil ist, dass es stabil ist und nicht wegrutscht. Aber man muss erst mal auf das Rutschbrett kommen. Wenn ich dann im Auto sitze, kann ich das Brett wieder hinter den Fahrersitz klappen. Dauert alles ein paar Minuten, aber es funktioniert.

Aber nur weil man jetzt im Auto sitzt, kann man noch nicht gleich losdüsen. Das Wichtigste fehlt noch: Der Rollstuhl steht noch immer zwischen Fahrertür und Autositz. Und das ist jetzt noch mal ein großes Problem: den Rollstuhl verladen. Einige Paras nehmen die Räder ab oder falten den Rollstuhl zusammen und ziehen ihn auf den Fahrersitz. Für einen Tetra so gut wie unmöglich. Und auch ein Para macht das zwei, drei Jahre lang, dann meldet sich die Schulter. Darum brauchen wir Rollstuhlverladehilfen.

Davon gibt es auch zig verschiedene: Dachboxen, aus denen ein Greifarm kommt, der den Rollstuhl dort oben verlädt; ein Kran, der aus dem Kofferraum kommt und den Rollstuhl einpackt. Mein Auto hab ich im Internet schon komplett umgebaut von einer Frau mit multipler Sklerose gekauft, die nicht mehr fahren konnte. Es hat einen Verladekran, der hinter dem Fahrersitz montiert ist. Die Tür dort wurde durch eine Schiebetür ersetzt, die sich per Knopfdruck automatisch öffnet. Ein Kran fährt raus, an dem man den Rollstuhl befestigen und ihn so verladen kann. Aber ein Problem bleibt mir: Nur Rollstühle, die man auch falten kann, können hier befestigt werden. Der Rollstuhl, den ich fahre, lässt sich nicht falten und kann nicht verladen werden. Also konnte ich, selbst als ich alleine ins Auto kam, nicht alleine fahren, weil ich den Rollstuhl nicht verladen konnte.

Ich weiß noch, wie genervt ich anfangs war von Leuten, die meinten: »Oh, du hast einen Führerschein und ein Auto, dann bist du jetzt total selbstständig!«

Nein! Falsch! Überhaupt nicht! Die Leute verstehen nicht, dass ich nicht einfach ins Auto springen und irgendwo hinfahren kann. Umsitzen, Rollstuhl verladen. Zwei Dinge, die es mir unheimlich schwer machen, selbstständig zu werden. Und selbst wenn ich es alleine geschafft hätte, hieße das nicht, dass ich selbstständig wäre. Denn sobald ich wo hinfahre und aussteigen will, brauche ich wieder Hilfe. Ich kann nicht weit alleine fahren mit dem Rollstuhl und bei der kleinsten Stufe war's das dann mit der Selbstständigkeit. Für mich sieht die Situation so aus: Ich kann zwar Auto fahren – aber es muss immer jemand dabei sein und mir beim Drumherum helfen.

Mittlerweile kläre ich die Leute immer geduldig auf, dass Autofahren eben nicht so leicht ist, wie sie es sich vorstellen. Gerade als ich meinen Führerschein und mein Auto endlich hatte, habe ich gemerkt, dass ich trotz Auto doch nicht so selbstständig bin, wie ich es mir erträumt hatte. Es hat mich traurig gemacht, von Leuten daran erinnert zu werden. Ich weiß, sie meinen es nur gut. Tun sie immer.

Aber noch mal zurück zum Anfang: Denn bevor ich überhaupt an ein eigenes Auto oder alleine Fahren denken konnte, musste ich den Führerschein bekommen. Und dafür musste ich eine Fahrschule finden, die sich mit Rollstuhlfahrern auskannte und ein umgebautes Auto zum Üben hatte.

Zuerst haben wir bei uns in der Nähe gesucht. In einem nahe gelegenen Ort gab es eine Fahrschule, die infrage kam. Wir haben also dort angerufen, die waren total nett und meinten, sie kämen mit dem Auto mal vorbei, und ich sollte es mir anschauen. Gesagt, getan, Auto angeschaut. War für Einarmige. Also Menschen mit Einschränkungen an einem Arm oder mit Amputation. Das hatte für mich keinen Sinn. Aber Rollstuhl und Arm ab ist ja naheliegend. Behinderungen sind etwa nicht alle gleich? Nein!

Durch einen anderen Rollstuhlfahrer sind wir dann auf eine Fahrschule in München gekommen. Dort waren sie auch wieder total nett, haben uns ihre Autos gezeigt und welche verschiedenen Möglichkeiten es für mich gab. Die haben auch sofort gesehen, welche Hilfen ich brauche und welche Einschränkungen ich habe. Sie kannten sich einfach aus.

Wir haben mich angemeldet, und so hab ich meinen Führerschein dort gemacht, ich gemeinsam mit anderen. Sowohl Behinderte als auch Nichtbehinderte saßen gemeinsam im Theorieunterricht. So geht Inklusion!

Bevor ich aber wirklich loslegen konnte, musste ich noch zum TÜV. Der sollte genau festgelegen, welche Hilfen ich im Auto brauche. Nur hatten die Leute dort leider noch weniger Ahnung als ich. Keiner wusste, welches Auto das Beste für mich wäre. Diesen Pflichttermin hätte ich mir problemlos sparen können. Aber daran muss man sich als Rollstuhlfahrer gewöhnen. Man hat einen Haufen Termine bei Leuten, die es auch nicht richtig wissen, bis man irgendwann bei jemandem landet, der sich auskennt.

Als das dann schließlich alles geklärt war und ich ein paar Theoriestunden absolviert hatte, ging es das erste Mal ans Fahren. Das allererste Mal. Ich war noch nie vorher Auto gefahren, auch nicht mit Papas Auto heimlich auf irgendeinem Parkplatz, wie das bei vielen anderen Jugendlichen läuft. Hab mich jedenfalls sehr aufs Autofahren gefreut. Eigentlich war ich vor meinem Unfall auch schon für den

Motorradführerschein angemeldet. Na ja, das wird nun wohl nichts mehr werden.

Und jetzt war es so weit. Ich fuhr zum ersten Mal Auto! In einem Caddy. In das Auto bin ich nicht alleine gekommen. Mein Papa hat mich auf den Fahrersitz gehoben. Oder wenn meine Mutter dabei war, hat mich der Fahrlehrer hineingehoben.

Vor der ersten Fahrt war ich extrem aufgeregt, da ging es mir nicht anders als allen anderen. Und auch das Fahrenlernen war bei mir nicht anders als bei anderen. Viele sagen: »Woa krass, mit Handgas, das ist bestimmt voll schwierig und voll die Umstellung!«

Aber nein. Ich hab's ja auch nur so gelernt. Ich musste mich nie umgewöhnen von Gaspedal auf Handgas.

Vor meiner ersten Fahrstunde dachte ich immer, man übt ein wenig auf einem Parkplatz, irgendwo, wo weniger Autos sind. Aber nachdem der Fahrlehrer mir erklärt hatte, wo ich Gas gebe und bremse, sind wir von der Einfahrt der Fahrschule raus, und ich stand am Mittleren Ring, der meistbefahrenen Straße Münchens. Überall Autos. Und irgendwo dazwischen ich, die ich noch nie gefahren war. Aber es hat sehr gut funktioniert. Viel besser als erwartet. Der Fahrlehrer hat mir nicht geglaubt, dass ich noch nie gefahren war. Und dementsprechend schnell ging es dann auch weiter. Ich hatte nur meine Pflichtstunden, und der Fahrlehrer war wirklich begeistert von meinen Fahrkünsten. Ich kann mich gut in neuen Situationen zurechtfinden und außerdem gut vorausdenken. Eigenlob stinkt, also Nase zu.

Nur im Kreisverkehr bin ich ins Schwitzen gekommen. Ich kann nicht blinken und Gas geben gleichzeitig. Zum Blinken muss ich meine Hand kurz vom Gashebel nehmen. Beim Verlassen eines Kreisverkehrs ist das immer etwas nervig, weil man ja sowieso schon langsamer fährt und ich dann beim kurzen Blinken noch langsamer werde. So ist das eben.

Bei der dritten Fahrstunde ist mein Papa mitgefahren, und auch er war begeistert. Die Theorieprüfung war kein Problem: Null Fehler, und das Gebäude war sogar rollstuhlgerecht.

Auch die praktische Prüfung lief ganz gut ab. Der Prüfer meinte nach gefühlten 20 Minuten: »So, jetzt Auto parkplatzsicher abstellen. Hier Ihr Führerschein.«

»Hä? Schon fertig? Wir waren doch gar nicht auf der Autobahn?«

Mein Fahrlehrer hat gelacht.

Und dann hatte ich ihn. Meinen Lappen.

Im Februar 2013 hätte keiner damit gerechnet, dass ich überhaupt jemals ein Auto fahren könnte. Am wenigsten ich. Nur etwas mehr als ein Jahr später und ich hatte ihn.

Die nächste Aufgabe war dann, ein einigermaßen passendes Auto zu finden. Ein Umbau ist, wie gesagt, sauteuer. Und da ich noch nicht arbeitete, konnten wir ihn nicht über die Rentenversicherung abrechnen. Über Hilfe von der Krankenkasse brauchte ich nicht nachzudenken.

Ich hab im Internet gesucht, und da gibt es wirklich viel. Dort hab ich dann auch meinen Opel gefunden, der komplett umgebaut war, zu passen schien und für die vielen schon erledigten Umbauten wirklich sehr billig war. Ich komm ganz gut mit dem Auto zurecht, noch mal würde ich es aber nicht kaufen.

Der Umbau sollte schon individuell angepasst sein. Das Handgas ist super, der Verladekran für mich allerdings ungeeignet. Anfangs ging es mir eben darum, schnellstmöglich ein Auto zu haben, und so haben wir uns ein wenig voreilig für diesen Wagen entschieden.

Ich weiß daher noch immer nicht genau, was für mich die optimale Lösung wäre. Ein Bus oder ein Caddy, in den ich mitsamt Rollstuhl mit einem Lift hineinkomme, oder eben doch die Variante mit einem Kombi. An sich hilft es mir, andere Rollstuhlfahrer zu fragen. Die können ganz genau sagen, was der Vorteil bei den verschiedenen Modellen ist und wo es Schwierigkeiten geben könnte. Aber was für den einen die ideale Lösung ist, muss für den anderen nicht automatisch gut sein.

Ein Beispiel: Ich hab nachgefragt bei zwei Tetras, beide ohne Trizeps. Der eine hatte einen Bus, der andere einen Kombi. Für den einen war es viel leichter, sich im Bus umzusetzen, und der andere, der fast zwei Meter groß ist, tat sich leichter mit einem Kombi.

Größe, Funktion, Kraft, Beweglichkeit. Da sind so viele Faktoren, die zusammenspielen. Es gibt nicht eine Lösung für alle. Ich weiß mittlerweile immerhin, was ich bei meinem nächsten Auto unbedingt brauche und worauf ich verzichten kann. Aber vor allem weiß ich, dass das schweineteuer wird und ich jetzt schon mal anfangen kann zu sparen.

11
Zwei Jahre

Ich habe ja schon mal von der magischen Zahl gesprochen, die alle Ärzte uns Querschnittpatienten immer vorbeten: Zwei.

»Geben Sie den Nerven zwei Jahre Zeit, was bis dahin nicht zurückkommt, wird nie wieder zurückkommen.«

Mittlerweile waren seit dem Unfall schon eineinhalb Jahre vergangen, und ich konnte noch immer nicht laufen. Konnte meine Beine nicht bewegen, meine Finger nicht strecken, keine einzige Funktion war zurückgekommen. Langsam wurde ich nervös. Eineinhalb Jahre und keine Besserung. Das hörte sich schlecht an. Dann hatten meine Nerven ja nur noch ein halbes Jahr Zeit, um sich zu regenerieren. Mir wurde klar, dass es doch etwas Endgültiges zu sein schien, das mit dem Querschnitt und mir.

Die Menschen denken, die ersten Tage müssen hart sein. Nicht mehr aufstehen, sich nicht bewegen können. Und dass man mit der Zeit lernt, damit zurechtzukommen. Aber ganz im Gegenteil. Am ersten Tag hast du noch keine Ahnung, was auf dich zukommt. Null. Gut, kann ich halt nicht mehr laufen. Scheiße. Du bist noch so voller Hoffnung. Denkst dir nur, jaja, das wird schon, ich verlasse dieses Krankenhaus laufend wieder. Dann vergehen Wochen, Monate, du merkst, dass die Lähmung viel mehr einschließt, als nur nicht mehr laufen zu können. Du lernst Menschen kennen, die schon 30 Jahre lang im Rollstuhl sitzen und bei denen sich nichts gebessert hat. Du bekommst von allen Leuten gesagt, du sollst dich auf diesen Zustand einstellen.

Wenn du den Ärzten oder länger verletzten Rollstuhlfahrern erzählst, du hättest im Internet von einer Methode gelesen, Querschnitt zu heilen, wirst du nur angelächelt. Naives Ding. Dann bekommst du irgendwann gesagt, dass du entlassen wirst, und du sagst:

»Wie, entlassen? Ich kann doch noch nicht wieder laufen?«

»Wir haben all unsere Ziele erreicht. Sie sind kräftiger geworden, mehr können wir auch nicht tun. Geben Sie Ihren Nerven zwei Jahre Zeit.«

Und dann kommst du nach acht Monaten nach Hause, deine Fortschritte scheinen dir mickrig. Du kannst selbstständig atmen? Toll, das können die meisten. Du kannst im Rollstuhl sitzen? Toll, das können viele. Und die Zeit vergeht. Tage, Wochen, Monate. Deine Fortschritte siehst du selbst nicht. Du siehst nur, was du alles nicht mehr kannst. Und jeden Tag fällt dir eine neue Sache auf, die du nicht mehr kannst. Es hört nicht auf, mehr zu werden. Du bist unterwegs, dir fällt auf, wie viele Stufen diese Welt hat. Du bist shoppen, dir fällt auf, dass du Hosen ja gar nicht mehr im Laden anprobieren kannst. Deine Freunde sind am See, dir fällt auf, dass deine schöne Bikinifigur hinüber ist. Es ist Sommer, die Mädchen tragen kurze Hosen, dir fällt auf, dass man deinen Arsch ja gar nicht mehr bewundern kann. Fitness wird modern? Dir fällt auf, dass das genau deine Zeit gewesen wäre, weil du immer trainiert hast. Bundesliga beginnt? Dir fällt auf, dass du nie wieder einen Ball kicken wirst.

Hätte ich am ersten Tag gewusst, was ich heute weiß, hätte ich geahnt, was Querschnitt alles heißt, ich hätte mir die Kugel gegeben. Besser gesagt: geben lassen. Denn dir fällt auf, dass du nicht mal einen Pistolenabzug drücken kannst.

Ich war sehr frustriert, dass sich nichts gebessert hat. Du

Amelie, sechs Jahre alt, mit ihrer Schwester Sophia

oben: Amelie beim Reiten (16 Jahre alt)
unten: Im Urlaub in Dänemark.
Amelie mit ihrer Schwester Sophia

oben: Im Urlaub in Dänemark
unten: Amelie mit 15 Jahren, unterwegs in der Stadt (links) und
bevor sie zum ersten Mal das Münchner Oktoberfest besucht (rechts)

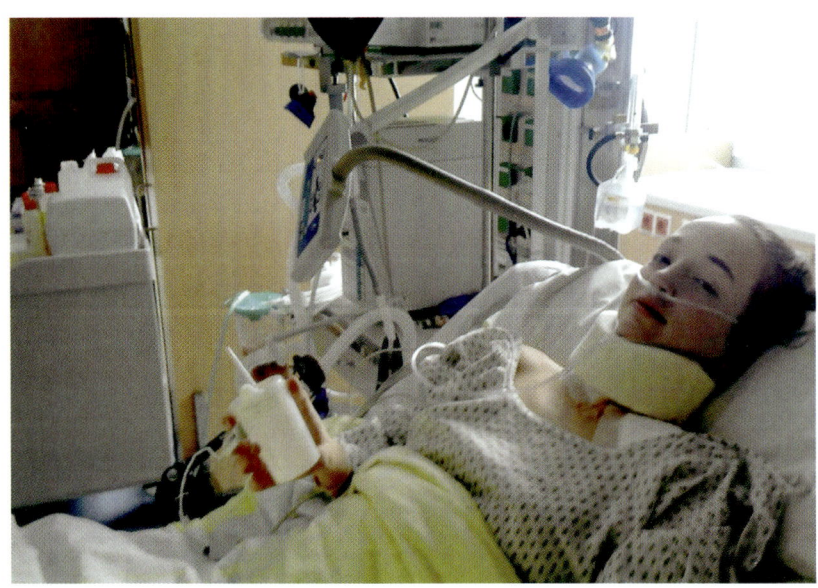

*oben: Amelie zwischen ihren Geschwistern Sophia
und Lukas während eines Ski-Urlaubs in Meran (2010)
unten: Kurz nach dem Unfall (Februar 2013)*

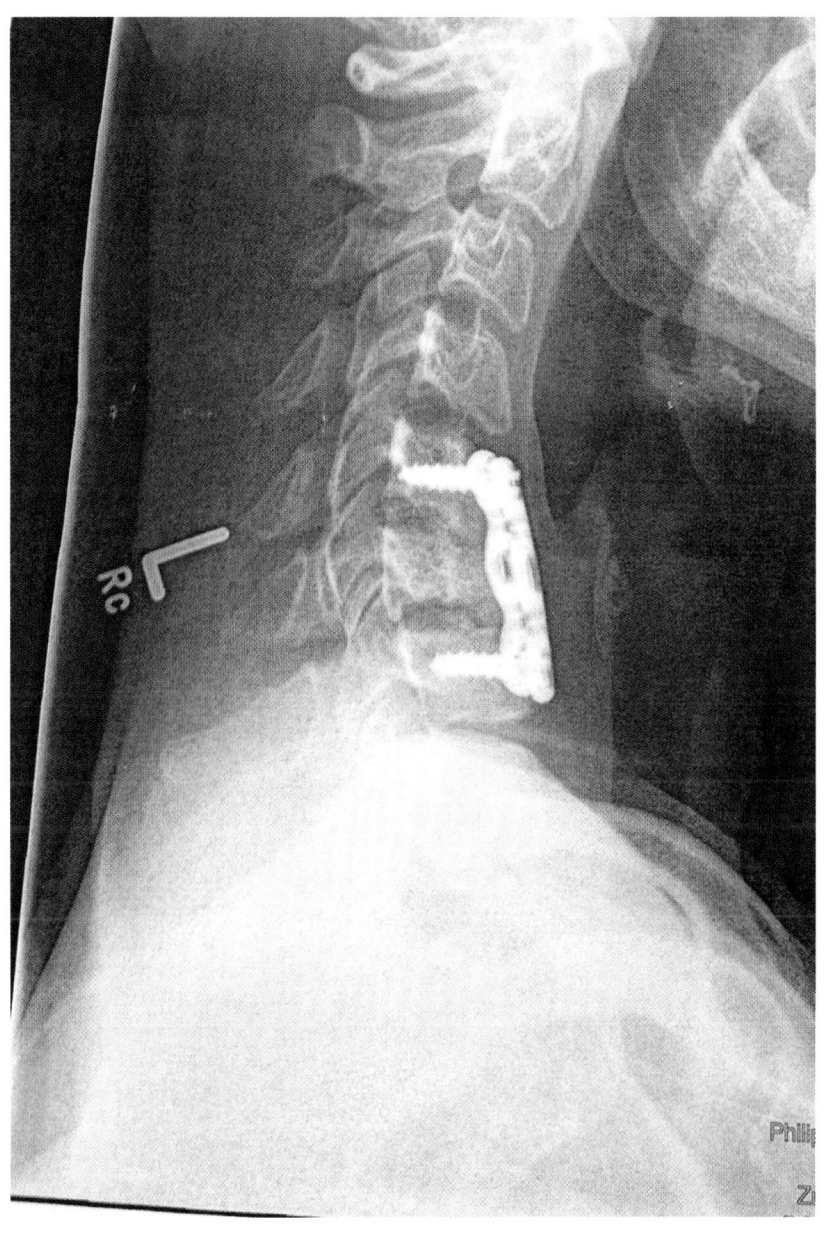

Röntgenbild von Amelies Wirbelsäule nach ihrer Operation.
Amelie wurde eine Metallplatte eingesetzt,
die die Halswirbelsäule stabilisiert.

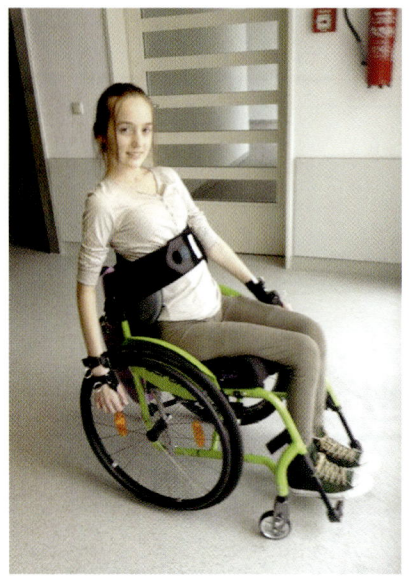
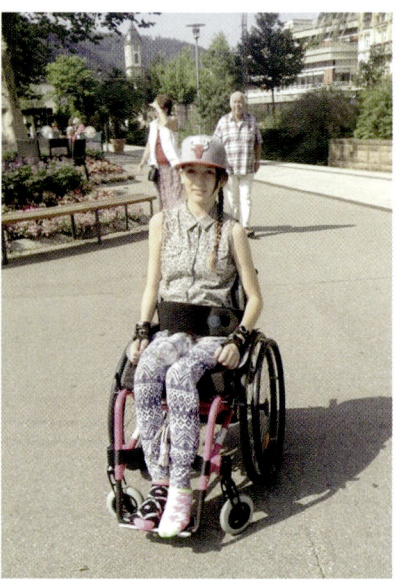

oben links: Amelie mit Brustgurt drei Monate nach ihrem Unfall
(in der Rehaklinik in Murnau)
oben rechts: In der Rehaklinik in Bad Wildbad (August 2013)
unten: Amelie mit ihrer Schwester Sophia beim
Spazierengehen im Sommer

oben: Amelie zu Hause mit ihren Geschwistern
(Weihnachten 2013)
unten links: Amelie fährt zum ersten Mal
mit ihrem Handbike (März 2014)
unten rechts: Amelie mit Familie bei ihrer Abiturverleihung
(Mai 2016)

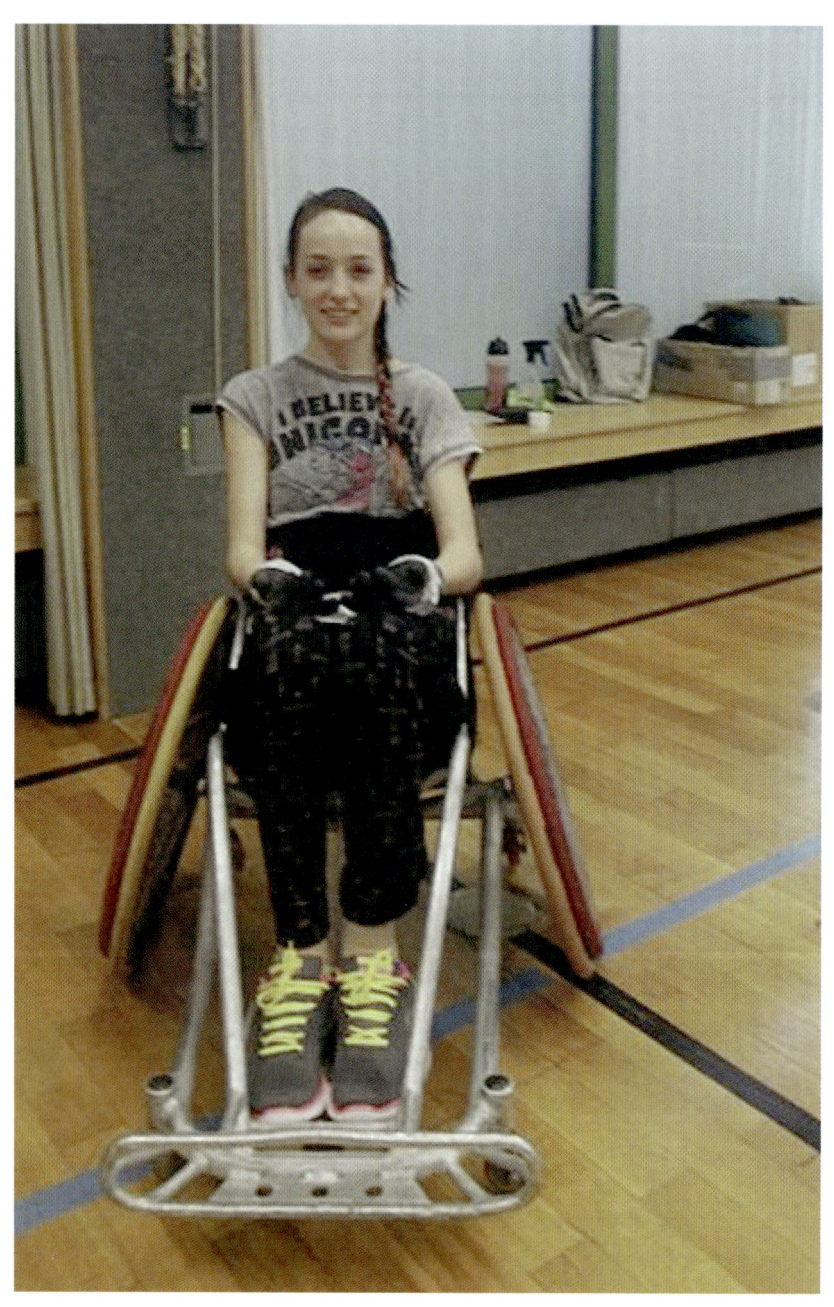

Amelie nach dem Rugbyspielen (2013)

wartest immer auf diesen einen Tag, an dem plötzlich die Beine anfangen zu kribbeln und du mit dem großen Zeh wackeln kannst. Aber der Tag kam einfach nicht. Ich hatte laut Ärzten nur noch ein halbes Jahr Zeit, ich musste irgendetwas ändern.

Blogeintrag vom 10. August 2014:
Ich hab jetzt ganz kindisch meine Freundesliste bei Facebook ausgemistet. Na ja, zumindest die entfernt, die für mich gestorben sind.
Ich hab genau noch zwei Freunde, zwei Kumpels, die von Anfang an für mich da waren. Von dem Rest meiner »Freunde« ist zurzeit keiner mehr da.

Aber ich bin nicht alleine. Es geht fast allen Querschnitten so. Wenn überhaupt, ist ein Freund geblieben.
Ich versteh nicht, warum man jemanden dann, wenn er am meisten Unterstützung braucht, links liegen lässt.
Warum ihr mich links liegen gelassen habt? Ich hab um alte Freundschaften gekämpft. Aber ich hab eingesehen, dass es keinen Sinn macht. Ihr habt mit mir abgeschlossen, ich hab mit euch abgeschlossen. Ich hab euch aus meinem Leben gelöscht.

Einmal im Jahr steht jedem Querschnittpatienten eine Reha zu. Meinen Krankenhauskollaps hatte ich überwunden, und ich wollte wieder intensiver trainieren. Darum haben wir eine Reha beantragt. Schon sehr früh, denn die Geschwindigkeit, mit der Anträge bearbeitet werden, lässt zu wünschen übrig – und am Ende werden die meisten sowieso abgelehnt.

Mir wurde die Reha für August 2014 genehmigt. Ich sollte aber nicht dorthin, wo ich direkt nach der Zeit in Murnau war, nach Bad Wildbad, sondern näher zu uns, nach Bad Griesbach. Ich hab mich sehr gefreut. Hätte ich vorher gewusst, was da auf mich zukommt, hätte ich lieber acht Stunden Fahrt auf mich genommen, als eine Stunde in diese Reha zu fahren.

Mein Ziel in Bad Griesbach war es, zuzunehmen. Ich war zu diesem Zeitpunkt sehr abgemagert. Wog 41 Kilo bei einer Körpergröße von 1,70 Metern. Wirklich nur noch Haut und Knochen. Meine Mutter hat sich große Sorgen gemacht. Ich mir auch. Mir hat es null gefallen, so abgemagert zu sein, aber ich hatte keinen Hunger. Essen war für mich wieder eine Qual. Mit hochkalorischen Drinks habe ich versucht, wenigstens mein Gewicht zu halten. Aber es wurde immer weniger. Und außerdem wollte ich natürlich trainieren. Selbstständiger werden und neue Therapien ausprobieren. Je mehr Training, desto weniger Gewicht – je weniger Training, desto mehr Gewicht, aber weniger Fortschritte. Alles Mist!

Die Reha war speziell für Schlaganfall- und MS-Patienten und auch Querschnittgelähmte. Gemeinsam mit meiner Mutter fuhr ich hin. Dort angekommen, fühlte ich mich sehr gut. Eine schöne Einrichtung in einer schönen Umgebung. Die Pflege hat mich gut aufgenommen. Ein junger, hübscher Pfleger kam für die Aufnahme zu mir. ›Kann ja nur gut werden‹, dachte ich mir. Mein Zimmer war saugeil. Einzelzimmer, was schon mal sehr wichtig ist, mit kleiner Kochecke, einem schönen Bett, geräumigem Badezimmer, Fernseher und einem wunderschönen Balkon, den ich mir mit dem Nachbarzimmer teilte. Die Aussicht war nicht berauschend, man blickte direkt auf das Nebengebäude, aber man bekam Sonne ab. Und ein wenig braun zu werden würde meinem weißen Ich nicht schaden.

Ich hab sofort meinen Therapieplan bekommen und konnte am nächsten Tag direkt loslegen. Von den Mitpatienten sah ich währenddessen wenig, erst zum Abendessen. Und da wurde ich das erste Mal stutzig. Wir haben den Speisesaal betreten, und was ich sah, war alt. 30 Leute. Altersdurchschnitt mit mir bei 90. Es wurde kaum geredet. An einem Tisch schrien sich zwei Opas an. Also in ihren Ohren unterhielten sie sich wahrscheinlich in Zimmerlautstärke.

Jeder hatte seinen festen Sitzplatz mit Namensschild, an dem das Essen serviert wurde. Ich wurde an den größten Tisch gesetzt und durfte zum Glück feststellen, dass nicht alle 80 plus waren. An diesem Tisch lag der Altersdurchschnitt bei 50. Mein Alter mit einberechnet.

Von allen Patienten waren genau zwei querschnittgelähmt. Ein 48-jähriger Mann und ich. Toller Austausch. Ein weiterer Patient an unserem Tisch saß im Rollstuhl, ein 60-Jähriger mit MS. Zwei andere litten ebenfalls an MS, der Rest hatte einen Schlaganfall, was den hohen Altersdurchschnitt erklärte. Und ich rate euch: als Querschnittpatient, vor allem als junger, nie in eine Klinik zu gehen (hahaha, sie hat »gehen« gesagt), die überwiegend auf Schlaganfallpatienten spezialisiert ist. Keinerlei Austauschmöglichkeiten. Entweder, weil die Leute gar nicht mehr in der Lage sind, oder eben, weil Querschnitt was komplett anderes ist als Schlaganfall. Aber gut. Ich war wegen der Therapie dort, würde ich auch ohne Bekanntschaften überstehen. Dachte ich. War ein Fehler.

Na ja. Ich hab mich also erst mal zusammengerissen, und die Leute an meinem Tisch waren ja echt lustig. Wir hatten zumindest mehr Spaß als die Leute an den anderen Tischen, deren einzige Unterhaltung es war, uns zuzuhören. Wir konnten gemeinsam reden und uns etwas austauschen. Die Tipps waren aber wegen der verschiedenen Krankheitsbilder nicht wirklich hilfreich. Der ältere Herr im Rollstuhl mit MS meinte: »Oh Mann, armes Ding. So jung und dann schon im Rollstuhl. Querschnitt ist echt scheiße!«

»Gut, wenigstens weiß ich, dass es so bleibt und nicht schlimmer wird, bis irgendwann nichts mehr geht.«

Wobei das auch nicht unmöglich ist. Ich hab einen kennengelernt, der querschnittgelähmt war und bei dem dann noch MS dazukam. Doppelt hält besser …

Ich weiß, die Leute denken gern, weil man im Rollstuhl sitzt, kennt man sich mit allen Behinderungen aus.

»Oh, schau mal, der sitzt im Rollstuhl, was fehlt dem denn?«

»Ich schätze mal, er kann nicht mehr laufen.«

»Oh, schau mal, der zieht sein Bein hinterher. Was hat der?«

»Keine Ahnung. Woher soll ich das wissen? Frag ihn, nicht mich.«

»Oh, dem fehlt ein Arm. Hatte der einen Unfall?«

Ich bin querschnittgelähmt. Ich erkenne mittlerweile ganz gut, ob jemand querschnittgelähmt ist oder irgendeine andere Behinderung hat. Betonung liegt auf irgendeine andere, weil ich keine Ahnung habe, was es denn sonst sein könnte. Es kommt vor, dass ich einen MS-Patienten für einen Querschnittgelähmten halte. Oder einen inkompletten Querschnitt für einen MS-Patienten. Ich habe ein paar MS-Patienten kennengelernt. Ich weiß, dass MS scheiße ist, dass es in Schüben kommt und es bei manchen durch Medikamente gezügelt, aber nicht gestoppt werden kann. Ich weiß, was es bedeutet, im Rollstuhl zu sitzen. Und dass auch bei MS nichts verallgemeinert werden kann, da die Auswirkungen unterschiedlich sind.

Ich habe genau einen Spastiker kennengelernt. Durch ihn weiß ich ein wenig mehr darüber. Aber was genau das alles mit sich bringt, weiß ich leider auch nicht. Es ist viel mehr als nur »die Kontrolle über seine Muskeln nicht zu haben«, so viel kann ich mir dank meines Querschnitts und meiner Erfahrungen vorstellen.

Nur weil man behindert ist, kennt man sich nicht automatisch mit allen Behinderungen aus. Man hat aber einen komplett anderen Blick, das ist klar. Wenn ich jemanden im Rollstuhl sehe, dann denke ich nicht: ›Oh, der Arme kann nicht laufen.‹ Ich analysiere. ›Okay, der kann die Beine nicht bewegen, sieht mir nach Querschnitt aus. Okay, der sitzt in einem E-Rollstuhl, ist also entweder sehr hoch gelähmt, hat irgendeine andere Behinderung oder ist einfach nur faul.‹

Mit dem anderen Querschnittpatienten teilte ich mir den Balkon, weil er mein Zimmernachbar war. Er konnte mir, wie alle anderen, Tipps zum Rollstuhl geben. Da er aber eher Wert auf Funktion als auf Aussehen legte, war das auch schnell gegessen. »Der Faltrollstuhl dieser Firma ist stabil, den hab ich auch.« Okay, dieser Faltrollstuhl sieht aber scheiße aus. Ich lege Wert auf Funktion und Aussehen. Auch mit seiner Art konnte ich wenig anfangen. Er war einer von denen, die gern auf Mitleid machen. Als er dann meinte, er hätte eine Therapiemethode, bei der durch Handauflegen die Nerven wieder regeneriert werden, es bei ihm schon sehr gut geholfen habe, und er mir vorschlug, er könne es auch mal bei mir probieren, war dann Ende im Gelände.

Ich fasse zusammen: Altersdurchschnitt 90, ein weiterer Querschnitt, viel Schweigen, kaum Leute zum Unterhalten.

Trotzdem ging es mir die ersten Tage sehr gut. Ich hatte richtig Hunger, hab mich mittags schon auf das Abendessen gefreut und fühlte mich frei und selbstständig. Es tat mir gut, mal Abstand von zu Hause zu gewinnen. Mal was

Neues sehen, weg von den Freunden, die nicht für mich da waren. Ich fühlte mich selbstständig, weil ich mir in der Kochnische selbst ein Glas Wasser einschenken und mir aus dem Kühlschrank, wann immer ich wollte, einen Joghurt holen konnte. Ich konnte alleine auf den Balkon und vor die Haustür, wann ich wollte. Ich war nicht automatisch selbstständiger, weil ich mehr Funktionen gehabt hätte. Ich war selbstständiger, weil alles rollstuhlgerechter war. Wenn ich Hilfe brauchte, konnte ich nach den Schwestern klingeln und musste mich nicht schlecht fühlen, mir von ihnen helfen zu lassen. Weil es eben deren Job war.

Die Therapie war sehr gut. Zumindest für jemanden, der einen Schlaganfall hatte oder an MS litt. Die Therapie war eher darauf ausgerichtet, Leuten zu helfen, wieder laufen zu lernen. Es gab ein Laufband, auf das man gespannt werden konnte, einen Gleichgewichtstrainer und so weiter. Alles eher für Leute, die laufen konnten und es weiter verbessern wollten. In Bad Wildbad, bei meiner ersten Reha, hätte ich diese Übungen nie machen dürfen bzw. wäre mir davon abgeraten worden. Ich hab es trotzdem probiert. Und es hat wirklich gutgetan. Es ging viel über den Kopf. Man sollte sich vorstellen, sein Bein zu bewegen, während der Therapeut oder ein Trainingsgerät es tatsächlich bewegten. Und ich fand es super. Viele Ärzte sind der Meinung, dass Nerven nicht wachsen können. Ich sehe das anders. Ich glaube, man muss sich immer wieder vorstellen, sein Bein zu bewegen, damit der Kopf lernt: »Hoppla, die braucht ihr Bein ja doch noch.«

Für mich ist es sehr schwer, mir vorzustellen zu laufen. Ich kann mir vorstellen, mein Bein anzuheben, kann mir vorstellen, mein Knie anzuwinkeln und meinen Fuß zu heben. Aber alles einzeln. Alle Bewegungen zusammen kann ich mir einfach nicht vorstellen. Das ist viel zu komplex.

Aber wenn ich versuche, mir die einzelnen Bewegungen vor Augen zu führen, und dabei mein Bein bewegt wird, dann geht es viel leichter. Deswegen war das Laufband so gut. Die Beine wurden durch einen Roboter bewegt. Leider hab ich zu Hause nicht die Möglichkeit dazu.

Allgemein müsste ich mir viel öfter vorstellen, meine Beine zu bewegen. Oder auch meine Finger und meinen Rumpf. Selbst wenn es sehr frustrierend ist. Man sieht seine Beine an, stellt sich vor, sie zu bewegen, mit aller Kraft, und es tut sich einfach nichts. Deswegen lass ich das häufig, weil es mir zeigt, dass diese Bewegung einfach nicht mehr geht.

Auf der Reha hat meine Therapeutin viel mit mir auf der Matte trainiert. Auf vier Beinen stehen, frei sitzen, alles mit Unterstützung. Sie war wirklich sehr, sehr gut. Auch die Cranio-Sacrale-Therapie und die Vojta-Therapie haben wir angewendet. Beides sind Behandlungen, bei denen bestimmte Punkte am Körper stimuliert werden, um spezielle Bewegungen auszulösen. Und ich bin der Meinung, dass vor allem diese Therapie sehr viel gebracht hat, denn ich konnte plötzlich einen ganzen Muskelstrang an meinem Rumpf anspannen, an der linken Seite. Und zwar gezielt.

Die erste Woche hab ich viel trainiert. War bei jeder Therapiestunde und hab Zusatzstunden im Kraftraum eingelegt.

Meine Mutter war schon am zweiten Tag wieder nach Hause gefahren. Und nach einer Woche hat es begonnen. Mir wurde dauernd schwindelig. Ich war nicht traurig, gar nichts, mir war nur übermäßig schwindelig. Ich konnte kaum im Rollstuhl sitzen. Es wurde von Tag zu Tag schlimmer. Alleine in meinem Zimmer ging es anfangs einigermaßen. Sobald ich rausging, zur Therapie oder in den Speisesaal, wurde es schlimmer. Ich bin in den Speisesaal, hab mein Essen runtergeschlungen und bin wieder auf mein Zimmer. Ich hatte Hunger, aber vor lauter Schwindel konnte ich nicht essen. Ich bin seltener zur Therapie gekommen. Ich hab das den Ärzten und Schwestern gesagt, aber richtig interessiert waren die nicht.

Dann wurde es richtig schlimm. Ich konnte nicht mehr aus meinem Zimmer. Ich hab mich wie in einem Traum gefühlt. Ich hab das Namensschild an meiner Tür gelesen, aber konnte keine Verbindung zu diesem Namen aufbauen. Ich hab mich im Spiegel nicht mehr erkannt. Das klingt jetzt total krank und übertrieben, ich weiß. Aber ich hab mich einfach nicht erkannt. Alles war mir fremd. Wenn ich mein Gesicht berührt hab, hat es sich angefühlt, als würde ich ein anderes Gesicht berühren. Ich hatte wirklich Angst, verrückt zu werden. Meine Mutter und meine Schwester haben mich besucht. Ich wusste zwar, dass sie meine Familie sind, aber auch meine Verbindung zu meiner Mutter und Schwester hat mir gefehlt. Meine Schwester meinte, ich hätte total den gruseligen, leeren Blick. Ich bin nicht mehr zur Therapie, und keinen hat es interessiert. Ich hab nach den Ärzten gefragt.

Zuvor hatte ich gegoogelt, was mit mir los ist, was das sein könnte. »Ich fühle mich fremd im eigenen Körper« und »erkenne mich nicht mehr« habe ich im Internet gesucht. Und tatsächlich hab ich Leute gefunden, denen es ähnlich ging. Depersonalisierung nannte sich das. Tritt auf, wenn man überfordert ist. Der Körper schützt sich selbst. Ich war zwar nicht traurig, aber mein Unterbewusstsein verarbeitet ja alles so gern für mich, und das war vielleicht überfordert.

»Mir geht's nicht so gut.«

»Ja, Sie gehen nicht mehr zur Therapie. Warum?«

Dann hab ich erklärt, wie ich mich fühle.

»Ich hab auch gegoogelt.«

Augenrollen.

»Ja, Entschuldigung, wenn mir hier keiner weiterhelfen kann, was soll ich machen?«

Böse Blicke.

Ich hatte Tränen in den Augen – vor Wut.

Und ich, Amelie Ebner, hab nach einem Psychologen gefragt. So weit war es. Ich wollte einen Psychologen.

»Hm, das ist blöd, die Psychologin ist gerade im Urlaub.«

Klasse! Klasse! Scheiße! Aber das Beste kommt noch.

»Okay, kann ich dann bitte wenigstens irgendwas für die Psyche haben? Ich hab gelesen, dass diese Depersonalisierung aufgrund von Depressionen und aus psychischen Gründen kommt.«

»Jaja, okay, können Sie haben.«

Dann hab ich gesagt, was ich anfangs in Murnau bekommen hab. Olanzapin.

Ich bekam die Tabletten gestellt. Die Dosis wurde von den Ärzten aufgeschrieben und mir von den Schwestern verabreicht. Nachdem ich einen Tag im Bett verbracht hatte, die Nacht nicht geschlafen hatte und am nächsten Morgen völlig fertig war, kamen die Schwestern. Mein Essen habe ich mittlerweile immer aufs Zimmer bekommen, weil ich fast nur noch im Bett lag.

Waschen, anziehen, aufstehen. Tabletten bekommen. Von den Schwestern. Hab ich genommen, und die Schwester hat mich allein gelassen.

Ich wurde plötzlich saumüde. Ich hab mir gedacht, es läge daran, dass ich die Nacht nicht geschlafen hatte. Hab mir ein Red Bull aus dem Kühlschrank geholt, zehn Minuten gebraucht, um es zu öffnen, und es dann in einem Zug leer getrunken. Normal macht mich Red Bull hellwach, da ich nicht viel Koffein trinke, aber das hat nichts gebracht. Ich wurde so müde, dass ich beinahe im Sitzen eingeschlafen wäre. Ich hab geklingelt und gesagt, dass ich mich sehr müde fühle und mich gerne hinlegen würde. Ich wurde ins Bett gebracht und schlief irgendwann am späten Vormittag ein.

Als ich das nächste Mal die Augen aufgemacht habe, stand eine Schwester vor mir, mit einem Tablett.

»Oh, lecker Mittagessen.«

»Wie, Mittag? Das ist dein Frühstück.«

Ich hatte fast 24 Stunden durchgeschlafen. Ich lag beinahe einen ganzen Tag in meinem Bett, und keiner hatte es gemerkt!

Das Abendessen stand noch vor mir, mit einem angebissenen Brot. Ich konnte mich nicht daran erinnern, überhaupt wach gewesen zu sein. Niemand hatte sich gekümmert. Was ist denn hier los? Wird das immer so gemacht? Leute ruhigstellen. Es wundert mich nicht mehr, wenn es heißt, dass die meisten Leute ihre Druckstellen in Pflegeheimen bekommen, wenn man mit den Leuten so umgeht.

Ich hab natürlich sofort die Ärzte zu mir kommen lassen, denen gesagt, was los ist.

»Oh, okay, Sie sind wahrscheinlich depressiv. Da kommt das schon mal vor. Warum waren Sie nicht bei der Therapie?«

›Hallo? Weil ich vielleicht ruhiggestellt wurde.‹ Ich kann mich wehren. Ich bin klar im Kopf. Gut, zu diesem Zeitpunkt eben nicht. Und was ist mit Leuten, die sich nicht mehr wehren können? Es tut mir weh, mir das vorzustellen.

Ich hab meiner Mutter alles erzählt, auch dass ich es wirklich nicht mehr aushielt, und am nächsten Tag kam mein Papa und hat mich geholt.

Eigentlich wollte ich vor allem für meine Mutter durchhalten. Sie hat so viel Stress, und ich wollte ihr eine Pause von mir gönnen. Aber ich konnte wirklich nicht mehr. Ich wollte nur noch weg. Verständlich, glaube ich.

Im Bericht hieß es dann, ich wäre faul, würde mich vor Therapien drücken usw.

Zu Hause sind wir zu einem Psychiater gegangen. Ihm haben wir gezeigt, was für ein Medikament ich bekommen hatte und in welcher Dosis. Er konnte es nicht glauben.

»Die Dosis wird verwendet, um einen Elefanten lahmzulegen.«

Das hätte sehr böse ausgehen können. Und es wäre niemandem aufgefallen. Nach einiger Zeit vielleicht. Aber da wäre es schon zu spät gewesen.

Mir ging es nach dieser Reha richtig dreckig. Besser als dort, dieses Sich-fremd-Fühlen im eigenen Körper war weg, zumindest zu Hause. Aber ich war schlapp. Ich war immer noch nicht depressiv, also traurig oder so, aber einfach schlapp und unmotiviert.

Und dann ging die Schule los. Ich dachte, es würde besser, wenn ich wieder mehr rauskäme, aber meine Erschöpfung wuchs mit jedem Tag. Der Schwindel ging wieder los, sobald ich im Klassenzimmer war oder in einem Raum mit vielen Leuten. Ich fühlte mich wieder so irreal. Ich musste oft aus dem Klassenzimmer, weil ich Angst hatte, ohnmächtig zu werden. Bis ich irgendwann Angst hatte, den Raum auch nur zu betreten.

Wir sind wieder zum Psychiater, und ich hab Tabletten bekommen. In richtiger Dosis. Und die haben wirklich geholfen. Nach zwei Wochen konnte ich wieder ruhig im Klassenzimmer sitzen. Nach einem Monat wieder in die Aula, und wieder einige Zeit später konnte ich in Ruhe in der Stadt shoppen gehen, ohne Panikattacken zu bekommen. Die Tabletten nehme ich bis heute. Ich hab Angst, sie wegzulassen und mich wieder so schlecht zu fühlen. Dieser Schwindel war die Hölle, eigentlich gehörte er zu meinen größten Einschränkungen.

Ich schätze, es lag daran, dass ich auf Reha nicht wirklich jemanden zum Reden hatte. Seit dieser Zeit kann ich nicht mehr gut alleine sein. Zu Hause natürlich, da bin ich gern mal alleine, aber beim Rausgehen merke ich es. Irgendwo alleine hinzugehen ist natürlich schwierig, weil es durch Rollstuhl nur bedingt möglich ist. Aber sobald ich irgendwo alleine bin, wo ich mich nicht auskenne, bekomme ich Panikattacken.

Einmal war ich mit meinem Papa im Biergarten. Durch die vielen Leute war mir sowieso schon sehr unwohl zumute, und dann musste er auch noch kurz aufs Klo. Ich dachte jede Sekunde, die ich da allein saß, ich würde gleich in Ohnmacht fallen. Wenn ich irgendwo neu bin, brauche ich immer einen Vertrauten um mich, sonst geht's mir schlecht.

Ich habe lange gebraucht, um mich von dieser Reha zu erholen. Sie hat mehr geschadet als geholfen. Das einzig wirklich Positive war der Muskelstrang, der wieder funktioniert hat. Wirklich weiter hilft er mir nicht, ich bin dadurch nicht viel selbstständiger. Aber er zeigt, dass eben doch noch Funktionen zurückkommen können. Das motiviert mich.

Blogeintrag vom 18. September 2014:
Englischunterricht:
Lehrer: »Ihr müsst am Anfang der Stunde nicht mehr aufstehen. Oder wollt ihr? Wer will aufstehen?«

Ratet mal, wer sich als Einziges gemeldet hat! :P

12
Da geht noch was

Ich muss zugeben, es war eines der ersten Dinge, die mich interessiert haben: Kann ich noch Sex haben? Die Antwort der Frauenärztin war kurz und schmerzlos: Ja, natürlich. Ich war beruhigt.

»Du kannst auch noch genauso schwanger werden. Also nicht auf Verhütung verzichten.« Ich war enttäuscht.

»Aber Thema Schwangerschaft wird dich jetzt noch nicht interessieren.«

»Nicht wirklich.«

»Nur damit du weißt, dass Schwangerschaft trotz Querschnitt möglich ist.«

Da mache ich mir jetzt noch keine Gedanken. Ob ich überhaupt Kinder will? Weiß nicht. Ich habe Para- und Tetrafrauen kennengelernt, die Kinder bekommen haben. Auf natürlichem Weg, was ich mir sehr anstrengend vorstelle, weil »pressen« ja eher schwierig ist, oder per Kaiserschnitt. Also ich hab mich damit noch nicht wirklich beschäftigt. Hätte aber großen Respekt vor den Schmerzen. Wenn ich meine Tage bekomme, halte ich die Schmerzen kaum aus. Beziehungsweise reagiert mein Körper extrem heftig. Wie soll das bei Wehen sein?

Dass es auch andere Leute interessiert, ob jemand im Rollstuhl Sex haben kann, ist mir klar. Dass es aber scheinbar normal und völlig in Ordnung ist, eine Person im Rollstuhl zu fragen: »Kannst du Sex haben?«, finde ich unverschämt.

Wie mögen Sie es am liebsten? Von vorne oder von hinten? Also ich bin offen, hab kein Problem, darüber zu reden, aber nicht mit wildfremden Leuten. Und ich bekomme diese Frage oft gestellt. Sehr oft. Zu 90 Prozent von irgendwelchen hässlichen Jungs (Sorry, not sorry!), die sowieso nie das Vergnügen haben werden.

Warum ist es anscheinend so normal, Querschnittgelähmte zu fragen, ob sie Sex haben können?

Ich hab mittlerweile ein paar Standardantworten, die ich situationsbedingt von mir gebe und auch in meinen Notizen gespeichert habe, um sie per copy-and-paste digital zu schicken, wenn ich die Frage und die Person nicht einfach ignoriere.

- Nummer 1: »Nein, wird alles zugenäht.« – Bei der Antwort muss ich aufpassen, weil die meisten Fragesteller eher minderbemittelt sind und die Ironie nicht verstehen. Ein ernst gemeintes »Oh, tut das nicht weh?« ist hierbei keine seltene Antwort. Da mir spätestens dann klar wird, dass bei diesem Gespräch nichts mehr zu retten ist, fahre ich damit fort, die Frage zu ignorieren.
- Nummer 2: »Nicht mehr im Stehen.« – Kann man eigentlich immer bringen, wird meistens verstanden.
- Nummer 3: »Nein, aber ich kann gut blasen.« Muss man auch aufpassen, weil da wieder oft die Ironie nicht verstanden wird. Also nur das »Nein« ist hier ironisch gemeint. Die Antwort gebe ich gern bei Typen mit Humor und/oder wenn mir jemand gefällt. Die Antwort lässt Jungs immer lächeln und hoffen. Ich mach mir einen Spaß daraus, diese Hoffnung im Bedarfsfall zu zerstören.
- Nummer 4: »Loch ist Loch.« Antworte ich nur, wenn die Leute wirklich Humor haben und mich nicht falsch verstehen können.
- Meine häufigste Antwort ist aber immer noch: »Alter, was geht dich das an? Ich frag doch auch nicht, wie du's am liebsten hast.«

Ich möchte das jetzt mal für alle sagen und hoffe, ich erspare wenigstens ein paar meiner Rollstuhlkollegen diese dämliche Frage: Ja, Sex als Querschnittgelähmte ist möglich.

Nachdem ich also diese Antwort bekommen hatte, war ich sehr beruhigt. Es hätte ja sein können, dass die Ärzte abraten oder man es aus irgendeinem Grund, der mir jetzt nicht einfällt, einfach nicht mehr tun darf. Man durfte also. Meine nächste Frage war: »Wie?« Und darauf kam die Antwort: »Ausprobieren.«

Ich hab erst mal nichts ausprobiert, sondern hab Frauen gefragt, die schon länger sitzen. Und die auch angeboten haben, darüber zu reden. Das größte Problem seien demnach die Beine, weil du sie nicht bewegen kannst. Aber mit etwas Hilfe sei das kein Problem.

Ans »Ausprobieren« dachte ich zu dem Zeitpunkt trotzdem nicht mal. Ich war genug mit mir selbst beschäftigt, war im Krankenhaus, hatte den ganzen Tag zu tun. Für mich lag das alles noch in weiter Ferne, so wie ich da auch noch nicht an den Führerschein gedacht habe. Erst mal gesund werden.

Auch als ich zu Hause war, hab ich lange nicht über Sex nachgedacht. Ich war noch immer mit mir beschäftigt, mit Training, in die Schule finden, im Alltag klarkommen.

Es wäre nicht daran gescheitert, dass es an Typen gefehlt hätte, ganz im Gegenteil. Mir haben sehr viele geschrieben. Und zum Großteil diejenigen, die es vor meinem Unfall schon immer bei mir versucht hatten, von denen ich aber nie etwas wollte. Die dachten mit Sicherheit, ich sei jetzt, da ich im Rollstuhl sitze, leicht zu haben.

»Sorry, aber was willst du von mir?«

»Ich dachte, wir können uns vielleicht mal treffen?«

»Nein.«

»Warum nicht?«

»Ich wollte mich noch nie mit dir treffen. Warum sollte ich es jetzt tun?«

»Dafür, dass du im Rollstuhl sitzt, bist du ganz schön arrogant.«

Solche Nachrichten bekomme ich auch heute noch. Jungs, die sonst kein Ufer sehen, denken sich: »Oh, die sitzt im Rollstuhl, die bekommt bestimmt keinen Typen ab und muss froh sein, wenn sich mal jemand für sie interessiert. Ich tue ihr was Gutes, setze mich an den Laptop meiner Mutter, schreib mit meinen Wurstfingern ›Hey Süße‹, und sie wird sich sofort in mich verlieben.«

Sorry, nein. Ich steh noch immer auf denselben Typ Mann wie vor meinem Unfall. So heftig auf den Kopf gefallen bin ich dann doch nicht. Für einen Querschnitt hat es gereicht, aber nicht für eine Geschmacksverirrung.

Ein Jahr nach meinem Unfall hab ich mich so allmählich umgeschaut. Ein Jahr hatte ich nun keinen Freund gehabt, keine Dates. Nicht Dates, Treffen. Ein Date hatte ich noch nie, ich nenne es immer Treffen. Bei dem Wort »Date« bekomme ich Gänsehaut vor Ekel. Ich denk dann immer an Rosen, Kerzenschein, Essen zu zweit. Ist nicht unbedingt meins. Einer meiner besten Freunde, Daniel, mein Schulbegleiter, meinte mal, ich sei »so romantisch wie ein Stein«. Hat er nicht unrecht. An meinen zukünftigen Mann: Wenn du mir einen Heiratsantrag in der Öffentlichkeit machst, bekommst du ein deutliches Nein als Antwort. Ich war schon in der siebten Klasse so. Wir haben Titanic in der Schule geschaut, alle Mädchen am Heulen, und ich hab nicht verstanden, warum der Depp nicht mit auf die Tür rutscht. Dumm.

Heiratsanträge in der Öffentlichkeit: ekelhaft. Titanic: ekelhaft. Dates: ekelhaft.

Und ein Jahr keine Treffen, keinen Freund, war die längste Zeit ohne für mich. Schon am ersten Tag in der ersten Klasse hatte ich meinen ersten Freund. Mit 14 meinen ersten richtigen Freund, fast zwei Jahre hat die Beziehung gehalten. Noch heute denke ich bei *Goodbye my Lover* von James Blunt an ihn. Nach einer schmerzhaften (für mich wirklich sehr schmerzhaften, erst Jahre später verarbeiteten) Trennung von einer Jugendliebe, was macht man da? Richtig. Sich in andere Beziehungen stürzen! Ich hatte eigentlich immer einen Freund, auch wenn es nur selten länger als zwei Monate gehalten hat. Wenn es ernst wurde, wurde ich zickig und wirklich ekelhaft, sodass es schnell wieder aus war. Selbstschutz, veranlasst mal wieder durch mein tolles Unterbewusstsein, das mich zur Hexe macht, bevor ich mich wirklich verlieben kann.

Jedenfalls war ich nie wirklich lange allein. Ich brauche sehr viel Aufmerksamkeit und sehr viel Liebe, die ich aber nur sehr sparsam gebe. Und jetzt hatte ich ein Jahr nicht mal mehr an Jungs gedacht oder überhaupt in Erwägung gezogen, mir einen Freund zu suchen.

Ich hatte zwei Wochen vor meinem Unfall Schluss gemacht mit meinem damaligen Freund, wir waren auch nur zwei Monate zusammen gewesen, es war also nichts wirklich Ernstes. Er wollte mich besuchen kommen, hat gesagt, dass er da ist für mich. Aber ich wollte nicht. »Was? Du regst dich auf, dass keiner deiner Freunde für dich da ist, und dann sagst du Nein zu Leuten, die für dich da sein wollen?«

Denkt doch bitte mal nach, liebe Menschen! Wir hatten Schluss gemacht. Er ging mir auf die Nerven, ich wollte aus einem bestimmten Grund nicht mehr mit ihm zusammen sein. Warum sollte sich das jetzt, nach meinem Unfall, geändert haben? Ich wollte ihn noch immer nicht bei mir haben. Nur weil sonst keiner da ist, muss ich nicht mit Leuten abhängen, die ich nicht bei mir haben will. Dann lieber alleine. Genauso wie ich vielen Jungs klarmachen musste, dass sie, nur weil ich im Rollstuhl sitze, nicht meinen müssen, ich sei leichte Beute und würde nach jedem Strohhalm greifen. Das tue ich nämlich nicht.

Es gab Zeiten, da habe ich mich gefragt, wie das funktionieren soll. Wie sollte ich jemals wieder jemanden finden, der mich so liebt, wie ich bin? Ich sitze im Rollstuhl. Ich hab mich mit 80 schon allein, immer noch Single, in meinem Garten sitzen gesehen. Umgeben von meinen 50 Hunden (was by the way nicht unbedingt eine schlechte Zukunft ist). Ich hab mich gesehen, wie ich mich mit irgendeinem dahergelaufenen Typen zufriedengeben muss, weil ich die Jungs, die mir sonst immer gefallen haben, nie wieder haben kann. Weil ich im Rollstuhl sitze.

Es gab Momente, da hab ich mich gefragt, wie ich jemandem gefallen soll, wenn ich mir selbst nicht mehr gefalle? Wie soll ich beeindrucken, wenn meine Figur hinüber ist, man meinen Arsch nicht mehr sieht und ich von einer großen Oberweite schon immer weit entfernt war. Wie soll ich jemanden kennenlernen, wenn ich ständig Hilfe brauche?

Aber diese Momente der Zweifel und der Unsicherheit waren zum Glück nur sehr selten. Ich hab andere Frauen im Rollstuhl gesehen, Para, Tetra, die auch eine glückliche Beziehung führen. Die jemanden gefunden haben, ohne Erwartungen herunterschrauben zu müssen.

Mir war klar, dass es nicht mehr so einfach sein würde wie vor meinem Unfall. Ich kann nicht einfach in einen Club gehen und mir einen netten Typen suchen. Kann nicht einfach jemandem schreiben und mich an einem beliebigen Ort mit ihm treffen. Viele Jungs sind eingeschüchtert. Sehen nur den Rollstuhl. Aber es gibt auch andere. Manche kennen sich beruflich oder wie auch immer mit Querschnitt aus. Ich kenne sehr, sehr, sehr viele Rollstuhlfahrer, die mit ihrer Physiotherapeutin, Pflegerin oder Trainerin oder ihrem Physiotherapeuten zusammengekommen sind. Denn diese Menschen sehen den Rollstuhl als Teil von dir, nicht als Hindernis. Das sind die, die dir sagen, wie super du aussiehst, und die dich gern besser kennenlernen wollen. Das ist aber, um ehrlich zu sein, immer etwas schwierig. Am einfachsten ist es, jemanden zu haben, der sich auskennt. Aber meint man es wirklich ernst, kann das auch ohne Vorwissen funktionieren. Dann muss man eben sehr viel mehr erklären. Und das überfordert viele. Natürlich ist es eine Herausforderung, mit jemandem zusammen zu sein, der im Rollstuhl sitzt. Es ist schließlich eine Herausforderung, im Rollstuhl zu sitzen. Und ja, natürlich, es gibt Einschränkungen, aber eine Beziehung ist nicht unmöglich.

Genauso dumm ist es, dass so viele Leute annehmen, weil man im Rollstuhl sitzt, muss der Partner das auch tun. »Sitzt dein Freund auch im Rollstuhl?« – »Oh, echt? Du bist mit einem Gesunden zusammen?« Nur am Rande: Ich bin auch gesund. Nur behindert.

Ich könnte mir nicht vorstellen, jemals mit einem Rollstuhlfahrer zusammen zu sein. Nicht, weil ich es hässlich oder unattraktiv fände. Ganz im Gegenteil, ich hab schon ein paar Männer kennengelernt, zu denen ich nicht Nein sagen würde. Aber es ist einfach extrem unpraktisch. Mit einem Rollstuhl ist das Leben anstrengend genug. Man hat kaum Platz, egal ob im Auto, in der Wohnung oder sonst wo. Und das alles dann mal zwei? Viel Spaß! Ich habe den größten Respekt vor Paaren, die das schaffen. Zwei Rollstühle ins Auto verladen. In meinem Auto hat meiner nur knapp Platz. Die Wohnung muss groß genug sein für zwei

Rollstühle. Wenn man unterwegs ist, kann man sich nicht faul von seinem Partner schieben oder Treppenstufen hochtragen lassen. Ein Kind großziehen.

Also mir wäre das zu stressig. Da geht bei mir Kopf vor Herz. Da ich sowieso nicht an dieses »Und dann trifft man die große Liebe und ist sofort verschossen«-Ding glaube, schätze ich auch, dass es bei mir nicht so sein wird.

Ich finde allgemein Männer im Rollstuhl sehr attraktiv. Ich weiß nicht, ob's daran liegt, dass ich einfach auf trainierte Arme und Oberkörper stehe oder weil die Männer auf Augenhöhe mit mir sind. Aber so ist das. Wär ich Fußgängerin, ich hätte echt gern einen hübschen Para. Also der Rollstuhl macht die nicht unattraktiver, ganz im Gegenteil. Aber als Rollstuhlfahrerin wäre mir das eben viel zu anstrengend. Zwei Rollstühle: No.

Nach so circa einem Jahr hatte ich mich mehr und mehr eingelebt zu Hause. Da hab ich langsam gemerkt, dass ich bereit wäre, wieder jemanden an meiner Seite zu haben. Ich hab Flirtversuche von Jungs nicht mehr ignoriert. Hab hier und da mal mit jemandem geschrieben und geflirtet. Zu Treffen konnte ich mich aber trotzdem irgendwie nicht überwinden. Mir war es peinlich zuzugeben, dass ich Hilfe brauche. Ich wollte mich nicht bei mir daheim treffen, aber essen gehen, spazieren gehen, Kino, das kam auch alles nicht infrage. Mir von einem Fremden helfen zu lassen, fiel weg, wollte ich nicht. Und mit Begleitung zu einem Treffen? Ganz sicher nicht. So blieb es lange nur beim Schreiben.

Ich bin jemand, der lange braucht, bis er sich entscheidet. Das war schon immer so. Ich mag keine Veränderung, und Treffen mochte ich auch nie. Mich muss man lange drängen, bis ich wirklich zusage. Das liegt nicht daran, dass ich nervös bin, schön wär's. Ich bin faul und lerne Menschen gern spontan kennen. Sich irgendwo zufällig begegnen. Und das Durchhaltevermögen haben die meisten nun mal nicht. Und jetzt, im Rollstuhl, war das auch kaum noch möglich.

Ein halbes Jahr nachdem ich wieder angefangen hatte, mich langsam umzusehen, hat mir ein Typ auf Facebook geschrieben. Er habe durch eine gemeinsame Freundin von mir gehört, und irgendwie habe ich ihn total interessiert. Er hat sich meine Bilder angeschaut und fand mich hübsch. Okay, nichts Neues. Er hat mir auch gefallen, war nicht genau mein Typ, aber hässlich war er auch nicht. Braune Haare, braune Augen, sportlich. Und so haben wir angefangen, uns Nachrichten zu schreiben. Zwei Monate hat er gebraucht, um mich zu einem Treffen zu überreden. Ein Zeitraum, in dem vor meinem Unfall das Ganze wahrscheinlich schon wieder gegen Ende gegangen wäre.

Ich hab ihm ehrlich geschrieben, dass ich ihn schon treffen will, aber alleine nicht weit komme. »Ich helf dir gern«, hat er geantwortet. ›Ich lass mir aber nicht gern helfen‹, habe ich gedacht.

Unser erstes Treffen kam darum eigentlich nur durch einen Zufall zustande.

»Was machst du? Bin grad in der Nähe.«

Ich schätze, er hatte eher damit gerechnet, dass ich irgendwas in Richtung »Oh, hab grad keine Zeit« schreibe. Aber ich hatte Zeit. Ich war gerade mit einer Freundin aus der Schule in unserem Ort unterwegs, wir haben ein Bierchen getrunken und wollten später zusammen essen gehen.

Ich hab sie gefragt, ob's okay wäre, wenn er mitkommen würde.

»Klar, gern.«

Und auch er hatte kein Problem damit, dass ich nicht alleine war. »Hauptsache, wir sehen uns mal.«

Und zehn Minuten später war er auch schon da. Wir haben uns umarmt und uns unterhalten. Eine Stunde später sind wir etwas essen gegangen. Es war gut, dass meine Freundin dabei war, sie hat mich geschoben und mir geholfen.

Das nächste Mal haben wir uns bei mir getroffen. Mir fiel es wesentlich leichter, da wir uns ja schon mal gesehen hatten, und er wusste, wo ich Hilfe brauche. Wir haben uns noch ein paarmal getroffen, und zwei Wochen später waren wir zusammen.

Typisch Amelie – zwei Wochen danach hatten wir uns auch wieder getrennt. Ich überstürze Sachen gern, bin total verliebt und merke dann: ›Ups, ist ja gar nicht so mein Typ.‹

Er war zwar von Anfang an nicht wirklich mein Typ, aber mir hat gefallen, dass er nicht lockergelassen hat. Andere haben nach der zehnten Absage keine Lust mehr, aber er hat nicht aufgegeben. Und ich war froh, denn nun wusste ich, was alles noch möglich ist. Und dass ich noch immer Jungs verführen kann. Ich denke, ich wollte einfach mal probieren, was noch geht.

Danach hab ich weiter mit Jungs geschrieben. Mich auch mit welchen getroffen – aber nicht mehr so schnell und spontan, wie ich es früher getan hätte. Mittlerweile gehört viel mehr Vertrauen dazu, sich auf jemanden einzulassen. Ich weiß aber offen gesagt nicht, ob es daran liegt, dass ich älter werde oder ob mein Gefühl etwas mit dem Rollstuhl zu tun hat. Ich bin immer hin- und hergerissen zwischen zwei Polen: »Ich will jemanden an meiner Seite« und »Lasst mich alle alleine«.

Es gibt Männer, die schreckt der Rollstuhl ab. Es gibt aber auch viele, mehr als mir lieb ist, die sind unnormal angetan von dem Rollstuhl. Ich versteh gar nicht, warum so viele

Fußfetischisten so geil auf Rollstuhlfahrerinnen sind. Wir merken nicht, wenn ihr an unseren Füßen leckt. Dann gibt es aber auch die, die ehrlich interessiert sind. Die mehr Fragen stellen und auf etwas anderes kommen als »Kannst du Sex haben?«.

Ich meine, was gibt es Schöneres, als eine eigene kleine Puppe zu haben, die sich nicht wehren kann, nicht wegläuft und die man beschützen kann. Also als Mann.

Blogeintrag vom 27. Dezember 2014:
Nicht die Frage »Warum ich?« (die ich übrigens extrem egoistisch finde und mir so nie wirklich stellen würde!), sondern die Frage »Was wäre wenn …?« schwirrt mir oft im Kopf rum und quält mich. Ich versuch mich immer irgendwie abzulenken, aber jetzt in den Ferien hab ich leider auch viel Zeit zum Denken.

Nach Weihnachten sind wir immer auf unsere Hütte in Meran gefahren zum Skifahren und sind dort bis zu meinem Geburtstag (5.1.) geblieben. Blöd … sehr blöd …

13
Mein Rollstuhl ist
kein Accessoire

Der Kampf mit dem neuen Körper, gesund werden, zurück in den Alltag finden, das war alles die eine Sache. Da gibt es aber noch etwas ganz anderes, das mich dauernd beschäftigt. Und das ist der Kampf um Dinge, die notwendig sind. Mit Behörden, mit der Kasse, mit Sanitätshäusern. Mit allen Leuten, die vorgeben, es gut zu meinen, und einem dann nicht selten das Leben so krass verschlimmern.

Schon kurz nach meinem Unfall musste viel organisiert werden, und da ich noch im Krankenhaus war, hat das meiste meine Mama gemacht. Sie war nicht nur jeden Tag bei mir, hat sich nicht nur um ihre Arbeit, den Haushalt und den Rest meiner Familie gekümmert, sondern auch alles für mich organisiert.

Es ist ermüdend, alles zehnmal beantragen zu müssen. Und ich bin froh, meine Mama zu haben, die alles erledigt hat und ohne die nichts laufen würde. Wir haben zehn Aktenordner voll mit Anträgen, Ablehnungen und Widersprüchen.

Und bei jedem Antrag erneut die Frage: »Können Sie gehen?«

Nein, nein, nein, nein, nein, nein!

Ich werde die Erste sein, die zu euch kommt, auf dem Tisch tanzt und sagt: »Ja, ich kann wieder/noch gehen!« Kann ich aber nicht. Merkt euch das doch einfach!

Blogeintrag vom 30. Dezember 2014:
Eine Krankenkasse hat jetzt einen neuen
Werbespot – und ich muss echt immer lachen,
wenn ich ihn sehe.
So viele Lügen in nur einem Spot, faszinierend!
Ich glaub, ich lach auch eher immer vor Wut.

Es fängt bei Kleinigkeiten an. Zum Rollstuhlfahren brauche ich spezielle Handschuhe, Handballenschoner. Ich kann die Reifen nicht greifen und treibe den Rollstuhl durch Druck mit den Handballen an. Die müssen logischerweise geschützt werden. Und dafür gibt es spezielle Schoner. Eigentlich nur ein Stück Leder mit ein bisschen Gummi und Schnallen, damit sie auch ein Tetra geschlossen bekommt. Kostenpunkt: 135 Euro. Haben wir beantragt.

»Kann sie keine Fahrradhandschuhe anziehen?«

Wenn Sie mir erklären, wie ich in die Handschuhe reinkommen soll ohne Fingerfunktion. Mir wäre es auch lieber, Fahrradhandschuhe für zehn Euro von Aldi zu holen. Nur komme ich alleine nicht hinein und mit Hilfe würde es auch sehr lange dauern. Jeder einzelne Finger muss mühsam in die Löcher gesteckt werden. Das funktioniert nicht.

»Nein, kann sie nicht.«

»Sicher?«

»Nein, ich tue nur so …«

Die Geschichte mit dem Rollstuhl. Man darf sich nicht verarschen lassen! Am besten, man holt sich einen Rollstuhlfahrer dazu, der schon länger sitzt und der sich auskennt, der hilft gern. Oder man fährt direkt in ein richtig gutes Sanitätshaus. Aber am wichtigsten bleibt wohl, dass man sich nicht verarschen lässt.

Anfangs hat man null Ahnung von Rollstühlen.

»Welchen Rollstuhl willst du?«

»Schwarz wär cool.«

Das war so ziemlich alles, was ich wusste. Ich hatte einen Termin zum Rollstuhl-Vermessen. In Murnau wurde mir direkt ein Sanitätshaus aufgebunden. Wofür wir auch dankbar waren, denn wir hätten nicht gewusst, zu welchem wir sonst gehen sollten. Wir hatten keine Ahnung. Hätten wir damals gewusst, was das für ein Hin und Her geben würde, hätten wir uns umgehört und gleich ein anderes Sanitätshaus genommen.

Bei Rollstühlen unterscheidet man ganz grob zwischen zwei Typen: Faltrollstühlen und Starrrahmenrollstühlen. Falter sind, wie der Name schon sagt, Rollstühle, die sich zusammenfalten lassen. Sie lassen sich leichter ins Auto verladen, sind aber instabiler. Starrrahmen lassen sich nicht falten und sind deshalb stabiler.

Und wie bei Autos gibt es auch bei Rollstühlen verschiedene Marken und Modelle. Dadurch auch unterschiedliche Qualitäten und natürlich Preisklassen. Vom Opel bis zum Rolls-Royce. Der Rolls-Royce ist wohl der *Schmicking* Rollstuhl, der individuell angefertigt wird. Für uns Kassenpatienten ein Traum. Aber irgendwann werde ich mir einen kaufen …

Mir wurde schnell erklärt, dass die Kasse nur bestimmte Rollstühle zahlt. Ich wurde beraten und habe mir einen Faltrollstuhl ausgesucht. *Sopur EasyMax.* Den hatte ich im Krankenhaus, und da ich mich nicht auskannte und ganz zufrieden war, habe ich natürlich zugestimmt. Man vertraut den Typen schließlich. Es ist, wie das erste Auto zu kaufen, wenn man keinen blassen Schimmer hat. Du vertraust den Leuten, glaubst, dass sie wissen, was sie sagen, und dich nicht über den Tisch ziehen. Ich weiß noch, wie stolz ich auf diesen Rollstuhl war und wie ich allen im Prospekt gezeigt habe, welchen ich bekomme. Heute, da ich wesentlich mehr

Ahnung habe, sehe ich diesen Rollstuhl mit anderen Augen. Ein hässliches, klobiges Teil. Und alle, die ihn haben (meistens von demselben Sanitätshaus), sind unzufrieden, da er instabil ist und für fittere Rollstuhlfahrer ungeeignet.

Damals wusste ich das alles nicht. Der Rollstuhl war vermessen und beantragt. Dann kam aber der Tag meiner Abreise, es ging auf zur Reha, und der Rollstuhl war noch nicht einmal genehmigt. Den Rollstuhl, den ich bisher gefahren hatte, konnte ich aber nicht mitnehmen, da er der Klinik gehörte. Auf Reha hatte man keinen passenden Ersatz. Ein neuer Rollstuhl musste also her, und zwar schnell.

Glücklicherweise (oder auch nicht) meldete sich der Typ vom Sanitätshaus: Sie hätten einen Ersatz gefunden. Einen Rollstuhl aus dem Lager. Er brachte ihn zu uns, und was ich sah, war fürchterlich. Ein pinkfarbener Rollstuhl. Knalliges Pink. Ganz sicher nicht. Nie im Leben. Aber gut, er sollte ja nur ein Ersatz sein, bis mein anderer fertig wäre. Ich wurde hineingesetzt, und der Verkäufer war fasziniert. »Der passt wie angegossen!«

›Echt?‹ Okay, fühlte sich etwas anders an, aber er würde schon wissen, was er sagt.

Es war ein Rollstuhl von *ProActive*, der *Speedy4all*. Sagt euch Fußgängern nichts, den Rollstuhlfahrern dürfte er ein Begriff sein. Ist kein seltener Stuhl. Und auch kein schlechter. Eigentlich. Aber als Neu-Querschnittgelähmte hatte ich eben noch keine Ahnung.

»Diesen Stuhl würdest du von der Kasse nicht bekommen.«

»Okay.«

»Ich schlage dir vor, den zu behalten. Den anderen bestellen wir ab, und ich regele das.«

Hm, also Pink ging wirklich gar nicht. Aber wenn er doch meinte, dass das so ein guter Stuhl sei.

Und dann sagte der Typ: »Wärst du meine Tochter, ich würde diesen Stuhl für dich aussuchen.«

›Gut, wenn er das sagt.‹ Nach langem Überlegen hab ich mich dann dazu entschieden, den zu behalten. Auf Facebook hab ich gepostet: »Ich bin so ein Glückspilz, durch Zufall hab ich den besten Rollstuhl bekommen.« Ich war so naiv.

Als ich dann zur Reha ankam, kamen die ersten Kommentare von Rollstuhlfahrern.

»Oh, ist der nicht ein wenig zu breit?« »Ist das schon dein Rollstuhl oder bekommst du noch einen vernünftig angepasst?« »Ah, das Sanitätshaus, mit denen hatte ich auch Probleme.«

Dieser Rollstuhl, dieses pinke Ding, hatte Sitzbreite 42. Ich habe bei meinem aktuellen Rollstuhl Sitzbreite 32. Okay, was machen schon zehn Zentimeter aus, denken sich die Fußgänger jetzt. Mmmh … Zehn Zentimeter machen eben nicht glücklich.

Denkt mal drüber nach: Nehmen wir an, ihr habt Schuhgröße 39 und müsst Schuhe tragen, die zehn Nummern zu groß sind. Und damit lauft ihr dann rum. Ich bin in diesem Rollstuhl geschwommen.

Ich weiß heute nicht mehr, wie ich so sitzen konnte, geschweige denn fahren. Ich hatte an jeder Seite fünf Zentimeter Abstand zum Rad. Das ist eine Welt. Ich weiß jetzt auch, warum ich so krasse Nackenschmerzen hatte. Ich musste meine Arme ausbreiten, um überhaupt an die Räder zu kommen. Wenn ich mich heute in einen anderen Rollstuhl setze, der nur zwei Zentimeter breiter ist, komme ich schon nicht mehr zurecht. Kann mir nicht vorstellen, dass der Idiot seine Tochter in einen so miserabel passenden Rollstuhl gesetzt hätte.

Ich bin noch ein halbes Jahr in dem Panzer gefahren, ich

weiß wirklich nicht, wie. Denkt an die Schuhe, die zehn Nummern zu groß sind.

Um Weihnachten 2013 herum haben wir dann beschlossen, dass es so wirklich nicht weitergehen konnte. Ein neuer Rollstuhl wurde beantragt. Wieder mit diesem Sanitätshaus. Per Telefon. Wir waren so dämlich. Kein Rollstuhlfahrer glaubt mir das, aber per Telefon wurde mir ein Rollstuhl angepasst. Vermessen? Ach was, wir haben doch alle Daten.

»Welche Sitzbreite hast du?«

»Ich weiß es nicht?«

»Okay, nehmen wir mal 36.«

Kommt nie auf die Idee, euch einen Rollstuhl per Telefon anpassen zu lassen! Wie kommt man überhaupt auf so was? Maße nehmen wird total überbewertet?

So, der Rollstuhl wurde also »angepasst«, mein damaliges naives, unwissendes Ich war total glücklich.

Zur gleichen Zeit haben wir uns nach einem Handbike erkundigt. Von der evangelischen Kirche in meinem Ort hatte ich eine riesige Spende bekommen. 7500 Euro. Nur dadurch konnten wir uns überhaupt Gedanken über ein Handbike machen. Wir hatten es bei der Krankenkasse beantragt, letztendlich mussten wir es aber selbst bezahlen. Ohne die Spende hätte ich mein Handbike und damit sehr viel Freiheit und Selbstständigkeit noch heute nicht. Denn mit dem Handbike kann ich alleine weitere Strecken zurücklegen, mich im Ort frei bewegen und draußen etwas unternehmen. Und vor allem mit meinem Hund raus. Das Handbike war und ist die beste Anschaffung überhaupt gewesen!

Es wird vor den Rollstuhl gespannt. Dafür braucht man aber einen Starrrahmenrollstuhl, da ein Falter zu instabil wäre. Der, den ich telefonisch angepasst bekommen hatte, war aber ein Falter.

Also brauchte ich nicht nur das Handbike, sondern auch mal wieder einen neuen Rollstuhl. Ich wollte nicht mehr zu dem bisherigen Sanitätshaus, und von Bekannten wurde uns ein anderes Sanitätshaus empfohlen, das nicht weit von uns entfernt liegt, etwa 25 Minuten mit dem Auto. Und die kannten sich endlich aus. Der Chef sitzt selbst im Rollstuhl, und das hat einiges zu bedeuten. Drei Stunden wurde ich beraten, und mir wurde endlich ein Rollstuhl angepasst. Perfekt! Drei Stunden für das, was die anderen in fünf Minuten am Telefon gemacht hatten. Und es gibt noch so viel mehr zu beachten als nur die Sitzbreite. Sitztiefe, Sitzneigung, Schwerpunkt des Rollstuhls, welche Räder und viel mehr. Das muss einer anpassen, der Bescheid weiß.

Nach mehreren Wochen bekam ich meinen neuen Rollstuhl. Den von dem miesen Sanitätshaus. Ich war zwar froh, meinen pinken Panzer losgeworden zu sein, aber in dem neuen Stuhl fühlte ich mich unwohler. Ich dachte, es läge daran, dass ich jetzt so lange einen anderen gewohnt war und ich diesen Rollstuhl erst einfahren müsste. Wenig später bekam ich den dritten Rollstuhl. Den, der mir drei Stunden angepasst wurde. Ich setzte mich, fuhr ein paar Meter und sagte nur: »Wie laufen.« Ich bin nicht zur Seite oder nach vorne gekippt, konnte prima Schwung holen und anschieben. Es hat sich alles gut angefühlt. Und auch das Handbike konnte ich sofort testen, und es hat super funktioniert.

Den Rollstuhl haben wir selbst bezahlt. Handbike und Rollstuhl zusammen haben 11 000 Euro gekostet. Für Dinge, auf die ich angewiesen bin, ohne die ich in meinem Haus oder sogar in meinem Bett versauern würde. Die Kasse hat davon nichts bezahlt, keinen Cent. Ohne Spenden hätte ich mir das nie leisten können, auch wenn wir einiges selbst bezahlt haben. Dabei fällt noch weitaus mehr an, als Rollstuhl und Handbike. Umgebautes Auto, die notwendigen Umbauten im Haus, eine rollstuhlgerechte Terrassentür zum Beispiel, Trainingsgeräte. Fast alles aus eigener Tasche finanziert. Zuschuss der Pflegekasse waren gut 2500 Euro. Insgesamt hat allein der Umbau im Bad 8000 Euro gekostet.

Es hat gerade so gereicht. Geld für Urlaub war da nicht mehr viel übrig. Wer nicht live im Fernsehen, bei der Arbeit oder als Millionär verunglückt ist, hat die Arschkarte. Kämpfen, kämpfen, kämpfen. Für Dinge, die nötig sind, um ein wenig Normalität erleben zu dürfen.

Was hätte ich ohne die Spenden gemacht? Was werde ich in Zukunft ohne Spenden machen?

Mein selbst bezahlter Rollstuhl wird auch irgendwann ersetzt werden müssen. Wird jeden Tag benutzt und hat schon einige Gebrauchsspuren. Er wird wackliger, die Polster hängen. Meine Geschwister machen gerade den Führerschein. Welche Fragen werden sich stellen: Ein Auto für die beiden oder ein neuer Rollstuhl für mich?

Der Rollstuhl, den ich nach der tollen Telefonberatung bekommen hab, hat übrigens hinten und vorne nicht gepasst. Da hat die Krankenkasse immerhin ein paar Nachbesserungen bezahlt. Er wurde schmäler gemacht und so weit wie möglich an die Maße von meinem anderen Rollstuhl angepasst. Und trotzdem passt er nicht.

»Sag uns, was wir ändern sollen.«

»Ich kenne mich nicht aus, ihr seid doch die Experten.«

Und das sind sie definitiv nicht. Mehrere Jahre und diverse Umbauten später passt der Stuhl noch immer nicht. Ich setze mich rein, und nach fünf Minuten tut mein Nacken höllisch weh. Ich kann nur sehr schlecht und sehr langsam fahren, und ich weiß nicht, was geändert werden müsste. Mir fehlt da das Wissen. Und trotzdem weiß ich immer noch mehr als die. Ich will mir nicht vorstellen, wie es wäre, wenn ich meinen anderen Rollstuhl nicht hätte. Ein passender Rollstuhl ist nicht nur ein Accessoire, er ersetzt meine Beine, ist mein Fortbewegungsmittel. Ohne müsste ich auf dem Boden kriechen. Ich sitze oft mehr als zwölf Stunden darin. Der Rollstuhl muss passen. Jeder Millimeter zählt. Ist die Rückenlehne zwei Zentimeter zu tief, kippe ich hintenüber. Ist sie einen Zentimeter zu hoch, bekomme ich Druckstellen am Schulterblatt. Ist der Schwerpunkt zu weit hinten, kippe ich um. Und so weiter. Ich wär die Erste, die sagt: »Hey, Leute, ich brauch den Rollstuhl nicht mehr.«

Aber ich brauche ihn. Ich bin auf ihn angewiesen.

Das Traurige ist, ich bin kein Einzelfall. Mein Glück ist, dass ich viele Menschen hab, die hinter mir stehen, und ein gutes Sanitätshaus gefunden habe. Und das ist Gold wert.

Pech im Unglück hat man als Kassenpatient. Live im Fernsehen verunfallt, prominent, Berufsgenossenschaft, ist alles sehr viel besser. Alles mit Behindertenstempel ist verdammt teuer. Können die ja machen, uns bleibt nichts anderes übrig, wir müssen kaufen.

Natürlich wird auch einiges von der Kasse übernommen. Ein Rollstuhl, manche Kassenpatienten bekommen sogar einen zweiten gezahlt. Aber halt nur den Opel und keinen Rolls-Royce. Einmal im Jahr Reha wird auch bezahlt. Eigentlich. Ich hatte bisher Glück, und meine Reha wurde immer genehmigt – ist aber längst nicht jedem Querschnittpatienten vergönnt. Dazu kommen Tabletten, Katheter, Therapien. Sie haben mein verstellbares Bett bezahlt. Und würde mir der Faltrollstuhl passen, eben auch einen passenden Rollstuhl. Daran ist nun allerdings weniger die Kasse schuld. Das hat das Sanitätshaus verbockt.

Es ist furchtbar ermüdend, um alles kämpfen zu müssen, und das, wo man genug andere Sorgen hat. Wie dankbar bin ich meiner Mama, dass sie diese Riesenlast auf sich nimmt und mir das Leben einfacher macht.

Nach eineinhalb Jahren hat eine Frau von der Kasse meine Mama übrigens das erste Mal gefragt, wie es mir eigentlich ginge. Von 7000 Euro Hubschrauberrechnung hatte die Kasse 200 gezahlt. Hat zum Glück der ADAC übernommen. Man muss sich um alles selbst kümmern, alles selbst wissen.

Antrag auf Studienbegleitung:

»Warum haben Sie sich für das Studienfach Jura entschieden?«

Damit ich Eure Gesetze, Eure Pflichten und meine Rechte kennenlerne. Damit ich nicht über den Tisch gezogen werden kann und erfahre, was mir zusteht.

14
Integration now!
Hört mal zu

Zurück zur Schule. Ich hatte mich durch die zehnte Klasse gekämpft und sie auf Anhieb bestanden. Applaus, bitte! Die erste Woche nach den Sommerferien verlief noch relativ entspannt. Ich war nun in der Elften, Beginn der Kursphase, in der es keine festen Klassen mehr gibt. Ich hatte Daniel, meinen Schulwegbegleiter für ein weiteres Jahr an der Backe. Und war froh. Ohne ihn wäre ich sicher eines der Kinder geworden, die sich in der Pause auf dem Klo einsperren, weil sie keine Freunde haben. Und traurig, aber wahr, ich hatte wirklich so gut wie keine Freunde mehr auf dieser Schule. Aus einem der beliebtesten Mädchen der Schule war ein Kind ohne Freunde geworden. Ist nicht arrogant gemeint. Ich kann es ja auch nicht ändern, dass ich vor dem Unfall quasi mit der ganzen Schule befreundet war.

Ich hab die Pausen oft mit Daniel zusammen auf dem Gang oder vor dem Klassenzimmer verbracht, wo keine anderen Leute waren. Das hatte verschiedene Gründe. Zum einen hatten wir meistens gar nicht genügend Zeit, um in die Aula zu fahren, wo die meisten Schüler ihre Pause verbrachten. Und außerdem hatte ich ja so ein tolles Problem entwickelt, und mir wurde immer schwindelig, wenn viele Leute um mich waren. Aber vor allem wollte ich nicht mit Daniel rumstehen, während meine alten Freunde sich unterhielten und Spaß hatten. So hätten alle sehen können, wie einsam ich war. Marie und ich haben anfangs noch manchmal in der Pause geredet. Aber immer seltener. Und uns irgendwann komplett ignoriert. Der Einzige, der noch immer in der Pause zu mir kam, war Oli. Er hat mich umarmt und gefragt, wie es bei mir so läuft.

Blogeintrag vom 19. Oktober 2014:
Ich erzähl euch jetzt mal, wie ich meine Pausen verbringe:
Nach zwei Stunden Deutsch und mit leerem Bauch, der langsam, aber sicher anfängt, Geräusche von sich zu geben, freu ich mich auf die 20 Minuten Pause und mein Pausenbrot (sehr süßes Wort irgendwie), bevor die zwei Stunden Mathe meinen Tag versüßen …
Blöderweise muss ich die Toilette aufsuchen (ich trinke immer, wenn mir schwindelig ist (und mir ist oft schwindelig, sehr oft!)). Ich muss also auf die Toilette. Hört sich jetzt erst mal nicht weiter tragisch an, aber seit einem Jahr haben wir einen Anbau, ein komplett neues Gebäude mit acht (ich schätze, es sind acht … Frauen und schätzen) neuen Klassenzimmern.
Dieses neue Gebäude ist so modern, man bekommt das Gefühl, in einer Zukunft zu sein, in der man ein Mittel gegen sämtliche Behinderungen gefunden hat, es gibt nämlich keine »Behindertentoiletten« (sch*** Wort).
Ich muss also ins andere Gebäude. Vom ersten Stock mit dem Aufzug runter (das Gebäude hat übrigens Teppichboden!! Teppichboden! Ich klebe! Auf diesem Boden!).
Na ja, also, über den Teppichboden in den Aufzug, ins Erdgeschoss, rüber ins andere Gebäude, zum Aufzug, rauf in den ersten Stock (im Erdgeschoss ging das Licht auf »meiner« Toilette 'ne Zeit lang nicht mehr). Also rauf in den ersten Stock, auf die Toilette, raus, zum Aufzug (auf den übrigens zurzeit vier Leute angewiesen sind –

179

Hausmeister und Putzkräfte nicht mit gezählt –,
deswegen heißt es hier dann immer noch mal warten),
runter ins Erdgeschoss, rüber ins andere Gebäude, rauf
in den zweiten Stock (da haben wir Mathe) über den
Teppichboden, rein ins Klassenzimmer. Wenn ich Glück
hab, schaff ich das in 20 Minuten. Essen geht schlecht,
während ich fahre oder geschoben werde. So sieht's
aus …

So verbring ich jede Minute, die nicht zum Unterricht
zählt, mit Hin-und-her-Hetzen. Essen und trinken oder
einfach mal durchschnaufen wird sowieso
überbewertet.

Ich war oft kurz vorm Heulen, und es dürfte mittlerweile
deutlich geworden sein, dass ich so gut wie nie heule. Aber
zu sehen, wie meine alten Freunde mich ignorierten, hat
mich fertiggemacht.

Und auch, dass in den meisten meiner Kurse niemand
etwas mit mir zu tun haben wollte. Ich hab früher immer
schnell Kontakte knüpfen können. Menschen wollten mit
mir befreundet sein. Ich bin mit den meisten Menschen gut
klargekommen, und nun saß ich oft, wie ein richtiger Au-
ßenseiter, mit Daniel an einer Bank. Immer wenn es hieß:
»Partnerarbeit«, hab ich gewartet, bis entweder der Lehrer
jemanden zu mir geschickt hat oder irgendjemand, dessen
Nachbar krank war, zu mir kam. Ansonsten hab ich halt
alleine weitergemacht, was meistens der Fall war.

Ich erinnere mich an eine Situation, da hab ich das zweite
Mal in meinem Leben vor anderen Menschen geheult. Wir
hatten Chemie und sollten einen Versuch machen, Schleim
herstellen. Ich hab nur das Wort »Partnerarbeit« gehört

und mir war schon klar, dass ich also wieder ausgeschlossen sein würde. Alle haben sich einen Partner gesucht und angefangen, diesen blöden Schleim zu machen. Ich saß da, noch immer alleine, und konnte diesen dummen Schleim ja schlecht alleine machen. Man brauchte verschiedene Materialien, und die Handgriffe konnte ich auch nicht ausführen. Das Schlimmste für mich war, dass ich ignoriert wurde. Mein ehemals bester Kumpel, der sitzen geblieben war, war auch dabei und hat mich auch nicht beachtet. Ich konnte mich nicht mehr beherrschen und hab losgeheult. Nicht nur eine Träne, sondern richtig geflennt. Daniel hat erst nicht verstanden, was los war. Er dachte, es ginge mir um den dummen Schleim, und wollte mir schnell so einen machen. Das hat mich immerhin ein bisschen aufgeheitert: Daniel zu sehen, wie er panisch alle Utensilien zusammensuchte und nicht damit zurechtkam, dass ich weinte.

Ausgeschlossen zu werden ist wirklich ekelhaft. Und es war das erste Mal, dass mir das passiert war. Ich konnte mich nicht mal wehren. Nicht aufstehen und gehen, nicht diesen Schleim selber machen oder mich zu einer Gruppe dazustellen und mitmachen.

Ein paar neue Freunde habe ich in dieser Zeit in der Schule aber doch noch kennengelernt. Sarah, eine Klassenkameradin aus der Zehnten, die ich vom Sehen kannte, kam in der Pause öfter zu uns. Irgendwann kam sie donnerstags auch mit zum Griechen, und so haben wir uns immer mehr angefreundet. Auch mit zwei Jungs habe ich mich in der zehnten Klasse schon angefreundet, Frederik und Amadeus. Zwei richtige Chaoten – heute sind auch sie meine besten Freunde. In der elften Klasse hatte ich dann einige Kurse gemeinsam mit Amadeus und saß neben ihm, genauso neben Sarah und Frederik in allen Fächern, die wir gemeinsam hatten.

Neben der Kursaufteilung kam eine weitere Neuerung hinzu: Nachmittagsunterricht. Und zwar nicht nur zwei Stunden. Bis 17 Uhr. In der Zehnten war ich sehr selten im Nachmittagsunterricht gewesen, weil ich noch nicht genug Kraft dafür gehabt hatte. Schon am Montag in der zweiten Woche stand mir nun der erste lange Schultag bevor. Von morgens um halb 7 bis mindestens 17 Uhr im Rollstuhl sitzen. Da freuen sich Hintern und Nacken. Ich muss zugeben, ich hab nicht gedacht, dass ich das schaffe, aber es hat irgendwie funktioniert. In der Zehnten hatte ich es nur ein paarmal mit Not in den Nachmittagsunterricht geschafft, und nun hielt ich bis fünf Uhr durch.

Dann gab es viel zu lernen, Hausaufgaben, Referate, Seminararbeiten. Es war viel, aber das war es für alle. Meine Handschrift wurde immer besser, und den größten Teil des Stoffs konnte ich per Hand mitschreiben. Wenn es zu viel wurde, ist Daniel für mich eingesprungen.

Die Lehrer waren noch immer sehr fürsorglich. Manchmal vielleicht etwas zu sehr. »Passt alles, Amelie?« »Melde dich, wenn du was brauchst.« War ja wirklich total lieb, und ich will mich auch gar nicht beschweren. Aber ich wollte vor meinen Mitschülern nicht dastehen, als hätte ich irgendeinen Bonus.

Stattdessen hatte ich einen Nachteilsausgleich. Ich konnte mittlerweile zwar so schreiben, dass das Ergebnis leserlich war. Aber es war noch immer sehr anstrengend, und ich war lange nicht so schnell wie die anderen. Deswegen hab ich Zeitverlängerung bei allen schriftlichen Tests bekommen, 50 Prozent. Und die zusätzliche Zeit hab ich auch meistens komplett gebraucht, um fertig zu werden. Ich musste immer wieder Pausen machen, meinen Arm ausruhen, meinen Nacken entspannen. Aber so war das eine gute Lösung. Immer noch anstrengend, aber machbar.

Neben der Schule hatte ich kaum Zeit für etwas anderes.

Ich hab viel gelernt, also für meine Verhältnisse wirklich viel. Ohne Freunde, was will man da sonst groß machen? Ob ich wohl allen meinen Freunden danken sollte, die nicht da waren? Ohne ihre Nicht-Unterstützung wäre ich nie so gut in der Schule geworden. Doch selbst wenn Freunde da gewesen wären, hätte ich kaum Zeit gehabt, etwas zu unternehmen. Für die Schule arbeiten, dann viermal die Woche Therapie. Zweimal Hausbesuche, zweimal in der Praxis, wo ich auch erst einmal hinkommen musste. Und Therapie zähle ich jetzt nicht unbedingt zu Hobbys. Freizeit bestand darin, Serien zu schauen.

Aber ich war auch froh über Ablenkung. Wenn dann mal Ferien waren und ich viel Zeit hatte, weil Lernen und Hausaufgaben frühestens am Tag vor Schulbeginn erledigt wurden, war mir extrem langweilig. Und wenn man viel Zeit hat, denkt man viel nach. Nachdenken ist tödlich. Ich hab versucht, viel zu schlafen und mich abzulenken. Hat nicht immer funktioniert. Ich hatte mich schon wieder auf die Schule gefreut, wo ich etwas zu tun hatte. In den Ferien fiel ich regelmäßig in ein tiefes Loch.

Blogeintrag vom 29. Oktober 2014:
Ich weiß langsam nicht mehr weiter.
Jetzt, wo Ferien sind, hab ich viel zu viel Zeit zum Nachdenken. Darüber, was ich alles nie mehr machen kann und was und wen ich alles verloren hab.
Das ist nicht wirklich schön.
Hätte nie gedacht, dass ich das mal sage, aber ich freu mich wieder auf die Schule.
Auch wenn ich da immer allein rumsteh und alle blöd schauen, aber das ist mir immer noch lieber, als zu viel Zeit zum Nachdenken zu haben.

Gegen Ende des Jahres fand an unserer Schule ein Projekttag statt. Schüler der Oberstufe planten kleinere Projekte für die übrigen Jahrgangsstufen. So was wie »T-Shirts bemalen«, »Fußball-Turnier« und »Japanisch lernen«. Eine Mitschülerin hatte gemeinsam mit einer Lehrerin ein Projekt zum Thema »Rollstuhl« planen wollen und mich gefragt, ob ich Lust hätte mitzumachen. Beide haben gemeint, es hätte sie Überwindung gekostet, mich zu fragen, weil sie nicht wussten, ob ich das gut finden würde. Aber ich war begeistert, natürlich wollte ich mitmachen. Ich rede gern vor Leuten und wollte die Chance nutzen, ein bisschen Aufklärungsarbeit zu leisten darüber, was es heißt, im Rollstuhl zu sitzen.

Mit meiner Mitschülerin hab ich mich zusammengesetzt und wir haben geplant, was genau das für ein Projekt sein soll. Anfangs dachten wir: Zielgruppe fünfte bis siebte Klasse, ein paar Rollstühle besorgen und einen Parcours bauen. Letztendlich wurde es aber eher ein Aufklärungsunterricht. Ich sollte einfach ein bisschen erzählen über Querschnitt, verschiedene Rollstühle und Rollstuhlsport. Und zeigen, wie man einer Person im Rollstuhl helfen kann, über Treppenstufen zu kommen.

Am selben Nachmittag fand das Sommerfest statt, bei dem die Projekte vorgestellt wurden. Wir hatten vor, dort einen Stand mit Rollstühlen zu machen, wobei unsere Teilnehmer den Menschen am Sommerfest wiederum ihr Wissen weitergeben sollten.

Für diesen Tag haben wir vier Rollstühle organisiert, und ich hab meinen Rugbyrollstuhl mitgenommen. Unser Projekt war komplett voll und vor allem von Schülern aus der neunten und zehnten Klasse besucht. Insgesamt 20 Leute. Unser Kunstlehrer hatte Aufsicht und hat uns seinen Raum zur Verfügung gestellt.

»Woa, was ist das?«, war so ziemlich das Erste, was ich gehört habe. Mit Blick auf meinen Rugbyrollstuhl.

Aber bevor es ans Ausprobieren ging, wurde erst einmal geredet.

Ich wusste nicht, ob es die Leute wirklich interessierte, was ich zu erzählen hatte. Darum wollte ich mich kurz fassen. Ich hatte sogar einen Zettel mit Notizen vorbereitet. Darauf standen genau vier Stichpunkte: meine Geschichte, Querschnitt allgemein, Rollstühle, Rollstuhlsport. Letztendlich habe ich fast zwei Stunden geredet. Wie mir gesagt wurde, war es nicht langweilig und sehr bewegend. Props an mich.

Nein, im Ernst: Wenn man seine Geschichte bereits Hunderte Male erzählt hat, wird es einem selbst langweilig. Ich hab auf meinem Handy eine Notiz, in der Wie, Wo, Was, Wann steht und die ich nur noch kopiere und verschicke, wenn mich jemand fragt. Deswegen kann ich mir so schlecht vorstellen, dass das jemanden interessieren soll, was ich da erzähle. Aber zu sehen, dass die Menschen nach zwei Stunden immer noch nicht eingeschlafen waren und mir sagten, wie toll sie das fanden, hat mich sehr gefreut. Da hab ich gern erzählt.

Man selbst sieht das immer so selbstverständlich, weil man es jeden Tag hat. Aber andere sprechen oft zum ersten Mal mit einer Person im Rollstuhl oder einer Querschnittgelähmten, da ist das Neuland.

Ich war mal beim Einkaufen, und da hat mich eine Frau angesprochen:

»Oh, was ist denn mit dir passiert?«

»Ich hatte einen Skiunfall.«

»Okay, und was ist jetzt? Bein gebrochen?«

»Hä? Nein, querschnittgelähmt.«

Ich dachte mir nur: ›Ist die dumm. Sieht man doch.‹ Aber

später hab ich darüber nachgedacht. Und ich bin dumm. Ich kann nicht voraussetzen, dass alle Leute wissen, was mir fehlt. Dass alle Leute wissen, welche Behinderung ich habe. Ich kenne ja selbst kaum eine andere Behinderung als Querschnitt, blind oder Arm ab. Woher hätte die Frau das wissen sollen? Skiunfall. Klasse, hilft weiter. Querschnitt, weil Rückenmark durchtrennt, weil Skiunfall. Das gibt einen Überblick. Und für die Feinheiten gibt's genügend Bücher …

Die Schüler haben diese ganzen Rollstuhlfahrergeschichten wahrscheinlich zum ersten Mal gehört. Was bestimmt interessanter ist, als die gleiche Geschichte jedes Mal wieder zu erzählen. Ich erfinde schon manchmal neue Sachen. Ich bin vom Pferd gefallen, bin von einer Brücke gesprungen, wurde vom Hai angegriffen.

Zum Glück gehört mein Skiunfall eindeutig zu den spannenderen Geschichten. Jedes Mal zu erzählen »Ich bin über den Teppich gestolpert«, »Autounfall« oder der Klassiker unter den Tetras, der Kopfsprung, ist ja irgendwie langweilig. Nee, nee, Skiunfall, Fangzaun, mit dem Kopf gegen einen nicht vernünftig gepolsterten Eisenpfeiler, Helm zersprungen (okay, er hat ein Loch, aus dramaturgischen Gründen schwindele ich an dieser Stelle gern mal), durch den heftigen Aufprall dann das Rückenmark durchtrennt – ist doch wesentlich spannender. Dann auch noch ein Mädchen und 17 Jahre jung, was gibt es Besseres? Die »Ohs«, »Oh Gott« und die vorgehaltene Hand vor offenem Mund sind bei meiner Story gesichert. Bei Skiunfall höre ich immer mal ein »Ich hab schon immer gesagt, Skifahren ist gefährlich«, aber damit kann ich leben.

Nachdem ich dann zwei Stunden geredet hatte, konnten die Schüler die Rollstühle ausprobieren. Die Jungs waren begeistert, die Mädchen hatten etwas Angst, sich in einen zu setzen. Es sollte aber weniger darum gehen, nachzuempfinden, wie es ist, im Rollstuhl zu sitzen, das ist nämlich unmöglich. Allein schon die Gewissheit, gleich wieder aufstehen zu können, zerstört das. Es sollte vor allem darum gehen, den Schülern beizubringen, wie man jemandem im Rollstuhl helfen kann.

- Regel Nummer 1: Niemals ungefragt helfen. Niemals einfach den Rollstuhl packen und schieben oder anheben. Nie! Never ever.
- Regel Nummer 2: Auf den Rollstuhlfahrer hören.
- Mir passiert es so oft, dass ich irgendwo vor einer Treppe stehe und sofort zehn hilfsbereite Männer um mich herumstehen (was ja überaus freundlich ist) und den Rollstuhl anpacken. Am besten an den Reifen und zack, lande ich mit dem Hinterkopf auf den Pflastersteinen. Danke für Ihre Hilfe.
- Hier der Übertipp unter Rollstuhlfahrern: Immer die Frauen mit Kinderwagen um Hilfe bitten. Die haben die Technik. Der Tipp wurde mir schon in Murnau von einem älteren Herrn im Rollstuhl gegeben. Kinderwagen suchen und die dazugehörigen Menschen, eben meistens Frauen, um Hilfe bitten. Die packen wie selbstverständlich die Schiebegriffe, lupfen die Lenkrollen an, stellen sie auf die Treppenstufe und schieben den Rest vom Rollstuhl hoch.
- Wenn es sich um mehrere Treppenstufen handelt, frage ich doch die Männer. Ich muss aber gleich laut und deutlich schreien: »Hören Sie mir bitte erst gut zu!« Sonst wird angepackt, und ich liege da.

Das haben wir den Schülern auch erklärt. Am Ende vom Tag konnte jeder eine Person im Rollstuhl problemlos eine Treppenstufe rauf- und runterbringen. Ein Mädchen meinte zum Schluss: »Ich finde es gut, dass du das Projekt mit auf die Beine gestellt hast.« Ich hab mich bedankt und gemerkt, wie zwei Jungs zu lachen angefangen haben. Sie haben versucht, es heimlich zu machen. Ich hab kurz nachgedacht, und da fiel es mir auf.

»Ich nehme an, ihr zwei Jungs lacht wegen ›auf die Beine stellen‹?«

Peinliches Schweigen. Natürlich.

Das Mädchen wurde total rot, ihr ist aufgefallen, was sie da gerade gesagt hatte.

»Oh nein, oh Gott, tut mir total leid, so war das nicht gemeint. Ich wollte nicht … also das sollte nicht …«

»Ist doch alles gut! Das ist eine wichtige Sache, die ihr euch merken solltet, und ich bin froh, dass das gerade so passiert ist. Ihr könnt einen Rollstuhlfahrer dadurch nicht verletzen. Zumindest die meisten nicht.«

Und es ist wirklich so. Ich hab meinen Wortschatz auch nicht verändert, nur weil ich jetzt im Rollstuhl sitze. Ich sage immer noch: »Ich geh jetzt.« Solange ein Rollstuhlfahrer nicht mit dem falschen Fuß aufgestanden ist, nimmt er es euch nicht krumm. Außer die Sensibelchen vielleicht. Und die Frischverletzten. Die sagen gern: »Ich fahr jetzt.« Oder eine Amelie, die Leute verunsichern will.

»Geh mal her.«

»Ich kann nicht gehen.«

Ich finde es viel, viel, viel, viel schlimmer, wenn Leute sagen: »Roll mal her.« So fett, dass man mich rollen kann, bin ich dann doch nicht. Wer klug ist, kommt drum herum. »Komm mal her«, »Nach Ihnen« oder »Folgen Sie mir unauffällig«, nur um ein paar Beispiele zu nennen. Damit erspart man sich peinliches Herumgestottere.

Mir hat das Projekt jedenfalls unheimlich viel Spaß gemacht. Aufmerksamkeit, Menschen, die sich für mich interessieren, mich anschauen. Mir kam es so vor, als hätte ich mein altes Leben zurück.

Ich habe nach diesem Projekt den Lehrern angeboten, auch gern in die Klassen zu kommen und eine verkürzte Form des Vortrags zu halten. Eine Lehrerin hat mich tatsächlich zu sich in den Unterricht eingeladen. In Biologie hatten sie gerade das Thema Rückenmark, Nerven und dabei auch Querschnitt. Und was ist besser als ein lebendes Beispiel?

Auch hier hab ich von mir erzählt und vom Querschnitt allgemein. Eine Stunde habe ich geredet, und wieder waren die Schüler sehr interessiert. Ich finde, so etwas gehört als Pflichtprogramm in den Lehrplan. Man sollte sich ein paar Behinderte suchen, von allem etwas – also blind, Rollstuhl, Down-Syndrom und so weiter. Die sollten alle Klassen besuchen und ein bisschen aus ihrem Leben erzählen. Da wären gleich eine Menge Vorurteile beseitigt.

Leider ist es längst nicht so, dass es normal ist, als Behinderter an eine öffentliche Schule zu gehen. Inklusion hin oder her, ich hab es erlebt, und mir wurden genügend Steine in den Weg gelegt. Einfach drübersteigen ist nicht. Aber da waren auch genügend Lehrer, die die Steine zur Seite gelegt haben, um mir den Weg frei zu machen.

Wir wissen alle viel zu wenig über Behinderungen – bis es einen selbst betrifft. Und Schülern zu zeigen, dass Mensch Mensch ist, sollte viel weiter oben auf den Stundenplänen stehen. Klar, solche Veranstaltungen zeigen natürlich auch wieder, dass Behinderungen in unserer Gesellschaft doch nicht so normal sind. »Schaut, Kinder, das ist ein Rollstuhlfahrer. Bitte haltet Abstand! Es sieht friedlich aus, kann aber beißen.« Aber Aufklärung ist eben alles.

Die Lehrerin war die Einzige, die nachgefragt hatte, ob ich in den Unterricht kommen mag. Ich war etwas enttäuscht, ich hatte so Spaß daran gefunden und dachte schon, ich könnte endlich die Welt verändern.

Aber neben den Schülern waren dann auch die Lehrer dran. Mit meiner ehemaligen Mathelehrerin, Frau Geyer, die so etwas wie meine Vertrauenslehrerin wurde und sich mit am meisten für mich eingesetzt hatte, habe ich ein wenig geredet. Sie meinte, viele Lehrer würden oft fragen, wie es mir ginge, trauten sich aber nicht, mich persönlich anzusprechen. Daraufhin hab ich ihr vorgeschlagen, auch vor den Lehrern einen kleinen Vortrag halten.

Bei der nächsten Lehrerversammlung war ich dann als Programmpunkt aufgeführt: »Amelie Ebner, über den Umgang mit Behinderten«.

Wirklich zufrieden war ich mit dieser Formulierung nicht. Hinzu kam, dass mein Direktor meinte: »Viele kennen sie: Amelie Ebner. Radl mal her!«

Zuerst hab ich mal deutlich gemacht, dass ich eben nicht über den Umgang mit Behinderten reden kann, sondern nur über den Umgang mit mir. Und das bitte so, wie mit jedem anderen auch: ganz normal.

Mit einem Seitenblick zu meinem Direktor hab ich auch erklärt, dass ich kein Problem habe, wenn Leute »Geh mal her« sagen, sondern es eher ätzend finde, wenn Leute radeln oder rollen sagen. Hat er nicht verstanden. Das nächste Mal hieß es: »Gehen wir in mein Büro, also ich gehe, Sie rollen, weil Sie können ja gar nicht gehen. Ach so, Entschuldigung, so war das jetzt nicht gemeint.« Ich hab's verstanden: Sie müssen laufen, ich darf fahren.

Wieder hab ich eine Stunde lang die Lehrer mit meiner Geschichte zugemüllt. Wieder schienen sie nicht einzuschlafen, wieder hatte ich Spaß. Was diesmal aber hinzukam, war die Frage einer Lehrerin: »Wie kann man dich denn unterstützen?« Es fiel auch das Wort Spende.

Das Ende vom Lied war: Die Lehrer haben für mich gesammelt. Eine enorme Summe kam zusammen, womit ich
nie gerechnet hätte. Wie soll man sich bei solchen Lehrern
noch über die Schule beschweren? Ich war extrem dankbar.
Denn Geld ist wirklich die größte Unterstützung. Ein Leben im Rollstuhl ist unfassbar teuer.

Einschub:
Mama Karin über Amelie

*I*rgendwann, da war Amelies Skiunfall schon eine Weile her, hat mich eine Freundin im Büro angerufen und gefragt: »Was ist denn bei der Amelie los?« Sie hatte bei Facebook gepostet: »Ich kann nicht mehr.« Da fragt man sich dann natürlich als Mutter, wie das alles wieder halbwegs werden soll.

Aber zum Glück waren solche Momente von Anfang an selten, und Amelie war immer sehr tapfer. Sie hat die Situation schnell angenommen und es uns als Familie viel einfacher gemacht, auch damit klarzukommen. Wir konnten jemanden aufbauen, der aufgebaut werden wollte. Ich habe in den Krankenhäusern und Reha-Zentren viele Querschnittpatienten gesehen, die sich aufgegeben haben. Da kannst du als Familie so fürsorglich sein, wie du willst, du kannst nicht viel helfen. Ich bin sehr stolz auf Amelie und darauf, wie sie mit ihrer Behinderung zurechtkommt. So denkt die ganze Familie.

Dabei war der Anfang für alle schwer. Es ist kein Gefühl mit dem vergleichbar, das man hat, wenn man das eigene Kind so sehen muss, wie das direkt nach dem Unfall war. Ich erinnere mich noch gut an den Moment, als mir der Arzt gesagt hat, was passiert ist. Verarbeiten kann ich das alles aber wahrscheinlich erst im nächsten Leben. Es hat sich bei mir schnell so was wie ein Autopilot eingeschaltet. Vielleicht auch aus Selbstschutz. Ich wusste einfach, ich muss jetzt funktionieren und für mein Kind da sein, egal wie ich mich selbst fühle. Manchmal glaube ich, dieser Autopilot läuft bei mir zu einem gewissen Teil heute noch.

Ich bin am Anfang bei Amelie geblieben, als sie in Schwarzach auf der Intensivstation gelegen hat. Habe mir in einer Pension ein Zimmer gemietet und jede Minute im Krankenhaus verbracht. Gott sei Dank haben mich die Menschen dort fast zu jeder Zeit zu meiner Tochter gelassen, die waren da recht locker, von wegen Besuchszeiten. Dazwischen habe ich mit der Familie telefoniert und vieles organisiert, zum Beispiel den Transport nach Murnau und solche Dinge. Die ersten fünf Tage habe ich kaum gegessen, das ist mir aber nicht aufgefallen. Immerhin war ich am Ende vom Tag immer so erschöpft, dass ich mich in der Pension ins Bett gelegt und sofort geschlafen habe. So war wenigstens kaum Zeit zum Grübeln.

Direkt vor dem Unfall hatten Amelie und ich manchmal ein nicht ganz einfaches Verhältnis. Sie war maximal pubertär, und da hatte die Mama manchmal überhaupt nichts zu sagen. Ihre Behinderung hat uns schneller wieder zusammengebracht. Dabei hat sich Amelie kaum verändert. Sie sagt immer noch, wenn ihr etwas nicht passt. Vielleicht ist sie sogar noch etwas direkter als früher. Sie ist außerdem unglaublich stark und selbstlos. Für mich war es einer der brutalsten Momente, als wir im Krankenhaus in Murnau an einem Tisch gesessen haben und Amelie plötzlich angefangen hat zu weinen. Sie hatte große Angst, hat sie gesagt, dass sie in Zukunft eine Last für uns alle sein könnte. Was soll man seinem Kind da sagen? Genauso schwer war es, als sie gemeint hat, dass sie froh wäre, dass ihr das alles passiert ist und niemand anderem aus der Familie.

Inzwischen haben wir uns alle ganz gut zurechtgefunden in der neuen Situation. Wir helfen ihr, wo sie Hilfe braucht, und lassen sie das erledigen, was sie selbst erledigen kann. Um die ganze Bürokratie habe ich mich bisher gekümmert, das kostet wahrscheinlich die meisten Nerven. Ständig Anträge bei der Krankenkasse stellen, Diskussionen führen, Widersprüche einreichen. Ich weiß, dass ich das mittelfristig an Amelie abgeben muss. Sie wird ihr ganzes Leben damit zu tun haben, irgendwann muss sie eine Routine darin entwickeln, mit den ganzen Institutionen um das zu streiten, was ihr zusteht. Bestimmt haben wir sie bisher mehr beschützt und mehr Ärger von ihr ferngehalten, als das die meisten Eltern bei einem Kind jenseits der 20 Jahre tun würden. Ich muss zugeben: Es fällt mir nicht so leicht, Verantwortung an sie abzugeben, wie das bei meinen anderen Kindern ist. Aber es ist natürlich wichtig, damit sie einmal komplett selbstständig sein kann.

Ich merke, dass auch ich mich seit dem Unfall in vielen Dingen verändert habe. Ich lasse mir weniger gefallen. Wenn es um einen Antrag bei der Kasse geht, bin ich eben nur noch einmal freundlich – und wenn mir dann jemand blöd kommt, bin ich es beim zweiten Mal nicht mehr. Energisch ist vielleicht das richtige Wort. Alles in allem bin ich auch weniger gemütlich als früher. Ich will die Dinge erledigt haben. Beruflich trifft das prinzipiell auch zu, trotzdem habe ich mich hier seit dem Unfall etwas zurückgenommen, genauso wie mein Mann auch. Wir wollten mehr Zeit für unsere Kinder haben, da war der Job zweitrangig. Zwei Tage nach Amelies Unfall hätte ich eigentlich eine Fortbildung zur Bilanzbuchhalterin begonnen. Ich habe das noch auf der Autofahrt ins Unfallkrankenhaus abgesagt. Aber mal sehen, vielleicht klappt das irgendwann noch. Seit dem Unfall denke ich eigentlich nur noch bis zum nächsten Tag und plane nicht mehr weiter voraus. Wer weiß schon, was kommt?

Mehr als vier Jahre ist das alles nun schon her. Wobei ich manchmal auch das Gefühl habe, dass es erst vier Jahre her ist. Für mich ist noch so vieles offen, was Amelie betrifft.

Aber von der Gesundheit abgesehen, wünsche ich mir für sie eigentlich nur das, was sich vermutlich jede Mutter für ihre Kinder wünscht: dass sie selbstständig leben und sich selbst finanzieren kann, dass sie glücklich ist und viele Menschen um sich hat, die sie gern haben. Aber egal, was kommt, eins ist sicher: Ich als Mama und wir als Familie werden immer für sie da sein.

15
Sport –
meine Leidenschaft

Sport zählt in meinem Leben zu den wichtigsten Dingen überhaupt. Ich war schon immer sehr sportlich und hab schon vieles ausprobiert. In der Grundschule habe ich angefangen zu reiten. Schon mein Papa ist geritten und hatte sogar zwei Pferde. Reiten ist etwas Tolles, zwei der für mich wichtigsten Dinge überhaupt kommen hier zusammen: Sport und Tiere. Ich hab immer wieder den Hof gewechselt und hatte damit immer wieder Pausen. Insgesamt hatte ich aber sechs Jahre Reitunterricht. Anfang 2012 hatten meine Schwester und ich dann gemeinsam eine Reitbeteiligung auf ein Pony, Carma. Ein süßes, dickes Pony. Verfressen und zickig, aber eben auch süß. Zweimal in der Woche sind wir zu ihr, haben sie geputzt und bewegt. Sind in der Halle geritten oder haben einen Ausritt gemacht. Leider ist die Besitzerin nach einem halben Jahr umgezogen und mit ihr das Pony. Wir haben zwar einen Zettel aufgehängt und nach einem neuen Pferd gesucht, nur hat sich leider nie jemand gemeldet.

Seitdem bin ich nicht mehr geritten. Ich würde mich gern wieder auf ein Pferd setzen, es gibt ja extra Therapien, bei denen Pferde eingesetzt werden. Nur bin ich noch nicht dazu gekommen, hab noch keinen Stall in meiner Nähe gefunden, und preislich ist das bestimmt auch so eine Sache. Aber irgendwann werde ich wieder auf einem Pferd sitzen. Das ist nämlich mit Fixierungen auch für Hochgelähmte möglich.

Neben dem Reiten hab ich auch Fußball im Verein gespielt. Schon in der Grundschule hab ich mit den Jungs am Pausenhof gekickt. Mein Bruder hat immer mit Freunden auf dem Bolzplatz bei uns im Ort gespielt und mich manchmal mitgenommen. Das erste Mal wollte mich keiner in der Mannschaft haben. Die haben vielleicht blöd geschaut nach meinem ersten Tor. Das zweite Mal wurde ich dann mit als Erste gewählt. Die Jungs haben gecheckt, dass eben auch Mädchen Fußball spielen können. Mit 13 hab ich dann zwei Jahre im Verein gespielt. Das erste Jahr wurden wir sogar Meister, da hab ich noch im Mittelfeld gespielt. Dann kam meine coole Phase, ich hab geraucht. Nicht viel und nur der »Coolness« halber, aber meiner Lunge hat das gereicht. Da war ich dann nur noch als Stürmerin zu gebrauchen. Ich war eine gute schlechte Spielerin. Ich war schnell, Linksfuß, und mein Trainer hat mich immer für meinen guten Spielüberblick und meine Taktik gelobt. Nach zwei Jahren hab ich dann trotzdem aufgehört, aber immer noch gern auf dem Bolzplatz gespielt. Ich bin immer schnell gelangweilt, wenn ich merke, dass ich mich bei einer Sache nicht mehr wirklich verbessern kann. Dann hab ich Hip-Hop ausprobiert. Zusammen mit Marie. Wir waren beide extrem schlechte Tänzer, aber wir hatten Spaß.

Und dann war da noch das Skifahren. Meine große Liebe. Ich konnte früher Ski fahren als laufen. Wir haben Kindervideos, auf denen sieht man mich auf kleinen Skiern durch den Garten spazieren. »Ami Ski fahren« war alles, was ich sagen konnte, und so bin ich stundenlang durch den Garten gelaufen.

Skifahren gibt mir einfach ein geiles Gefühl, diese Geschwindigkeit, das Gefühl, wenn der Ski schön greift, das Alleinsein. Diese paar Minuten, die man ganz allein auf sich gestellt ist und sich nur auf das Fahren und sich selbst konzentriert. Du hörst niemanden, siehst die Menschen nur im Vorbeifahren. Und dann natürlich das Adrenalin, wenn du schnell bist und in schwierige Situationen kommst.

Wir haben eine Hütte in Südtirol, direkt in einem Skigebiet. 50 Meter bis zur Piste. Da habe ich es gelernt. Mein Papa ist ein sehr guter Skifahrer, er hat mich an eine Hundeleine genommen und ist so mit mir den Berg runter. Meine Mutter hat's mit dem Skifahren nicht so. Ich hab auch einige Skikurse gemacht, konnte also mehr als nur Schuss fahren. Skifahren macht unglaublich viel Spaß, und ich würde es immer wieder tun, Unfall hin oder her. »Ja, aber Amelie, es gibt doch Möglichkeiten, diese Anna Schaffelhuber fährt doch auch Ski.« (Das ist eine mehrfache Weltmeisterin und Paralympics-Siegerin im Monoskibobfahren, sie hat eine niedrige inkomplette Querschnittlähmung.) Schön für Paras, für Tetras und auch hohe Paras ist das nichts. Es geht nicht. Punkt.

Lieb gemeint, aber totaler Schwachsinn sind auch immer Aussagen wie: »Oh, dann kannst du ja bei den Paralympics mitmachen.« So als Scherz ist das ja ganz witzig, ich sag zu unsportlichen Leuten, die es einmal geschafft haben, 20 Meter zu laufen, auch gern: »Oh, da bist du aber bald bei den Olympischen Spielen dabei.« Aber so ein ernst gemeintes: »Warum nicht? Wäre das nichts für dich?«, macht mich immer leicht aggressiv. Warum? Nur weil man behindert ist, hat man nicht automatisch einen Freifahrtschein zu den Paralympischen Spielen. Auch hier gibt es zufälligerweise Konkurrenz. Ich dreh nicht zwei Runden mit dem Handbike und denke, ich könnte mir jetzt Gold holen. Die Konkurrenz ist vielleicht weniger, denn zum Glück gibt es weniger Behinderte als Nicht-Behinderte, aber trotzdem vorhanden. Vielleicht hab ich mal die Zeit und dann auch Talent und Willen, eine Sportart härter zu trainieren. Und vielleicht schaff ich es irgendwann zu den Paralympics. Ist aber eher unwahrscheinlich.

Blogeintrag vom 28. September 2014:
Heute war ich Handbikefahren und dachte mir: »Warum nicht mal was Neues ausprobieren?«
Also hab ich mich kurzfristig dazu entschieden, einfach mal mit dem Gesicht abzubremsen.
Ich muss sagen, man bremst so ziemlich schnell.
Aber ich hab mir vorgenommen, es kein zweites Mal zu machen!

Nein, ganz im Ernst, ich war heute Handbikefahren und hatte meinen Hund am Bike festgeschnallt. Und wie's im Leben so ist, kommt immer alles zusammen: Ich bin um die Kurve, in ein kleines Schlagloch, und mein Hund hat just in dem Moment ein wenig gezogen, und schon hab ich den Boden auf mich zukommen sehen.
Hört sich jetzt vielleicht nicht so dramatisch an, aber man muss bedenken, dass ich ja keine Möglichkeit habe, den Sturz abzubremsen ohne Rumpfmuskulatur. Und meine Hände sind ja in den Schlaufen am Lenker. Aber gut, hab meinen Kopf eben doch etwas schützen können. Sobald ich lag, hab ich auch panisch meinen Arm gecheckt und beruhigt festgestellt, dass nichts gebrochen war. :)
Meine Schulter fängt nur an wehzutun.
Oh! Und ich hab 'ne Schramme am Ellenbogen.
Zum Glück war mein Papa dabei. Der hat mich irgendwie samt Handbike wieder aufgestellt (sonst läge ich wahrscheinlich jetzt noch dort). Leider haben wir kein Foto gemacht ...

Sport ist mir auch jetzt noch wichtig, aber es ist nicht zu vergleichen mit früher. Wenn ich Probleme hatte, wütend war, bin ich laufen gegangen. Für mich war das die beste Möglichkeit, Stress abzubauen. Die ersten hundert Meter läuft man extrem aggressiv, und mit jedem Schritt löst sich etwas, und es geht immer besser. Manche essen bei Stress, ich hab Sport gemacht.

Dass ich jetzt nicht einfach laufen gehen kann, dürfte klar sein. Und Rollstuhlfahren kann man null mit Laufen vergleichen. Es schmerzt. Es ist zumindest für einen Tetra anstrengend genug, überhaupt ein paar Meter weit zu kommen. Und es ist eine schmerzhafte Anstrengung. Nichts, was Spaß macht, wo du dich danach frei und erleichtert fühlst. Sondern anders, mehr so, dass du froh bist, wenn du deine Schultern locker lassen und entspannen kannst.

Ich hab früher auch sehr gern Workout gemacht. Jeden Abend, bevor ich ins Bett gegangen bin, hab ich ein paar Sit-ups, Liegestütze und so weiter gemacht. Ich hatte immer eine sportliche Figur, immer etwas dünn, aber muskulös. Hatte auch ohne viel Training ein Sixpack und hab schnell Muskeln aufgebaut.

Jetzt kann ich nur noch meine Arme trainieren. Und auch das nur wenig, denn mein Nacken ist schon so überbeansprucht, genauso meine Schultern. Ich hab gern trainiert, hab gern etwas für meinen Körper getan und mich gern gezeigt. Das vermisse ich sehr. Wenn ich dann die ganzen Fitnessmodels sehe, denk ich mir nur: ›Mist, ich sah auch mal so aus.‹ Und wenn dann geworben wird mit »In zehn Wochen zu deiner Bikinifigur«, denk ich nur: ›Das will ich sehen, wie du das hinbekommen willst.‹

Sport fehlt mir sehr. Laufen gehen, Workout. Zum Glück gibt es viele Sportarten auch für Rollstuhlfahrer.

Bekannt ist vor allem Basketball. Weitaus unbekannter, dafür umso geiler ist Rollstuhlrugby!

Basketball ist für uns Tetras nix. Ohne Handfunktion ist das schlecht. Rugby ist dafür nur denen erlaubt, die Einschränkungen an mindestens drei Extremitäten haben, also auch und gerade Tetras. Ich weiß, ich beschwere mich oft, wie scheiße es ist, ein Tetra zu sein. Und die Menschen sollen wissen, dass zwischen Tetra und Para ein großer, großer, riesiger Unterschied ist. Aber es gibt einen Riesenvorteil, den man als Tetra hat: Man darf Rugby spielen.

Das erste Mal Rugby durfte ich in meiner Reha 2013 probieren. Ich war sofort begeistert! Erst skeptisch, weil es sehr brutal aussieht und sehr laut ist, wenn die mit ihren Rugbystühlen zusammenkrachen, aber im Stuhl selbst ist man eigentlich sicher. Ich kenne Spieler, die spielen mit Glasknochen. Die Stühle sehen ganz anders aus als Aktivrollstühle. Zum einen sind sie tiefer, tiefer noch als Basketballstühle. Man sitzt mit dem Hintern knapp über dem Boden. So sitzt man viel stabiler, weil die Knie angewinkelt sind. Die Räder sind nicht gerade, sondern haben einen Sturz, sie liegen schräg an. Dadurch kommt man besser zum Reifen, hat viel mehr Weg zum Anschieben, und der Stuhl ist wendiger. Es gibt keine Bremsen. Die wären nur im Weg, und wofür bräuchte man die auch? Wer bremst, verliert. Und natürlich wäre es unfair, sich mit Bremsen festzustellen, das soll ja mit Armkraft geschehen. Blöd ist nur, wenn man umkippt mitsamt Stuhl. Dann liegt man da, wie ein Käfer auf dem Rücken.

Mir hat es sofort gefallen. Mannschaftssport, Bewegung, Auspowern. Und ich hab Lob bekommen, weil ich mich ganz gut geschlagen hab, für das erste Mal. Was mir bei dem Sport zugutekam, ist, dass ich ja lange Fußball im Verein gespielt hab. Rollstuhlrugby spielen fast ausschließlich Männer (gibt einfach mehr davon im Rollstuhl und für die

201

wenigen Frauen ist Rugby anscheinend zu brutal), deswegen kann ich als eher zierliches Mädchen mit weniger Kraft nicht so ganz mithalten. Dafür habe ich viel taktisches Gefühl und einen guten Spielüberblick.

Rollstuhlrugby ist nur wenig vergleichbar mit dem »normalen« Rugby. Gespielt wird nicht mit einem Rugbyball, sondern mit einem Volleyball oder eben einem Rollstuhlrugbyball auf einem Basketballfeld in der Halle. Zwei Mannschaften mit je vier Spielern treten gegeneinander an. Ziel ist es, mit dem Ball über die gegnerische Torlinie zu fahren. Das ganz allgemein. Natürlich gibt es auch einige Regeln. Nach zehn Sekunden muss der Ball gedribbelt oder abgegeben werden, für einen Angriff hat man 40 Sekunden Zeit und so weiter.

Außerdem gibt es zwei verschiedene Stühle und damit zwei verschiedene Aufgaben. Es gibt die Highpointer und die Lowpointer. Bei den Highpointer-Stühlen sind die Außenkanten abgerundet, sodass man schlecht von anderen Rollstühlen gestoppt werden kann und gut durch die Mauer der anderen kommt. Die Lowpointer-Stühle haben einen »Korb« vorne, den Bumper, der zum Stoppen und Abblocken der gegnerischen Rollstühle da ist.

Jeder Spieler wird klassifiziert und bekommt eine Punktzahl von 0,5 bis 3,5 zugewiesen. Je niedriger diese Punktzahl, desto stärker ist die Behinderung eines Spielers. Denn wie ihr jetzt (hoffentlich) alle wisst: Behinderung ist nicht gleich Behinderung. Ich wurde zu Beginn grob begutachtet und auf 0,5 oder 1 geschätzt. Eher 0,5. Jetzt denken sich ein paar, ›Ja cool, nehm ich halt nur die Spieler mit hohen Wertungen‹. Geht aber nicht, maximal darf eine Mannschaft 7 bzw. international gültige 8 Punkte haben. Sind Frauen im Team, gibt es manchmal einen Punkt Abzug, ich zähle also –0,5. So etwas wie »Mädchen-Tore zählen doppelt«.

Ich bin damit ein Lowpointer und sehr glücklich mit meiner Aufgabe und meiner Position. Ich bin dafür zuständig, mein Tor dicht zu machen, so was wie Abwehr, und den Highpointern, die meistens die Tore machen, den Weg frei zu machen und Gegner festzuhalten. Es macht unglaublich viel Spaß. Ich bin zwar viel schwächer und werde regelmäßig seitlich weggeschoben, aber mit Taktik und Technik lässt sich viel rausholen.

In München gibt es einen Rugbyverein, die Rugbears. Da war ich schon ein paarmal beim Training, nur durch die Schule hatte ich bald keine Zeit mehr. Dann musste auch immer jemand mitfahren, weil ich allein nicht die beiden Rollstühle (Rugby und Alltag) hätte verladen können. Ich hoffe, ich finde künftig die Zeit, wieder regelmäßiger zu trainieren, und vor allem jemanden, der mich immer begleiten kann. Denn meine Eltern haben so schon genug zu tun.

Ich merke jedes Mal, wie gut es mir tut, mich richtig auspowern zu können. Im Rugbystuhl sitzt man viel gemütlicher als in dem normalen Stuhl. Man ist festgegurtet und viel schneller. Man kann viel länger fahren. Und, was vor allem wichtig ist: Man spannt Muskelpartien völlig unbewusst an. Wenn man zu Hause mit Gewichten trainiert, ist es etwas ganz anderes als so ein Training. Ich hab nach dem Training immer richtig Hunger und fühl mich fitter.

Und natürlich hab ich noch mein geliebtes Handbike. Das kann man eher mit Laufen vergleichen. Damit kann ich mich auch auspowern.

Sport und eine gute Ernährung sind im Rollstuhl sehr wichtig. Ja, man darf alles essen. Die Gefahr zuzunehmen ist allerdings größer, da der Körper weniger in Bewegung ist. Man verbraucht weniger Kalorien, viele legen deshalb anfangs eine Menge Gewicht zu. Bei mir ist das Gegenteil passiert, ich hab stark abgenommen und hab immer wieder mit Untergewicht zu kämpfen. Ich hätte gern mehr Muskeln, aber dazu bräuchte ich erst mal Platz, um Muskeln aufzubauen. Ich bin immer noch dran.

»Ja, dann iss halt mehr«, meinen die ganz Schlauen.

»Ich hätte so gern deine Figur, aber ich nehm einfach nicht ab.«

»Ja, dann iss halt weniger!«

Ich mach gern Sport, ernähre mich gern gesund, bin zudem eine schlechte Esserin und hab einen guten Stoffwechsel. Zunehmen ist nicht so leicht, wie es sich für viele anhört. Aber das wird alles.

Und dann bei den Paralympics beim Gewichtheben dabei, oder?

Blogeintrag vom 27. November 2014:
(Fast) pünktlich zum Ende der heißen Tage schreibe ich jetzt mal über ein Querschnittsthema, das so ein wenig begründet, warum mir der Winter fast lieber ist als der Sommer. Also:
Ich kann nicht schwitzen (nur wenn ich Schmerzen habe, aber das ist ein anderes Thema).
Nicht schwitzen zu können mag vielleicht manchmal ganz angenehm sein, kein Schweiß und so weiter. Aber im Sommer, an heißen Tagen, ist es die Hölle! Man schwitzt ja zum Regulieren der Körpertemperatur, und das kann mein Körper jetzt eben nicht mehr. Heißt:
Wenn es heiß ist, heizt sich mein Körper auf (wie Wechselblüter, oder? War da nicht irgendwas?).
Ich befeuchte dann schon immer meine Haut, aber so wirklich hilft das nicht. Irgendwann muss ich mich einfach hinlegen, mich in nasse Handtücher einwickeln und abkühlen. Im Sommer hatte ich bestimmt jeden

zweiten Tag einen Hitzschlag und lag abends mit hochrotem Kopf im Bett; genauso wenn ich Sport mache. Irgendwann überhitze ich einfach.

So ist das, Querschnitt ist soooooo viel mehr als »gelähmte Beine«. Hier mal ein kleiner Einblick.

Ach ja, das wollte ich noch schreiben:
Soweit ich weiß, können alle Querschnittgelähmten nicht mehr an den gelähmten Körperteilen schwitzen.
Aber die höher Gelähmten eben gar nicht mehr.

16
Die Welt ist schief

Eine Sache fällt einem schnell auf, wenn man im Rollstuhl sitzt: Diese Welt ist so unglaublich schief! Alle Gehwege sind schief. Geradeausfahren ist da leichter gesagt als getan. Den Rollstuhl zieht es durchgehend in eine Richtung, meistens Richtung Straße. Zu Fuß oder mit dem Fahrrad merkt man das gar nicht, aber im Rollstuhl. Und das ist wirklich sauanstrengend. Für mich ist Rollstuhlfahren auf gerader Ebene schon anstrengend genug, und dann muss ich auch noch ständig ausgleichen. Für mich nahezu unmöglich. Aber auch derjenige, der mich schiebt, bekommt zu spüren, wie schief die ganzen Gehwege und Straßen eigentlich sind. Ein winzig kleiner Teil der täglichen Ärgerlichkeiten.

Wie komme ich beispielsweise von meinem Haus in die Stadt, wenn ich öffentliche Verkehrsmittel benutzen will. Alles mit Begleitung natürlich, alleine komme ich ja keine zehn Meter weit.

Ich werde die eine Stufe aus dem Haus gehoben. Ich fahre alleine über unseren Hof, das letzte Stück werde ich geschoben, denn es gibt eine minimale Steigung, die für mich schwierig wird. Die Bushaltestelle befindet sich schräg gegenüber unserem Haus. Also über die Straße kommen, glücklicherweise wohnen wir direkt an einer Ampel, wo der Bordstein abgeflacht ist. Deswegen komme ich hier leichter über die Straße. Abgeflacht heißt aber nicht ebenerdig, deswegen bleibt eine kleine Kante, über die ich nicht einfach fahren kann, sondern an der ich die Lenkräder anlupfen muss. Die Bushaltestelle ist auf der gegenüberliegenden Seite einer Straßenkreuzung. Deshalb muss ich zwei Straßen überqueren. Wäre ich alleine, wäre ich jetzt schon völlig ausgepowert.

Nächste Station: der Bus. Der sollte eigentlich immer halten. Ich sage »sollte«, weil mir durchaus schon berichtet wurde, dass Busfahrer gern mal einen Rollstuhlfahrer »übersehen«. Und zwar von mehr als einer Person, weswegen ein trauriger Einzelfall ausgeschlossen werden kann.

Also mit Glück und Menschlichkeit hält der Bus an. Wenn ich einen Glückstag habe, ist dieser Bus mit Rampe ausgestattet, die heruntergeklappt werden kann und es mir ermöglicht, direkt hineingeschoben zu werden. Hineinfahren ist schwierig, weil die Rampe zu steil ist. Aber die Rampe allein macht mich schon glücklich. Ich habe von Bussen gehört, die absinken und wo man ebenerdig einsteigen kann. Halte ich für ein Gerücht. So weit kann die Technik doch noch nicht sein? Immerhin haben mittlerweile die meisten Busse eine Rampe. Und der Bus in unserem Ort ist immer einer mit Rampe. Entweder wird der Rollstuhl angekippt und ich reingehoben, oder der Busfahrer oder irgendein Fahrgast ist freundlich genug, die Rampe herunterzuklappen.

Beschwert man sich, dann heißt es: »Immer diese Rollstuhlfahrer, die auf ihrem Recht bestehen und alles gemacht bekommen wollen.«

›Entschuldigung, tut mir ehrlich leid! Wenn ich könnte, würde ich die Rampe selbst herunterklappen, und wenn ich noch mehr könnte, würde ich ohne einsteigen oder jede Strecke nur noch laufen.‹

Im Bus angekommen, heißt es dann: schnell an eine Wand stellen, Bremsen dicht machen und festhalten. Ich hab beim ersten Mal vergessen, die Bremsen zuzumachen. Einmal und nie wieder. Bin fast durch den gesamten Bus geschleudert worden.

Busfahren an sich ist für mich dann kaum anders als für andere auch. Gelangweilt aus dem Fenster schauen und hoffen, dass kein stehender Fahrgast auf mich fällt.

»Du hast einen Vorteil, du hast immer einen Sitzplatz.« Ja, witzig. Die ersten zehn Mal hab ich darüber auch noch gelacht. Mittlerweile bekomme ich für diesen Witz nicht mal mehr ein einfaches Lächeln zustande.

Beim Aussteigen wieder das gleiche Spiel. Vergeblich hoffe ich auf die Aufmerksamkeit der Menschen, die dann doch alle nur blöd schauen, oder dein Leben in die Hände deines Begleiters legen und hoffen, dass er dich heil die Stufe herunterbekommt.

Dann kommt der Bahnhof: Der meinem Zuhause nächstgelegene hat einen schönen Bahnsteig, der abgeflacht ist. Da komme ich also wunderbar hoch. Das war's dann aber auch schon mit rollstuhlgerecht. Ich glaube, wir haben in Summe den rollstuhlungerechtesten Bahnhof überhaupt.

So ein rollstuhlgerechter Bahnhof bietet zwei Möglichkeiten: entweder Richtung München fahren oder Richtung Flughafen, der nur zwei Stationen entfernt ist. Will ich nach München, ist alles schön und gut. Also verhältnismäßig. Um in die S-Bahn zu kommen, gibt es einen kleinen Spalt zu überbrücken. Für euch klein, für mich alleine nicht zu schaffen. Also wieder mithilfe der Begleitung in die S-Bahn. Aber wenn ich sehe, es ist nur dieser Spalt und keine größere Stufe, bin ich beruhigt. Man ist mit der Zeit so einiges gewohnt.

Will ich jetzt aber zum Flughafen, habe ich ein Problem. Die S-Bahn fährt nämlich auf der anderen Seite des Bahnsteigs. Aufzug? Schön wär's. Rolltreppe? Nein. Was tun? Entweder ich nehme die Treppe: 28 Stufen runter, durch die Unterführung, 28 Stufen hoch. Leicht? Nein. Vier Stufen

sind schon riskant und bringen mich kurz vor einen Herz-
stillstand. Also fast 30 Stufen? Und dann auch noch wieder
hoch? Sicher nicht.

Meine zweite Möglichkeit: Außen herum spazieren.
Mehr als ein Kilometer Umweg, Berg rauf, Berg runter.
Viel Spaß. Also auch eher nicht.

Dritte Möglichkeit: In die S-Bahn nach München steigen, eine Station weiterfahren, dort an dem Bahnhof in
die andere S-Bahn einsteigen und zum Flughafen fahren.
Natürlich ist die S-Bahn immer pünktlich, und sobald man
aussteigt, wartet die nächste. Also viel Zeit geht da eigentlich nie drauf. (Das war Ironie.) Deswegen zum Flughafen
immer mit dem Auto.

Also der Weg nach München ist erst mal weniger proble-
matisch. Wenn man aus München kommt, sieht das dann
natürlich anders aus. Dann hält die S-Bahn nämlich wieder
auf der Seite, von der aus ich nicht wegkomme. Da bleib ich
dann einfach in der S-Bahn sitzen, fahre bis zum Flughafen
und von dort zurück zu meiner Station, um dort auf der
richtigen Seite aussteigen zu können. Dauert nur 30 Minuten länger. Es gibt nichts Schöneres, als das Nachhause-
kommen nach einem anstrengenden Tag möglichst lange zu
verzögern.

Aber zurück zur Bahnreise Richtung München. S-Bahn-
Fahren ist genauso wie Busfahren: Bremsen schnellstmöglich dicht machen, sonst klebe ich an der nächsten Scheibe.
In der S-Bahn selbst muss ich erst mal einen Platz finden,
an dem ich nicht im Weg stehe und die Leute weder über
mich drüberfallen noch mich blöd anschauen. Zusammen
mit der Begleitung sitzen? Nur in bestimmten Abteilen
möglich. Meistens sitze ich vor der Eingangstür, blicke bei
jedem Öffnen in erschrockene Gesichter, die sich schnell
einen anderen Eingang suchen, und höre Musik. Spiele am

Handy spielen? Whatsapp, Facebook? Eher schwer möglich, da ich mit Festhalten beschäftigt bin. In jeder Kurve habe ich Angst umzukippen. Manchmal halten die Bremsen auch nicht, und mich dreht es wie einen Kreisel. Kommt jemand, um mir zu helfen? Unwahrscheinlich.

Die ersten Male war ich an dieser Stelle mit den Nerven am Ende – bis ich bemerkt habe, dass das nichts im Vergleich zum Rest von solchen Ausflügen ist. Je nachdem, wo ich aussteigen will, erkundige ich mich vorher im Internet, ob es dort Aufzüge gibt, und wenn ja, ob sie auch in Betrieb sind. Ein Beispiel aus der Zeit meines Praktikums: Die Anwaltskanzlei, bei der ich gearbeitet habe, befand sich direkt am Münchner Marienplatz. Ich also im Internet geschaut, ob es dort auch Aufzüge gibt. »Sehr geehrte Fahrgäste, der Aufzug ist wegen Umbauarbeiten leider außer Betrieb. Wir danken für Ihr Verständnis.« Natürlich. Genau in der Zeit, in der ich ihn benutzen wollte, ging dieser blöde Aufzug nicht. Aber okay, ich war gewarnt, und wir wollten eine Station früher aussteigen und den Rest des Weges laufen. Ich also wieder online gecheckt: Aufzug vorhanden, in Betrieb, passt. Denkste. Erster Aufzug »defekt«. Bis wir den zweiten Aufzug gefunden hatten, waren wieder 20 Minuten vorbei. Der fuhr dann nicht bis nach ganz oben. Wir mussten von der mittleren Etage wieder durch den ganzen Bahnhof zu einem anderen Aufzug, der uns an die Oberfläche brachte. Dann 15 Minuten durch die Stadt laufen, bis wir an meiner Praktikumsstelle angekommen waren. Da ich aber schon öfter nach München gefahren war und mir so etwas schon gedacht hatte, waren wir sowieso schon eine Stunde früher losgefahren und noch pünktlich.

Richtig lustig wird es, wenn du im öffentlichen Nahverkehr umsteigen musst oder U-Bahnen benutzen willst. Ich hatte während meiner Praktikumszeit beim Rechtsanwalt einen

Termin im Amtsgericht. Bus, S-Bahn, U-Bahn. Was nun? Ich hab mich für jede einzelne Haltestelle erkundigt, überall sollten Aufzüge in Betrieb sein, laut Internet. Gut, an der S-Bahn war der nächstgelegene Aufzug außer Betrieb, einen funktionierenden gab es am anderen Ende des Bahnhofs. Aber ist schon gut, es gab immerhin einen. Der an der U-Bahn ging auch. Vormittags. Als wir gegen 16 Uhr völlig fertig zu der U-Bahn gingen, hieß es: »Dieser Aufzug ist außer Betrieb. Wenden Sie sich an das Personal.« »Welches Personal?«, haben wir uns dann gefragt. »Weit und breit ist keiner da.« Es gab eine Rolltreppe. Und ich weiß, manche Rollstuhlfahrer können die alleine runterfahren … Ich kann's nicht. Einmal hab ich es mit Hilfe versucht: Hölle. Aber an dem Praktikumstag waren wir so am Ende und wollten einfach nur nach Hause, haben also die Rolltreppe genommen. Und ich dachte wirklich, ich falle runter und sterbe. Daniel, mein Schul- und Praktikumsbegleiter, ist vor und hat mich dann rückwärts draufgeschoben. Noch bevor man sich ausrichten kann, klappen die Stufen schon aus. Eine Stufe bin ich runtergerutscht, und ab da war ich in Panik. Irgendwie haben wir es runter geschafft.

Jetzt bin ich ja noch leicht, genauso mein Rollstuhl. Was macht jemand, der mit einem E-Rollstuhl unterwegs ist? Oder mehr als nur 56 Kilo mitsamt Rollstuhl wiegt? Ein Bekannter von mir hat die Feuerwehr gerufen, die ihm dann helfen musste, weil der Aufzug kaputt war.

Blogeintrag vom 18. Mai 2016:
Vielleicht müssen Aufzüge weniger gewartet werden, wenn sie weniger genutzt werden?
Also hier mein Appell an all die fetten Leute, die zu faul sind, ihre gesunden Beine für das zu nutzen, wofür sie gemacht sind: laufen! Nehmt doch bitte einfach die

scheiß Treppe! Oder eben Rolltreppe, da
müsst ihr nicht mal einen Knopf drücken!
Und liebe alte Leute, die zwar laufen können,
aber denken: »Oh, ich bin alt, ich darf ohne schlechtes
Gewissen den Aufzug benutzen.« Ihr könnt euch
genauso gut auf die Rolltreppe stellen!!
Gleiches gilt für die jungen Menschen mit Krücken
(die, die auf dem Laufband umgeknickt sind und jetzt
zehn Wochen krankgeschrieben sind): Rolltreppe!!!!
Und: Ein »Koffer«, der so groß wie mein Brillenetui ist,
rechtfertigt meiner Ansicht (und ich hoffe, ich bin da
nicht alleine) die Benutzung des Aufzugs nicht!!!
Und zuletzt:
Liebe gesunde Leute, darunter auch der nicht fette,
nicht alte, nicht humpelnde und nicht koffertragende
Mann, der heute vor mir in den Aufzug gesprungen
ist und hochfuhr: Jahresvertrag im Fitnessstudio,
aber zehn Stufen sind zu viel? Bitte! Ihr könnt es,
warum tut ihr es nicht?
Ich hasse es, mich über so etwas zu beschweren, und
mich regen Leute immer auf, die sich wiederum
aufregen über Leute, die unberechtigt auf dem
Behindertenparkplatz stehen. Weil jeder das selbst mit
sich ausmachen sollte. Kann sein, dass keine Zeit ist,
kein anderer Platz frei oder man nur »zwei Minuten in
den Rewe hüpfen« will, ist ja egal. Ist halt einfach echt
scheiße, wenn man wirklich darauf angewiesen ist.
Danke.

Ich bleibe gleich bei dem Ausflug ins Amtsgericht und
komme zu einem nächsten Punkt: dem Gebäude. Wir haben gefragt, ob das Gebäude denn rollstuhlgerecht sei. »Ja,
müsste eigentlich gehen.«

Wir kamen an, Stufen runter zum Haupteingang. Es gab aber auch einen rollstuhlgerechten Zugang, der sich an der Seite des Gebäudes befand. Da sollten wir klingeln. Das passiert eigentlich oft, anfangs war ich genervt, aber jetzt bin ich froh, wenn es wenigstens einen rollstuhlgerechten Eingang gibt. Bei alten Gebäuden, klar, da hat man sich noch anders um Behinderte gekümmert. Also nicht gekümmert. Bei meiner Universität kamen wir auch an und standen vor 20 Treppenstufen. Der rollstuhlgerechte Eingang befindet sich hinter dem Gebäude, also noch mal außen herumlaufen.

Ich komme immer ins Kotzen, wenn neue Gebäude keinen barrierefreien Zugang haben. Liebe Architekten, setzt euch doch bitte bei der Planung in einen Rollstuhl. Schönheit, Ästhetik, Kunst hin oder her. Nicht nur Rollstuhlfahrer freuen sich, auch Menschen mit Kinderwagen, alte Leute, faule Leute. Und liebe Rollstuhlfahrer, werdet doch bitte Architekten. Problemlos in alle Gebäude kommen. Ein Traum.

Na ja, zurück zum Amtsgericht. Wir haben also geklingelt.

Nach zehn Minuten kam ein Polizist und hat uns zur Kontrolle geführt.

Rollstuhlfahrer werden nämlich ebenso kontrolliert wie Fußgänger. Mit meinen Kumpels hab ich mir im Krankenhaus schon ausgemalt, wie wir Alkohol ins Stadion schmuggeln könnten. Aber mir wurde schnell erklärt, dass Rollstuhlfahrer genauso streng gefilzt werden. Hätte ja sein können. Am Flughafen, so haben es mir manche erzählt, ich bin ja seit dem Unfall nicht mehr geflogen, werden die Rohre, die Sitzkissen, alles genauestens untersucht. Klar, wer verdächtigt einen armen, kleinen Rollstuhlfahrer? Platz genug hat so ein Rollstuhl in jedem Fall. Also hab ich meine

Schmugglerkarriere an den Nagel gehängt, bevor ich sie begonnen hatte.

Im Amtsgericht waren die ebenso genau. Mir ist dann eingefallen, dass ich ja Werkzeug in meiner Tasche am Rollstuhl hab. Wenn mal irgendwo eine Schraube locker ist. Am Rollstuhl.

»Daniel«, hab ich geflüstert.

»Ja?«

»Ich hab Mordwaffen dabei!«

»Was?«

»Werkzeug für meinen Rollstuhl! Hol das raus und bring das denen!«

»Warum machst du das nicht?«

»Ich trau mich nicht.« Und ja. Bei solchen Dingen bin ich eine richtige Pussy.

Hat er dann auch gemacht, der liebe Daniel. Das Werkzeug wurde verwahrt, und ich konnte es später wieder abholen. Okay, Daniel musste es abholen.

Im Gerichtsgebäude selbst war alles wunderbar ebenerdig, und es gab genug Aufzüge. Aufzüge waren früher für mich immer der absolute Horror. Zu wenig Platz, zu eng, zu gefährlich. Ich bin lieber acht Stockwerke gelaufen, als den Aufzug zu benutzen. Schon ironisch, dass ich mich heute freue, wenn ich höre, dass ein Gebäude einen Aufzug hat.

Wir konnten in diesem Gebäude also problemlos überallhin. Also fast, zur Kantine ging es eine Treppe runter. Aber wir hatten zum Glück keinen Hunger. Ein anderes Bedürfnis meldete sich. Ich bekam langsam Gänsehaut. Das heißt bei mir meistens, ich muss für kleine Königstigerinnen. Wir haben also eine Toilette gesucht. Die Frauentoilette haben wir auch gefunden, was mir prinzipiell reichen würde. Problem ist nur: Die Kabinen sind meistens so klein, dass ich samt Rollstuhl nicht reinkomme, und wenn doch, kann ich die Tür nicht mehr schließen. Oder die Türrahmen sind sowieso so schmal, dass es eh nicht geht. Hier war die Kabine zu klein.

Wir sind also runter zur Auskunft, wo schon eine Frau mit ihrer Tochter im Rollstuhl stand. Die an der Auskunft waren total überfordert und mussten erst rumtelefonieren, um herauszufinden, dass es eine Behindertentoilette gab, und vor allem, wo sie war. Da kommen nie Rollstuhlfahrer ins Gericht – und dann auch noch zwei an einem Tag. Wo kommen wir denn da hin? Müssen Behindertentoiletten etwa auch noch ausgeschildert werden? Na ja, jedenfalls gab es wenigstens eine, ein netter Polizist hat uns hingeführt, und alle waren glücklich.

Ich erkundige mich immer vorher, ob ein Gebäude barrierefrei ist. Nur: Oft sind die Internetseiten eher mäßig informativ. Und ruft man an oder fragt jemanden, der nicht im Rollstuhl sitzt, heißt es: »Puh, hab ich noch nicht so drauf geachtet, aber müsste funktionieren.« Und schon steht man vor 20 Treppen und darf nichts trinken, weil es keine Möglichkeit gibt, aufs Klo zu gehen.

Verändert hat sich die Welt für mich auch beim Shoppen. Im Rollstuhl ist das richtig entspannt. Egal, wo ich hinkomme, alle Leute verlassen sofort möglichst unauffällig das Abteil. Nach dem Motto: »Ich hab da vorne noch was Schönes gesehen, das muss ich mir unbedingt sofort anschauen.«

Ich komme in die Abteilung für Sonnenbrillen. Drei Leute stehen da und probieren Sonnenbrillen an. Ich komme hinzu, nehme mir die erste Brille. Dem ersten Kunden falle ich auf, der wird unsicher. Er fühlt sich in meiner Gegenwart offensichtlich nicht wohl, legt die Sonnenbrille ab und verlässt langsam das Abteil. So geht das weiter, bis ich alleine bin. Kommt mal jemand um die Ecke und will eigentlich zu den Sonnenbrillen, geht er dann aber lieber schnell vorbei und tut so, als wollte er ganz woanders hin. Ich muss zugeben, die ersten paar Male war ich etwas verunsichert. Stinke ich? Bin ich hässlich? Sabbere ich schon wieder? Aber man gewöhnt sich an alles. Und jetzt sehe ich meinen Vorteil darin. Ich kann in Ruhe nach Sachen schauen, und niemand stört. Mittlerweile mache ich mir auch manchmal einen Spaß daraus. Ich teste, wie weit ich gehen kann. Ich sehe eine Dame, die zu den Hosen will. Ich begebe mich zu den Hosen, sie haut ab. Ich versperre den Weg, indem ich nur dastehe und mich umsehe. Nach einer Weile merkt sie dann, dass sie gar nicht angespuckt wird, und überwindet sich, direkt neben mir nach Hosen zu suchen. Ein großer Spaß!

Aber wenn ich die Ruhe vor den Klamotten auch mag, habe ich doch das Problem, nicht richtig an die Sachen ranzukommen. Denn trotz meines sehr schmalen Rollstuhls, Kinderrollstuhl, wie viele sagen, schaffe ich es oft nicht, überhaupt in bestimmte Abteilungen zu gelangen. In Modegeschäften stehen die Kleiderständer zu eng, ich komm nicht durch, und wenn, reiße ich sämtliche Kleidung runter.

»Sophia, das T-Shirt da hinten, kannst du mir das mal bringen? Sieht schön aus von Weitem.«

Wenigstens sind Kleiderstangen meist auf meiner Augenhöhe, sodass ich Kleidung gut nehmen kann. Was bei den Waren im Supermarkt eher selten bis nie der Fall ist. Immerhin komme ich beim Einkaufen im Durchschnitt sehr günstig weg. Ist klar, oder, die billigen Lebensmittel stehen bekanntlich unten. Ihr müsst euch bücken, ich hab gar keine andere Wahl. Ja, man könnte einen Verkäufer fragen, aber das lässt mein Stolz nicht zu. Außer es gibt Jägermeister im Sonderangebot. Der steht nämlich meistens ganz oben.

Was beim Einkaufen ein Vorteil sein kann, ist zu Hause übrigens ein Riesennachteil. Während andere den Schrank von oben bis unten vollstopfen können und jederzeit alles erreichen, muss ich Abstriche machen. Das Wichtigste muss Platz finden zwischen Knie und Schulterhöhe. Ist es tiefer, komm ich nicht ran, außer es hat schöne Schlaufen. Liegt es höher, komm ich ebenfalls nicht ran.

Ich habe mir mal überlegt: ›An welchen Ort würde ich eher kommen, wenn ich von da etwas herholen muss und es um Leben und Tod geht? Etwas, das unter mein Bett gefallen ist, oder etwas, das auf meinem Schrank liegt?‹ Meine Antwort: an etwas, das unter mein Bett gefallen ist. Irgendwie würde ich es bestimmt schaffen, mich aus dem Rollstuhl zu werfen und unters Bett zu kriechen. Aber aufstehen und auf einen Schrank greifen? Bisher nicht möglich.

Selbst wenn irgendein Gegenstand auf meiner Höhe ist, heißt es nicht, dass ich ihn einfach nehmen kann. Ich kann mit meiner Hand nicht greifen oder etwas halten. Wenn es was Leichtes ist, kann ich es mit einer Hand »umgreifen« und die Sache nehmen. Für schwere Sachen brauche ich beide Hände. Nun kann ich beide Arme aber nicht gleichzeitig nach vorne strecken, da ich sonst selbst nach vorne falle. Das klingt merkwürdig, aber so sieht meine Realität aus.

Von meinen alten Möbeln habe ich keine mehr. Die waren alle ungeeignet. Ich hab nur Regale in meinem Zimmer, und das, was ich öfter brauche, liegt auf der richtigen Höhe. Um den Rest zu bekommen, muss ich halt jemanden fragen. Und natürlich braucht man immer das, was gerade nicht zu erreichen ist.

Wenn ich hier bei meinen Privataktivitäten von einer Begleitung spreche, ist übrigens nicht ein bezahlter Begleiter, ein Assistent oder ein Behindertenbetreuer gemeint. Ich meine tatsächlich Freunde oder Familie. Die Leute denken, jeder Behinderte hätte einen von der Krankenkasse bezahlten Betreuer. Tatsächlich haben den nur die allerwenigsten. Dafür reicht das Geld nicht, und ich bin zu wenig behindert. Schade eigentlich, so jemanden zu haben, der alles für einen macht, wäre doch schön. Aber damit muss ich wohl noch warten, bis ich verheiratet bin.

Blogeintrag vom 3. Oktober 2015:
Ich hab jetzt schon 'ne Bomben-Idee für Fasching!
Eigentlich wollte ich mich als Stein verkleiden, weil, dann wäre ich ja ein rollender Stein, also ein Rolling Stone. Aber weil die meisten nicht 1000 Mal um die Ecke denken und ich keine Lust hab, 1000 Mal zu erklären, was ich bin, hab ich jetzt 'ne bessere Idee.
Ich verkleide mich einfach als Behinderte! Megagut einfach.
Heißt: Ich brauch ein Halstuch (auf jeden Fall das A und O als Behinderte. Hast du kein Halstuch, bist du nicht behindert!). Ich brauch so Fanshirts von irgendeinem Fußballclub oder von irgendeiner großen Firma, die Shirts, Caps etc. auf irgendwelchen Inklusions-Veranstaltungen verschenkt hat. Oder ein Shirt mit »Ihr lacht über mich, weil ich anders bin. Ich lache über euch, weil ihr alle gleich seid«. (Kennt ihr doch, solche Sprüche.) So, dann brauch ich auf jeden Fall Aufkleber auf meinem Rollstuhl! Also das ist auch oberwichtig! Wieder irgendwelche Fansticker halt. Orthopädische Schuhe natürlich. Bei der Hose bin ich mir noch nicht sicher, und bei meiner Recherche bin ich leider auch auf keine Behindertenhose gestoßen. Vielleicht einfach verwaschene Jogginghosen. Dann brauch ich noch 'ne

Harry-Potter-Oma-Brille und auf ein Auge
ein Delfinpflaster. Hab mir überlegt, so 'ne
gelbe Armschlaufe mit drei schwarzen Punkten
brauch ich auch noch.
Und (was natürlich am allerwichtigsten ist): Sabber!!
Also ohne Sabber brauchst du ja kein Halstuch zum
Sabber-Wegwischen, und wie gesagt, den
Schwerbehindertenausweis bekommst du nur, wenn du
Halstuch/Lätzchen trägst! Ich überleg mir noch, ob ich
dann sabbere (was wahrscheinlich ziemlich anstrengend
ist) oder ob ich mir einfach einen Sabberstreifen
schminke.
Und ich glaub, damit wäre mein Faschingskostüm
perfekt (könnte natürlich auch an Halloween gehen).

Das Traurige wird sein, die Leute werden nicht mal
merken, dass ich verkleidet bin.

Für diejenigen, die zwischen den Zeilen lesen können
und verstehen werden, was ich hier ironisiert (vielleicht
auch schon sarkastisch/zynisch – ich bin da ja für alles
offen) kritisieren möchte: Lob an euch!
Für alle anderen: Analysiert doch noch mal, und
(ausnahmsweise) werde ich selbst euch demnächst
mal eine Auflösung posten. Eine von mir erstellte
Interpretation von meinem eigenen Text! Unglaublich,
oder?

17
Was wird morgen sein, wenn ich erwachsen bin?

Darüber, was ich nach der Schule mal mit meinem Leben anfangen würde, hatte ich mir ziemlich lange ziemlich wenig Gedanken gemacht. Hatte ja auch ein paar andere Sachen zu tun. Nun zwang mich aber die Schule dazu, mich mit dem Thema zu beschäftigen. In der elften Klasse mussten wir ein verpflichtendes Praktikum machen.

Ich hab mich sehr drauf gefreut. Nun musste ich nur noch eine Praktikumsstelle finden. Und zwar eine Praktikumsstelle, die mir gefiel; ein Unternehmen, das mich nehmen wollte und außerdem noch erreichbar und barrierefrei war.

Für mich war sofort klar, dass ich bei einem Anwalt ins Praktikum gehen wollte. Jura war schon immer mein Wunsch gewesen, und jetzt würde ich das Studium von den Noten her sogar erreichen können. Wenn jemand gefragt hat, was ich werden will, hatte ich schon immer geantwortet: Anwältin. Im Kindergarten noch Tierärztin oder Polizistin. Tierärztin fiel weg, nachdem ich gemerkt hatte, dass ich kein Blut sehen kann, und Polizistin war dann auch irgendwann nicht mehr von Interesse. Außer bei der Hundestaffel, aber das ist mit Rollstuhl eher schwer. Aber als Anwältin dürfte der Rollstuhl doch keine Probleme machen. Genauso hab ich schon seit der achten Klasse gesagt, ich will Jura studieren. Dafür wurde ich aber immer belächelt. »Jaja, Amelie und Jura, genau.« Die Zweifel von Freunden und Lehrern aber haben mich nur noch mehr angestachelt, das zu tun. Und da ich außerdem sonst keine Ahnung hatte, was ich machen soll, und auch neugierig war, wie es in einer Kanzlei so abläuft, habe ich nach einem für mich geeigneten Anwaltsbüro gesucht.

Das sind so Situationen, da war ich richtig eifersüchtig auf meine Mitschüler. Die konnten hin, wo sie wollten, mussten auf nichts achten. Und wenn ich dann hörte: »Du hast es gut, du hast bestimmt den Mitleidsbonus und wirst überall genommen.« – dann wurde mir echt mulmig. ›Ja, eben nicht.‹ Außerdem wollte ich nicht aus Mitleid einen Praktikumsplatz oder später einen Job bekommen, sondern weil ich gut bin.

Blogeintrag vom 15. Januar 2015:
Ich hoffe, ich hab meinen Traum, Anwältin zu werden, noch verwirklicht, bevor mein Unfall-Dings verjährt. Dann kann ich das Skigebiet (bzw. die Zuständigen) schön verklagen.

Bei uns in der Nähe hatten wir keine Kanzlei, die infrage kam. Meine Mutter kannte aber durch die Arbeit einen Anwalt in München und hat bei ihm nachgefragt. Aufzug vorhanden, alles ebenerdig, nichts gegen Rollstuhlfahrer: perfekt!

Die Kanzlei liegt direkt am Marienplatz in München. Alleine wäre ich, wie ihr jetzt wisst, nie hingekommen. Aber dafür hatte ich ja meinen Schulbegleiter, der mich auch im Praktikum begleitete.

Aber kaum waren wir drin, konnte ich alleine fahren. Keine einzige Stufe, keine Steigungen. Nur Teppichboden. War aber eher einer von diesen harten Teppichböden, deswegen gut machbar. Es gab einen Aufzug, und ich habe mich gleich nach der Toilette erkundigt. Die check ich immer als

Erstes ab, damit ich weiß, ob ich trinken darf oder dürsten muss, weil ich sonst ein Problem bekomme.

»Hallo, mein Name ist Amelie, darf ich Ihre Toilette anschauen?« Aber was soll ich machen? Jemand anderen zu schicken oder einfach nur nachzufragen ist meistens nicht sinnvoll. »Jaja, passt schon«, heißt es dann gern. Dann trinke ich drei Gläser, muss dringend aufs Klo und stecke im Türrahmen der einzigen Toilette fest. Und jetzt?

Nachdem wir uns alle begrüßt hatten und mir diese wie für mich gemachte Kanzlei gezeigt wurde, konnten wir es uns in einem Büro gemütlich machen, und der Anwalt hat ein wenig von seinem Tagesablauf erzählt. Die nächsten zwei Tage liefen so ähnlich ab. Wir konnten schauen, was in einer Kanzlei so passiert, mit allen Leuten dort sprechen und Beispielfälle ansehen. Konnten uns alle möglichen Gesetzbücher durchlesen – Hilfe, sind das viele. Daniel und ich haben uns welche genommen und geschaut, wer das witzigste, unnötigste oder dümmste Gesetz findet. Beschreibt unsere Freundschaft und die zwei Jahre mit ihm eigentlich ganz gut. Wir konnten entspannt mittagessen gehen und um drei Uhr nachmittags dann auch schon nach Hause. Der Hin- und Rückweg waren definitiv das Anstrengendste.

Es war klar, dass ich nicht wirklich arbeiten könnte. Ich weiß nicht, wie so ein Praktikum normalerweise abläuft. Aber ich hab gehört: viel kopieren, Kaffee machen, Akten ordnen, putzen. Kann ich alles nur, wenn der Kopierer auch wirklich auf Augenhöhe ist. Kaffee machen, Akten ordnen, alles eher schwer, wenn alles weit oben im Regal steht.

Aber trotzdem war mir nicht langweilig. Ich konnte sehen, was ein Anwalt grob macht. Und hab gemerkt, dass es viel lockerer zugeht als befürchtet. Ich hatte extra mein Lippen-Piercing rausgenommen, mich nur dezent geschminkt und neben einer Bluse auch noch eine schickere eklige Anzughose getragen. Dass die Frau des Anwalts tätowierte Arme hatte, hat mich extrem beruhigt, hab mich plötzlich total overdressed gefühlt. Die nächsten Male hab ich dann Jeans und meine geliebten Vans getragen. Da fühlte ich mich definitiv wohler. Mein Piercing hat mir gefehlt, ich kam mir so brav vor. Die Bluse hab ich anbehalten, aber an mehr werde ich mich nicht gewöhnen. Nicht meins.

An einem Tag durften wir den Anwalt dann auch zum Amtsgericht begleiten. Da ist mir dann klar geworden, dass das mit dem Anwaltsein für mich vielleicht doch nicht so realistisch ist. Sobald es darum geht, irgendwo hinzukommen, wird es schwierig. Vor allem, wenn man das Gebäude nicht kennt. Einfach in die nächste Bahn springen geht nicht. Taxi auch sehr schwierig. Das hat meine anfängliche Hoffnung, dass alles irgendwie wird, etwas zerstört.

Im Gericht selbst war es spannend. Da ich bei einem Anwalt für Steuerrecht Praktikum gemacht habe, ging es bei dem Fall um Steuern. Ich hab kein Wort verstanden und war trotzdem fasziniert. Der Anwalt war ein wirklich cooler Typ. Mir hat es Spaß gemacht, und das Praktikum hat meinen Wunsch bestärkt. Nur weiß ich jetzt, dass es sicher nicht Steuerrecht wird. Strafrecht wäre cool. Auch, wenn mich der Anwalt vor den bösen Jungs gewarnt hat. Aber das ist, ehrlich gesagt, genau mein Ding. Ein Problem könnte der Satz sein: »Bitte erheben Sie sich.« Aber vielleicht hat es auch was Gutes, und alle sind eingeschüchtert.

Sosehr ich mich auf das Praktikum gefreut habe, natürlich hatte ich auch Angst. Angst, wie es wird, was ich wohl alles machen kann, welche Optionen ich für die Zukunft haben würde. Nach dem Praktikum war die Angst noch größer. Mir wurde wieder einmal klar, was alles nicht geht und worauf ich angewiesen bin. Ich kann nicht jeden Job ausführen. Ich möchte in meiner späteren Arbeit keine Assistenz. Ich möchte alleine arbeiten können. Dafür brauche ich eine Arbeitsstelle, die ich gut erreichen kann und die barrierefrei ist. Meine Arbeitsstelle muss auf mich angepasst sein. Ich komm nicht an Aktenordner, die weit unten im Schrank stehen, und auch nicht an die, die weit oben sind.

Blogeintrag vom 3. Juni 2016:
Ist es zu spät, das Abi abzubrechen und eine
Ausbildung bei Rewe zu starten?
Oder Türsteher wär chillig.
Hab mich zwar auch beim SEK beworben (schöne
Hunde), aber irgendwie wollten die mich nicht.
Diskriminierung! Würde so gern mal ein Haus stürmen
und jemanden festnehmen.
»Halt! Bleiben Sie stehen! Sie können nicht
davonlaufen!« Oh shit, Treppen.

Nach dem Praktikum, in dem ich mich richtig wohlgefühlt hatte, ging es mir trotzdem sehr schlecht. Ich hatte extreme Zukunftsängste. Bis dahin war ich immer nur in der Schule gewesen. Hatte Lehrer, die alles für mich getan haben, hatte einen Schulbegleiter, mit dem ich mich gut verstand, und ein Gebäude, das für mich angepasst wurde. Aber was, wenn ich später nie alleine arbeiten könnte? Was, wenn ich keinen Arbeitgeber finde, der mich nimmt? Was, wenn ich keine rollstuhlgerechte Arbeitsstelle finde? Was, wenn ich keine Arbeit finde, die man im Rollstuhl machen kann und die mir dann auch noch Spaß macht? Ich hab keinen Bock, irgendeinen Behindertenjob zu machen, für den ich in irgendeine Behindertenwerkstätte abgeschoben werde. An irgendeinen Arbeitsplatz kommen, an dem ich dann Kreuze auf Listen setzen und hier und da mal Telefonate annehmen darf. Und ich irgendwo hingesetzt werde, wo ich nicht im Weg bin und keinen störe.

Ich habe unendliche Angst davor, nicht ernst genommen zu werden. Und als ich einmal so in meinem Bett lag, am Verzweifeln war und mich mit Fernsehen ablenken wollte, lief ein Film über eine Rollstuhlfahrerin. Und solche Filme schaue ich ganz gern, weil ich dann klugscheißern kann. »Ah, da haben die was falsch gemacht« und »Ja genau, weil ein Para so einen hässlichen Rollstuhl fahren würde«. Meine Querschnittchen wissen sicher, was ich meine. Jedenfalls ging es in dem Film um diese Frau, eine Anwältin, die im Rollstuhl landet und wieder zu arbeiten anfängt. Sie macht sich sogar selbstständig. »Ich lass mich nicht unterkriegen, nur weil ich im Rollstuhl sitze«, sagte sie.

Ich konnte diese Frau keine Sekunde lang ernst nehmen. Was, wenn ich auch so bin? Was, wenn die Leute denken, jaja, die kleine Rollstuhlfahrerin. Das kotzt mich an! Ich will ernst genommen werden. Aber Menschen sehen eben oft nur den Rollstuhl. Ich hoffe, ich werde nicht als bemitleidenswertes Wesen wahrgenommen werden. Und wenn ich arbeite, möchte ich nicht, dass die Leute denken, ich sei eine, die sagt: »Ich lass mich trotz Rollstuhl nicht unterkriegen.« Und ich möchte auch niemandem was beweisen müssen. Ich möchte, dass die Leute nichts denken. Dass ich arbeite wie jeder (okay, wie fast jeder) andere auch.

In derselben Woche kam dann noch eine Sendung von Günther Jauch zum Thema Inklusion. Menschen, die auf Arbeitsassistenz angewiesen sind, habe ich da gelernt, dürfen nur einen bestimmten Betrag verdienen. Eine im Rollstuhl sitzende Richterin hat das gesagt und kritisiert. Sie hat aber auch gesagt, dass man da nichts machen kann. Und ab da hatte ich wirklich keinen Bock mehr.

Ich will Geld haben, ich will arbeiten, ich will mein eigenes Geld verdienen und behalten dürfen. Aber vor allem möchte ich unabhängig sein. Ich muss genug ausgeben: für eine Wohnung, die rollstuhlgerecht ist; für unzählige Hilfsmittel, die mir den Alltag erleichtern und auf die ich angewiesen bin und die mir nicht von der Kasse gezahlt werden.

Ich möchte keine Arbeitsassistenz. Aber dafür muss ich eine geile Arbeitsstelle finden, die mich unterstützt, oder eben mein eigener Chef werden. Ich möchte nicht, nur weil ich jetzt im Rollstuhl sitze, nicht mehr arbeiten können. Zu Hause rumsitzen und Sozialgeld beziehen. Aber ich hab oft genug das Gefühl, dass genau das von mir verlangt wird. – Nicht mit mir, meine Freunde!

Es ist schwer, eine Arbeit zu finden. Eine, die einem zusagt, bei der man sich wohlfühlt. Denn der Rollstuhl schränkt so unendlich ein. Alle reden von Inklusion, wirklich Bock hat keiner drauf, außer natürlich wir Behinderten. Aber was haben wir schon zu melden?

Ich hatte wirklich, wirklich, wirklich Angst davor, was nach der Schule passiert, wie mein Leben weitergehen soll. Aus der behüteten Schule raus, rein in diese gemeine Welt.

18
Neue Freunde

Blogeintrag vom 20. Juni 2015:
Die Abiturzeit war vorbei und mein früherer Jahrgang fertig mit der Schule.

Gut: Ich seh die ganzen Idioten nie wieder! Schönes Gefühl.
Schlecht: Ich wurde mal wieder schön daran erinnert, was mir entgangen ist, was mir alles entgehen wird, was ich so nie erleben werde und was ich alles nicht habe. Klar werde ich nächstes Jahr mein Abitur haben (hoffentlich), aber ich werde mein Leben nie so führen, wie ich es mir immer vorgestellt habe und wie sie alle es tun.

Und ehrlich gesagt freue ich mich nicht auf das Ende der Schulzeit. Habe viel eher Angst davor, wie es danach weitergehen soll …

Es war sehr schwer, mit anzusehen, wie meine ehemaligen Klassenkameraden und einstigen Freunde ihr Leben weitergelebt haben, als wäre nie etwas gewesen. Als wäre ich nicht da gewesen.

Ich hab meine alten Freunde auf den Fluren gesehen, in der Aula, und wir haben uns ignoriert. Ich hab gesehen, wie sie am Tag vom Deutschabitur vor der Schule standen und füreinander da waren. Und ich dachte mir: ›Verdammt, ich würde eigentlich auch da stehen. Bei meinen Freunden.

Aufgeregt, weil ich gleich meine erste Abiturprüfung hätte und bald ein neues Leben ohne Schule beginnen würde.‹

Aber ich saß hier. Hatte noch ein Jahr Schule vor mir, und meine Freunde hatten mich vergessen.

Am letzten Prüfungstag haben sie gejubelt und gefeiert. Auf dem Parkplatz unserer Schule vorgeglüht. Ich bin mit Daniel an ihnen vorbei und wurde von niemandem angeschaut. Einfach ignoriert. Und so hab auch ich nichts gesagt. Nur gedacht: ›Ihr wisst gar nicht, wie scheiße ich euch finde. Schön, dass ihr mit euren Freunden feiern könnt. Ich werde nächstes Jahr nicht feiern mit Leuten aus meiner neuen Stufe, die mindestens zwei Jahre jünger sind als ich. Und von euch wird auch keiner da sein.‹

Auf der einen Seite war ich sauer und traurig, dass die Leute jetzt weg waren. Wenn sie mich nicht mehr sahen, würden sie gar nicht mehr an mich denken. Bis jetzt hatte ich ihnen wenigstens noch zeigen können, wie enttäuscht ich von ihnen war. Sobald sie weg sein würden, würden wir auch den letzten Sichtkontakt verlieren. Leute, die mir trotzdem noch immer wichtig waren, würde ich nie wieder sehen.

Und auf der anderen Seite war ich froh. Denn verdammt viele von diesen Leuten konnten mir heftig gestohlen bleiben. Die Aussicht darauf, deren Gesichter nicht mehr sehen zu müssen, fühlte sich gut an. Am Ende ging es mir wirklich besser, als sie weg waren. Ich hab mich irgendwie freier gefühlt. Ich konnte mich mit meinen neuen Mitschülern unterhalten, ohne Angst zu haben, dass irgendwo einer meiner alten Freunde steht und sich denkt: ›Haha, jetzt chillt sie mit den Jüngeren.‹ Ich weiß, dass das ein dämlicher und oberflächlicher Gedanke war, aber diese Angst, von früheren Freunden belächelt zu werden, war ständig da.

Ich konnte endlich wieder ich sein, mich wichtigmachen und laut sein. Ich hab mich total eingeschüchtert gefühlt von meinen alten Mitschülern. Ich spürte eine Angst, die mir neu war. Seit der Grundschule gehörte ich zu den Coolen, mit denen alle befreundet sein wollten. Und in der Zeit nach meinem Unfall war ich plötzlich allein. Zum ersten Mal. Wollte noch nicht akzeptieren, dass mich die Freunde im Stich gelassen hatten und ich mir neue suchen musste.

Jetzt musste ich nicht mehr die Gesichter ertragen, die mich so eiskalt ignoriert hatten. Konnte mehr und mehr abschließen und wieder ich sein. In unserer Abizeitung ein Jahr später wurde ich auf Platz zwei der »besten Sprücheklopfer« gewählt. Ich hatte mir ein Stück von meinem alten Leben zurückgeholt.

Dadurch, dass ich mich getraut habe, mich mehr auf meine neuen Mitschüler einzulassen, sind viele tolle neue Freundschaften entstanden. Denn ja, das habe ich heute: tolle neue Freunde. Ich habe zwei beste Kumpels, die ich in der neuen Klasse kennengelernt habe. Und ansonsten Freunde und Freundinnen. Es fällt mir trotzdem etwas schwerer als früher, jemanden wirklich als Freund zu bezeichnen. Ich weiß, wie wenig Freundschaft plötzlich wert sein kann. Und ich möchte nie wieder so enttäuscht und verletzt werden. Ich liebe es, neue Leute kennenzulernen, und ich bin gern unter Menschen. Aber zu meinen Freunden zähle ich nur noch wenige.

Während ich von meinen alten Schulkameraden von keinem, außer Oli, mehr etwas gehört habe, haben sich in der Zwischenzeit ein paar andere Freunde wieder gemeldet.

Oder ich mich bei ihnen.

Hin und wieder hat einer geschrieben, wie leid es ihm tun würde, dass er sich nach dem Unfall nicht gemeldet hatte. Dass er einfach nicht wusste, wie. So jemanden zu treffen war immer mehr als unangenehm. Ein Kumpel, den ich erst knapp ein Jahr vor meinem Unfall kennengelernt hatte, kam mich besuchen. »Was wollen wir machen?«

Gute Frage. Was soll man bei einem ersten Wiedersehen nach so einer Geschichte machen? Mir von ihm helfen lassen wollte ich nicht. Nicht von jemandem, der mich zum ersten Mal so sah. Da hätte ich zu viel erklären müssen. Also fiel Eis essen, spazieren und essen gehen weg. Zu ihm fahren auch. Also trafen wir uns bei mir. Saßen am Tisch und redeten. Wenn man sich das erste Mal nach Langem sieht, kann das interessant sein, weil es viel zu erzählen gibt – es kann aber auch sehr unangenehm werden.

»Und wie geht's so?« – »Und sonst so?« – »Bei dir so?« – »Hast du noch Kontakt zu dieser oder jener Freundin?«

So lief ziemlich jedes dieser ersten Treffen anfangs. Bis wir wieder miteinander warm geworden waren.

»Nächstes Mal gehen wir essen! Ich helfe dir wirklich gern! Das schaffen wir schon«, hat der besagte Kumpel vorgeschlagen.

Hm, okay. Das nächste Mal sind wir also essen gegangen. Und es war wirklich weitaus weniger schlimm, als ich befürchtet hatte. Wir hatten Spaß und viel zu reden.

Als wir uns dann einen Nachspeisenteller teilten, konnte ich die Gedanken meiner Sitznachbarn am Nebentisch geradezu hören: »Was, das ist gar nicht ihr Pfleger, sondern tatsächlich eine Begleitung?«

Das hab ich ihm dann gesagt, und er musste lachen.

Auch wenn ich lange sauer war: Ich war froh, diese verschollenen Freunde wiederzusehen. Für mich war die Vergangenheit damit gegessen. Es gehört eine Menge Mut dazu, sich nach so einer langen Zeit zu melden, und das verdient Respekt. Vier alte Freunde habe ich so bisher zurückgewonnen. Natürlich gibt es auch Leute, die für mich gestorben sind. Die sich zwar entschuldigen können, denen ich aber nie verzeihen werde. Aber das sind bloß eine Handvoll Menschen.

Ich bin schnell angepisst, zugegeben. Bin aber auch sehr gefühlvoll und sensibel, auch wenn ich das nicht gern zeige. Ich werde schnell wütend auf Leute, aber genauso schnell verzeihe ich auch wieder. Zumindest meistens.

Manchmal denke ich, wie viel einfacher es doch gewesen wäre, jemanden gehabt zu haben, der für mich da gewesen wäre, als es drauf ankam. Waren viele Freunde aber eben nicht.

Blogeintrag vom 16. März 2016:
Jetzt mal ein Thema, das viele schockieren wird, vielleicht sogar ihr Weltbild zerstört.
Gut, fangen wir an. Macht euch bereit:
Ich habe Freunde.
So, bevor jetzt der zweite Schock kommt, lass ich euch mal kurz durchatmen. Genug? Weiter geht's. Aber Vorsicht, es könnte noch mehr zerstören:
Ich habe Freunde, die nicht im Rollstuhl sitzen.

Ich weiß, es klingt unmöglich. Im Rollstuhl zu sitzen und Freunde zu haben, die nicht behindert sind. Klingt jetzt erst mal total unnormal. Aber es stimmt. Viele werden jetzt denken: »Was? Kann doch nicht sein. Die bezahlt die doch? Wie kann eine, die im Rollstuhl sitzt, Freunde haben?«
Aber das ist nun mal die Wahrheit. Ich weiß auch nicht, wie die es mit mir aushalten. Ich meine, ich kann mich kaum verständlich ausdrücken, sabbere alle im Umkreis von zwei Metern voll und bin geistig auf dem Level einer zwei Monate alten Seegurke. Ganz zu schweigen

davon, dass man mit mir nichts unternehmen kann,
außer nebeneinander zu sitzen und in die Luft zu
starren, ich nie Alkohol trinke und auch sonst keinen
Spaß verstehe. Aber wir haben uns so eben arrangiert
und gelernt, damit umzugehen.

Im Ernst und weil ich von ein paar meiner Leute drauf
hingewiesen wurde, dass es hier nicht deutlich wird:
Ich hab Freunde, sehr gute neue Freunde. Ich will nur
nichts über die schreiben, weil ich nicht weiß, wie viel
sie von sich im Internet lesen wollen. Ist nicht jeder so
ein offener Mensch.

Aber dann schreiben mir Leute solche Sachen hier:
»Hoffentlich hast du einen Freund vom Rollstuhlsport,
mit dem du reden kannst.«
So als hätten Rollstuhlfahrer nur Rollstuhlfahrer
als Freunde. Ich hab mit genau einer Rollstuhlfahrerin
regelmäßig Kontakt, sonst nur mit Nicht-Rollstuhl-
fahrern, mit denen ich reden kann. Versteh nicht,
wieso so viele ein Problem damit haben.

Einschub:
Bruder Lukas über Amelie

*A*melie war immer meine starke, große Schwester. Die, die immer den Mund aufgemacht hat, wenn ihr was nicht gepasst hat. Das habe ich sehr an ihr bewundert: dass sie mutig war, Selbstvertrauen hatte, auf Leute zugehen konnte und sehr offen war.

Das hat sich durch den Unfall nicht geändert, Amelie hat sich nicht verändert. Ich würde sogar sagen, dass sie noch stärker geworden ist. Sie vertritt noch immer ihre Interessen, viel besser, als ich das könnte. Und sie ist für mich immer noch ein Vorbild. Sie war vor ihrem Abitur in der Schule so unglaublich fleißig, da wäre ich wirklich gern ein bisschen mehr wie sie.

Der Moment, in dem wir sie damals zum ersten Mal im Krankenhaus gesehen haben, war, glaube ich, auch deshalb so schwierig, weil sie eben immer so stark gewesen ist. Plötzlich lag sie da und konnte überhaupt nichts mehr. War überhaupt nicht stark, sondern hilflos.

Für einen Moment, der noch ein paar Wochen angehalten hat, war das in vielen Situationen nicht mehr meine Schwester, sondern ein Unfallopfer. Es war alles so ungewohnt, die Situation so verunsichernd. Ich habe einfach nicht verstanden, was da mit ihr passiert ist, habe das alles eine Zeit lang gar nicht richtig wahrnehmen können.

Aber nach einer Weile habe ich mich mit der Situation arrangiert. Ich erinnere mich daran, wie schön es ein paar Monate später war, sie gemeinsam mit meinem Papa auf der Reha in Bad Wildbad zu besuchen. Wir waren fast jedes

Wochenende dort, und beinahe jedes Mal hatte sie neue Sachen gelernt. Da war sie nicht mehr so schwach wie in den ersten Tagen, sondern wieder viel mehr die Amelie, die ich kannte.

Noch normaler ist die Situation geworden, als Amelie dann endlich bei uns zu Hause war und wir uns jeden Tag gesehen haben. Es war damals der zweite Schultag im September 2013, als sie nach Hause gekommen ist. Ich war wahnsinnig glücklich, sie wiederzuhaben. Und auch darüber, dass ihr ihr neues Zimmer im Erdgeschoss so gut gefallen hat.

Ich hatte am Anfang eigentlich nicht in ihr altes Zimmer im ersten Stock ziehen wollen. Der Gedanke hat sich komisch angefühlt. Ich wollte nicht, dass unsere Mama Amelie fragt, ob ich dort einziehen kann. Ich wollte das Zimmer nur nehmen, wenn es für Amelie wirklich in Ordnung ist. Ich wollte ihr nicht das Gefühl geben, dass sie jetzt acht Monate weg war, dann nach Hause kommt und ich ihr das Zimmer weggenommen habe. Aber es war für sie gut, und sie hat sich im Erdgeschoss wohlgefühlt. Trotzdem habe ich noch ein paar Wochen lang ein komisches Gefühl gehabt im alten Zimmer meiner Schwester.

Obwohl sich so viel verändert hatte, haben unsere Eltern uns Kinder nicht anders behandelt, nachdem Amelie wieder zu Hause war. Natürlich hatte sie Vorrang, aber mich haben meine Eltern auch weiterhin unterstützt und zum Beispiel zu Fußballspielen begleitet. Es war ja auch ganz normal, dass sich mehr um Amelie drehte, für mich war das nie ein Problem.

Ich helfe ihr auch gern, wenn sie etwas braucht. Klar ist das manchmal nervig. Aber ich erinnere mich dann daran, dass sie natürlich nichts dafür kann, dass sie bei manchen Dingen auf Hilfe angewiesen ist.

Ich denke trotzdem nur selten an die Zeit zurück, in der Amelie noch laufen konnte. Die Situation ist so, wie sie ist, und wir machen gemeinsam das Beste daraus. Wir halten in der Familie und unter uns Geschwistern immer zusammen und unterstützen uns gegenseitig. Zu meinen Schwestern hatte ich schon vor dem Unfall eine sehr gute und enge Beziehung. Ich finde nicht, dass sich durch Amelies Behinderung daran etwas geändert hat. Man sagt zwar, dass man durch so einen Schicksalsschlag noch dichter zusammenrücken würde. Aber das war bei uns eigentlich kaum möglich, wir haben uns vorher ja auch schon sehr gemocht und gut verstanden.

Mittlerweile ist Amelie längst wieder meine starke, große Schwester. Ich bin mir sicher, niemand aus unserer Familie hätte so einen Unfall und das Sitzen im Rollstuhl so weggesteckt, wie sie das geschafft hat. Sie ist mit Sicherheit die Einzige von uns, die so viel Kraft hat.

19
Lernen, lernen, lernen

Meine Handschrift wurde immer besser; bald schöner als meine frühere Handschrift. Ich hatte eigentlich eine Sauklaue, aber jetzt war meine Schrift wirklich zu lesen. Das fanden auch die Lehrer. Mit einer Ausnahme. Ein Lehrer hat unter eine Hausaufgabe geschrieben: »Schrift?«

Ich würde mich nicht beschweren, wenn meine Schrift wirklich nicht lesbar gewesen wäre, aber das war sie. Und das sagen nicht nur meine Eltern. Neben mir saß einer, dessen Schrift wirklich schwerer zu entziffern war. Und da stand auch nicht »Schrift?«. Ich hatte zwei Jahre geübt, um wieder leserlich schreiben zu können, um überhaupt schreiben zu können. Und dann musste ich so was lesen.

Aber mit diesem Lehrer gab es schon immer Auseinandersetzungen. Schon vor meinem Unfall. »Bist du nicht etwas overdressed für die Schule?«, hat er mich mal gefragt. Weil ich Hotpants (mit Strumpfhose!) und dann auch noch Schuhe mit Keilabsatz anhatte. Schlimm. Darauf hatte ich mich mündlich angestrengt, extra viel mitgearbeitet. Gemeinsam mit Marie saß ich in der ersten Reihe, hab mich viel gemeldet und dann nach meiner mündlichen Note gefragt. Eine Fünf. Bestimmt ganz objektiv bewertet.

Ehrlich gesagt dachte ich, nach dem Unfall würde es besser, wegen Mitleid und so. Aber nein. Wir hatten noch immer das gleiche miese Verhältnis. In der zweiten Woche, nachdem ich wieder probeweise zur Schule ging, hab ich einen Strich bekommen, weil ich meine Hausaufgaben nicht hatte. Aber alles mit einem Lächeln. Wir hatten zwei

Mädchen in der Klasse, die wegen dieses Lehrers geweint haben im Unterricht. Die zwei waren allerdings eher schüchtern, es lag also nicht daran, dass ich gern mal meinen Mund aufmache, wenn mir etwas nicht gefällt. Eines der Mädchen meinte total süß zu mir: »Ich bewundere dich voll, dass du sagst, wenn dir etwas nicht passt, und dass du dir nichts gefallen lässt.« Mir selbst ist das nie aufgefallen, weil ich einfach ich bin und es eben normal finde, den Mund aufzumachen. Aber da hab ich zum ersten Mal gemerkt, wie schlimm es sein muss, sich das nicht zu trauen. Ich sage jedenfalls weiterhin was, wenn ich mich ungerecht behandelt fühle. Ich kann auch nicht anders.

Ich hab mich in diesem Fach immer besonders um meine Schrift bemüht und Klausuren teilweise komplett neu geschrieben, damit meine »Schrift?« auch leserlich ist.

Blogeintrag vom 23. Januar 2016:
Spätestens bis zum Abi muss ich zehn Kilo zugenommen haben. Jetzt, wo man meinen Arsch nicht mehr (oder nur selten) sieht, brauch ich wenigstens Ti..en.

Wird schon drum gestritten, wer meine Begleitung sein wird. Hat nämlich keiner Bock zu tanzen.

Ich hatte mittlerweile angefangen, alle Klausuren komplett mit der Hand zu schreiben. Ich hatte auch Kunst und auf meine Zeichnung in der Kunstklausur 40 von 40 möglichen Punkten bekommen. Hab damit mein altes Hobby wieder aufleben lassen und mehr gezeichnet. Das hatte mir schon als Kind viel Spaß gemacht. Habe fast immer nur Tiere, vor allem Pferde und Hunde, gezeichnet. Ich konnte mit zehn schon sämtliche Hunderassen an den Pfoten unterscheiden,

da man sich beim Zeichnen damit auseinandersetzen musste. Kein Wunder, dass es mir leichter fiel, Hunde zu zeichnen als Menschen. Auch toll am Zeichnen: Ich kann dabei
komplett abschalten. Früher hab ich meistens einen Bleistift verwendet. Nur geht das jetzt nicht mehr, da ich nicht
mehr fest genug aufdrücken kann. Deswegen zeichne ich
jetzt mit Kreide.

In Mathe hat mir allerdings mein ganzes Zeichentalent
nichts geholfen. Ich hatte Probleme, wenn es darum ging,
Diagramme und Ähnliches zu zeichnen, alles, was mit Li-
neal zu tun hatte. Meine Diagramme wurden deshalb nicht
nach Genauigkeit bewertet.

Klausuren waren handschriftlich und durch den Nachteilsausgleich also zu schaffen. 50 Prozent mehr Bearbei-
tungszeit bekam ich. Und wie bereits gesagt, brauchte ich
diese Zeit auch. Ich schrieb langsamer als meine Schulkameraden und brauchte Pausen, damit ich meine Muskeln
entspannen konnte.

Die meisten Mitschüler haben das verstanden. Es gab
aber auch einige, die sich anscheinend benachteiligt fühlten.
Eine Lehrerin hat uns einmal eine Klausur ausgeteilt und
gesagt, wie lang wir Zeit haben.

»Ihr verlasst dann leise das Klassenzimmer, weil Amelie
noch weiterschreibt.«

Ein Klassenkamerad drehte sich um: »Amelie immer mit
ihrer Extrawurst.« Wahrscheinlich hatte er es nur als Scherz
gemeint, trotzdem hat es mich getroffen.

Nachteilsausgleich. Ein Nachteil, der ausgeglichen wird.
So gut es eben geht. Das ist nicht das, was ich will. Eine
»Extrawurst«, bevorzugt werden. Und das wurde ich in
der Schule auch nicht. Dass mein Gehirn schon am Limit
war, wenn die anderen das Klassenzimmer verließen, wurde nicht bewertet. Dass ich mich länger anstrengen musste,

auch nicht. Also wer dann noch von Unfairness oder einem Nachteil für sich spricht, der hätte ja gern mal mit mir tauschen können; der hätte dann auch in Deutsch sechs statt vier Stunden Klausur schreiben dürfen.

Inzwischen ging es Richtung Abitur, und die Abiturprüfungen würden etwas länger sein als Klausuren. Mit den 50 Prozent Zeitaufschlag hieße das dann, ich hätte im Deutschabitur statt 315 Minuten 472,5 Minuten Zeit gehabt, fast acht Stunden. Und egal wie viele Pausen ich dazwischen gemacht hätte, so lange hätte ich niemals schreiben können. Die Kraft hätte nicht gereicht, und so lange konzentriert zu denken geht auch nicht. Irgendwann kann man nicht mehr. Das Abitur ist anstrengend genug. Und das dann noch mal um die Hälfte verlängert – nein, das konnte nicht die Lösung sein. Eine andere musste gefunden werden. Und das hat gedauert. Bis kurz vor den Prüfungen.

Ein Vorschlag eines Lehrers war: diktieren. Ich sollte mich neben einen Lehrer setzen und ihm diktieren, was ich schreiben würde. Für mich war das von Anfang an eine Scheißidee.

»Warum denn? Ist doch gut, dann musst du dich nicht anstrengen, und der Lehrer kann schneller schreiben.«

Ja, ich muss mich körperlich weniger anstrengen. Aber wenn man diktiert, muss man für zwei mitdenken. Ich muss schreiben, damit ich nachdenken kann. Ich kann Sätze nicht so sprechen, wie ich sie schreibe. Es ist unendlich nervig, allein mit Siri zu reden. Ich war einfach dagegen.

Ich musste es aber wenigstens versuchen. »Damit wir sagen können, wir haben es probiert.« Und da ich ja tolerant und offen und diesen ganzen anderen Blödsinn bin, habe ich eingewilligt.

So hatte ich dann jede Woche zusätzlich zum normalen Unterricht eine Stunde Diktieren-Üben. Und es war, wie ich es vorausgesagt hatte. Sinnlos, unnötig und um einiges anstrengender, als selbst zu schreiben. Ich konnte es einfach nicht, das Diktieren. Es nervte mich. Ich konnte nicht denken, während neben mir jemand das Gesagte aufschrieb. Ich konzentrierte mich darauf, ob er auch alles richtig machte. Dann verbesserte ich mich sehr oft, dadurch musste immer viel gelöscht werden. Und ich hab oft gesagt, dass diese Zusatzstunden mehr als unnötig wären und wir doch bitte nach einer anderen Lösung suchen sollten. Trotzdem musste ich jeden Freitag hin.

Bis ich es zum zehnten Mal angesprochen habe und dann sogar mit Tränen in den Augen gesagt habe, dass ich es für unnütz halte. Ich weine wirklich nur, wenn ich richtig wütend und verzweifelt bin. Andere weinen, wenn sie traurig sind oder wenn sie zu viel Alkohol getrunken haben. Ich muss weinen, wenn ich sauer bin. Erst werde ich laut, dann beleidigend, dann heule ich und wenn ich anfange, jemanden zu ignorieren, weiß derjenige, dass er es richtig verkackt hat. Dann bin ich nämlich so wütend, dass nichts mehr hilft. Außer Hundewelpen vielleicht.

Und da war ich kurz davor, alle zu ignorieren. Denn das wurde ich die ganze Zeit. Ich hab gesagt, es bringt mir nichts, und trotzdem wurde mir diese Zusatzstunde aufgezwungen. Während dieser Lehrer sich mit Diktieren als optimaler Lösung für mich zufriedengab, haben die anderen Lehrer, darunter unser Direktor und der Oberstufenkoordinator, nach anderen Lösungen gesucht und andere Fälle zum Vergleich recherchiert.

Eine gute Möglichkeit wäre gewesen, das komplette Abitur mündlich zu machen. Ein paar Bekannte im Rollstuhl haben das so gemacht. Allerdings nicht in Bayern und für uns alle war bald klar, dass uns das nicht genehmigt würde. Diktieren fiel für mich trotzdem komplett raus.

Erst gut zwei Monate vor den Abiturprüfungen hatten wir dann eine optimale Lösung gefunden. Die Aufgabenstellung wurde gekürzt.

Ich würde Mathe, Deutsch und Englisch als schriftliche Abiturfächer nehmen und hätte dabei verkürzte Aufgabenstellungen zu lösen. Das heißt, nicht alle Aufgaben müssten bearbeitet werden. Die Lehrer sollten vor Beginn ein paar ausgewählte Aufgaben streichen, damit ich weniger zu schreiben hätte und dadurch ungefähr mit den anderen mithalten könnte.

So haben wir das beantragt, und es wurde genehmigt. Zusätzlich mit Zeitverlängerung, da ich trotzdem Pausen benötigte und zum Beispiel auch mehr Zeit brauche, wenn ich auf die Toilette muss.

Nachdem das geregelt war, kam ein neues Thema auf. Wo sollte ich schreiben? Für mich war das eine unnötige Frage. Ich schreibe da, wo alle anderen auch schreiben. Warum sollte ich woanders schreiben? Die Lehrer haben mir vorgeschlagen, ich könnte in einem Extraraum arbeiten. Wo ich für die Hitze einen Ventilator gehabt hätte, da ich wegen der Lähmung nicht schwitzen kann, und eine Liege zum Ausruhen.

Das war nett gemeint, aber total unnötig. Mit Ventilator fliegen die Blätter weg, und hinlegen wollte ich mich während meines Abiturs sicher nicht. Das haben die Lehrer dann auch verstanden. Na ja, fast alle. Einer war der festen Überzeugung zu wissen, was für mich das Beste ist. Ich hab null verstanden, warum ich nicht ganz normal bei den anderen mitschreiben konnte.

Normalität ist eine Sache, die mir unglaublich wichtig ist und die ich schrecklich vermisse. Ich hab immer wieder gesagt, dass ich keinen Extraraum bräuchte, kein Problem damit hätte, mit den anderen zu schreiben. Er hat immer wieder gesagt, wie viel besser es doch für mich wäre, in einem anderen Raum zu schreiben.

»Da hast du deine Ruhe und störst die anderen nicht.«

»Wenn es darum geht, dass ich die anderen mit meiner Anwesenheit störe: Gut, dann schreib ich halt in dem anderen Raum.«

»Nein, so war das auch nicht gemeint. Was willst du denn?«

Das war so der Moment, in dem ich gemerkt habe, wie mir langsam die Tränen wieder in die Augen stiegen. Ich war so unglaublich wütend. Ich hatte jetzt schon unzählige Male erklärt, was ich wollte und für das Beste hielt, und dann sollte ich es wie zum ersten Mal sagen. Hörte mir überhaupt jemand zu, wenn ich redete? »Ich glaube, das ist das Beste für dich.« Ich glaube, ich weiß selbst, was das Beste für mich ist. Ich höre mir gern andere Meinungen an, aber ich lasse mir nichts aufdrängen. Und ich verstehe noch immer nicht, was das Problem an der Sache war. Hätte ich in einem Extraraum geschrieben, dann hätte es dafür zwei weitere Lehrer zur Aufsicht gebraucht. Für eine einzige Schülerin.

Letztendlich haben wir uns darauf geeinigt, dass ich Englisch und Mathe bei den anderen mitschreiben konnte, zusätzlich aber ein Extraraum für mich freigehalten wurde, falls ich ihn doch brauchen sollte. In Deutsch musste ich von Anfang an in einem eigenen Raum sitzen.

Für das mündliche Abitur gab es nur die Änderung, dass ich eine längere Vorbereitungszeit bekam, da ich ja langsamer schreibe. Sonst brauchte es hier keine Änderung. Mündlich hatte ich mich für die Fächer Chemie und Geschichte entschieden.

Die Zeit vor dem Abitur war recht entspannt. Ich hab viel gelernt, aber ich lerne gern. Zumindest, wenn mir etwas gefällt, so wie Mathe, Chemie und Geschichte. Ich hatte bis dahin einen Schnitt von 2,29 und wollte mich unbedingt verbessern.

Ich lerne gern alleine, in meinem Tempo, hab mich aber auch mit anderen zum Lernen getroffen. Sonst hab ich eher weniger mit Freunden unternommen. Hatte immer noch vier Mal die Woche Therapie, hab trainiert und sonst eben viel gelernt. Vor allem Mathe, was die erste Abiturprüfung war, am 29. April 2016.

Blogeintrag vom 28. April 2016:
Meine liebe Muddi hat mir fürs Mathe-Abi morgen voll den süßen Glücksbringer gegeben:
Meinen Tigi! (Wie der Name schon sagt: ein Schneeleopard-Kuscheltier, mein Lieblingskuscheltier, das ich mit drei bekommen hab, das auch dementsprechend aussieht, das das Erste war, was ich im Krankenhaus wollte, und das auch weiterhin mit mir im Bett schlafen wird! Ja, 20 Jahre alt und Kuscheltiere. Ich bin behindert, ich darf das. – Nee, ich liebe einfach Kuscheltiere! Süßestes Geschenk immer. Egal. Ich schweife ab.)
Jedenfalls bringt sie mir meinen Tigi und hat ihm ein kleines rotes T-Shirt angezogen mit »ABI 2016«. Und dieses T-Shirt, hat sie gesagt, hatte ich einfach mit drei Jahren schon an! Ich fand's mega krass, weil ich mein Abi ja eigentlich 2014 hätte haben sollen. Unfall, Jahr wiederholt und G8, und jetzt passt die Aufschrift. Ob Schicksal, Zufall, what ever. Ich finds halt einfach echt lustig :)!

Mathe macht mir Spaß, und ich war in der Oberstufe auch recht gut darin. Ich war zwar etwas nervös am Tag vor dem Matheabitur, aber nicht wirklich schlimm aufgeregt. Ich hab mich drauf gefreut. Wir alle haben uns in der Früh vor dem Neubau versammelt, in dem die Prüfungen stattfanden. Und die meisten waren nervlich total am Ende. Ich stand bei meinen Freunden, alle eher abseits, weil keiner wirklich Lust auf diese aufgeregte Stimmung hatte.

Dann durften wir rein, der Direktor hat seine Rede gehalten, und wir konnten in die Räume. Jeder hatte einen ihm zugeteilten Platz. Ich kam in den Raum und sah meinen Platz. Erste Reihe, direkt an der Tür. Was für ein Zufall. Damit ich schnell in den anderen Raum wechseln konnte. Alle haben sich viel Glück gewünscht, und wir konnten endlich anfangen. Ich hatte dieselbe Aufgabenstellung wie alle anderen auch, nur dass eben ein paar Aufgaben gestrichen waren. Zu jedem Aufgabengebiet ein oder zwei Fragen, je nach Punkteanzahl. Es lief eigentlich ganz gut. Ich hab eine halbe Stunde länger geschrieben als die anderen und gemeinsam mit ein paar anderen abgegeben, die auch Zeitverlängerung hatten. Wegen Legasthenie, verstauchtem Arm und so weiter. Hab nämlich nicht nur ich bekommen, diese Extrawurst.

Danach wollen natürlich alle immer wissen, wie es einem geht. Anstrengend ja, machbar auf jeden Fall. Ich konnte es immer schlecht einschätzen, wie es mir in Prüfungen ging. War auch im Abi so. Ich schätzte, dass ich einiges richtig gemacht hatte, war aber auch bei ein paar Fragen total aufgeschmissen gewesen. Ich fand das Abitur aber leichter als so manche Klausur. Jedenfalls war es vorbei. Das letzte Mal Mathe, irgendwie schade.

Als Nächstes war dann Deutsch dran, am 3. Mai. Ich hatte also noch vier Tage, um mich vorzubereiten. Ich hab erst mal einen Tag Pause gemacht. Ich wollte sowieso eine Erörterung oder einen Kommentar schreiben, was will man da groß lernen. »Bereitet euch mindestens auf drei Bereiche vor, falls bei eurem Wunschbereich eine Aufgabenstellung kommt, mit der ihr nichts anfangen könnt.«

Hmm, jaja. Wer außer den Superstrebern macht das bitte? Sollte ich eine Erörterung darüber schreiben, warum Hunde schlecht sind, bin ich halt aufgeschmissen, aber ist doch eher unwahrscheinlich. Ich hatte ja auf etwas über Inklusion gehofft, bei dem ich dank persönlicher Erfahrung hätte punkten können.

Vor der Prüfung war der Ablauf wieder ähnlich wie im Matheabitur. Alle aufgeregt, ich wollte es nur hinter mir haben.

Deutsch sollte ich alleine schreiben. Ich kam also in einen separaten Raum, wo die Stimmung eine ganz andere war. Keine Glückwünsche mehr, keine zittrigen Mitschüler um mich. Zu wissen, dass der Rest in den Räumen über mir sitzt und sich viel Glück wünscht und miteinander zittrig ist, hat mich etwas missmutig gestimmt. Gut war allerdings, dass es ruhiger war. Als ich die Liege im Raum gesehen hab, musste ich lachen. Die Lehrer konnten es einfach nicht lassen, das Beste für mich zu wollen. Wobei das Beste gewesen wäre, normal behandelt zu werden.

Als es dann losging, habe ich mir gleich die Aufgabenstellung zum Kommentar genommen, den Rest ungelesen zur Seite gelegt und auf ein gutes Thema gehofft.

Das Problem war, dass bei dem Kommentar keine Aufgaben gekürzt werden konnten. Und was nimmt die Amelie trotzdem? Den Kommentar, natürlich. Aber da hier sowieso weniger zu schreiben war, hatte ich keinerlei Bedenken. Und so war ich dann auch eine Stunde vor der regulären Abgabezeit fertig. An recht viel mehr kann ich mich nicht erinnern, der Psychologe würde wahrscheinlich sagen, ich hab es verdrängt.

Dann hatte ich zwei Tage Zeit, mich auf Englisch vorzubereiten. Das einzige Problem war das Wörterbuch. Ich bin viel langsamer im Wörtersuchen, da ich mich beim Blättern schwertue, aber dafür hatte ich ja den Zeitzuschlag. Schließlich ging auch diese Prüfung ohne größere Schrecklichkeiten vorbei.

Und das war's dann! Nie wieder schriftliche Prüfungen für die Schule. Ein geiles Gefühl. Verbunden mit etwas Wehmut, aber das kennt vermutlich jeder. Zum Feiern hatte ich keine Lust beziehungsweise war ich viel zu fertig, um auch nur an Partys oder Alkohol zu denken. Ich wollte heim und schlafen.

Nach zwei Tagen Durchschlafen hab ich mich dann auf Chemie und Geschichte vorbereitet und gemerkt, wie viel Spaß Chemie mir macht. Vielleicht doch irgendwas mit Chemie studieren?

Geschichte war auch gut zu lernen. Ich kann gut auswendig lernen, und so konnte ich meinen Schwerpunkt »Historische Wurzeln des Nahostkonflikts« auswendig herunterrattern. Meine nächste Prüfung war dann Chemie am 1. Juni. Ich hab mich sehr auf das Kolloquium gefreut, weil es bei einer meiner Lieblingslehrerinnen war. Ich hatte, wie besprochen, mehr Vorbereitungszeit, ansonsten gab es keinen Unterschied zu meinen Mitschülern. Die Fragen waren gut, und ich konnte alles beantworten. Geschichte lief nicht ganz so glatt. Die Frage hab ich mehrmals lesen müssen, um sie überhaupt zu verstehen, und generell hatte ich hinterher das Gefühl, keinen vernünftigen Satz zustande gebracht zu haben. Aber dann war auch das geschafft, und ich war wirklich fertig. Zwölf Jahre (okay, in meinem Fall 14) Schule und jetzt war alles vorbei? Ich hab mich nicht befreit gefühlt, konnte kaum realisieren, dass es das jetzt wirklich gewesen sein sollte – und ich hatte wieder diese Zukunftsangst. Angst davor, nichts zu finden, was mir gefällt, keine Arbeit, kein Studium, nichts. Weg von Lehrern, die eben nur das Beste für mich wollten und mich unterstützten, Verständnis hatten. Die meine Geschichte kannten. Und wenn ich mal irgendwas nicht geschafft habe, weil der Stress zu groß wurde, gesagt haben: »Kein Problem, dann gibst du eben morgen ab.« Wenn ich in der Arbeitswelt sage: »Ich sitze im Rollstuhl«, schicken die mich doch sofort wieder weg. Ich konnte die ersten Tage ohne Schule nicht wirklich genießen.

»Und? Geiles Gefühl, wenn man fertig ist mit Schule, oder? Die Zeit nach der Schule ist die Beste überhaupt!«

»Mmh. Ja, voll.« Viel Zeit, wenig zu tun, viel denken.

Aber vielleicht war es das ja doch nicht. Erst mal musste ich abwarten, ob ich denn überhaupt bestanden hatte.

20
Abi 2016 –
Schluss mit Schule

10. Juni 2016. Notenbekanntgabe. Ich war verdammt aufgeregt. Ich hasse es, etwas nicht zu wissen. Wenn der Lehrer in der Schule gefragt hat: »Wollt ihr den Test heute oder morgen zurück?«, war ich immer bei den wenigen dabei, die ihre Note sofort haben wollten. Auch in meiner schlechten Schulphase, wenn ich eine Fünf oder Sechs erwarten konnte, wollte ich die Noten immer so schnell wie möglich wissen. Ich hasse diese Ungewissheit.

Am Morgen wurden die Schüler angerufen, die nicht bestanden hatten. Unser Telefon klingelte nicht, die erste Hürde war also gemeistert. Aber wie, war die Frage. Ich stand vor dem Abi bei einem Notendurchschnitt von 2,29 und wollte unbedingt auf 1,9 kommen. Ich hab ausgerechnet, welche Noten ich dafür bräuchte, und es sah schlecht für mich aus.

Bevor die Noten verkündet wurden, wurden Reden gehalten. Natürlich. Jaja, okay, passt schon, gib mir jetzt endlich mein Zeugnis. Und nach einer gefühlten Ewigkeit und 80 Programmpunkten später, war es so weit.

»Amelie Ebner.«

Da ich, wie so oft, in der hintersten Reihe saß, von dort ließ es sich nun mal am besten kommentieren, ging mein Schulbegleiter vor, um mein Zeugnis abzuholen.

»Wenn ich nicht 1,9 hab, heul ich.«

Kommentarlos gab er mir das Papier.

›2,0. Neeeeeeeeein! Alles umsonst! Was kann ich eigentlich? 15 Punkte in Chemie, sehr gut. Aber 2,0? Was soll das? Oh, 12 Punkte in Mathe, cool. Trotzdem nur 2,0. Dumm, ich bin einfach nur dumm.‹

In Geschichte und Englisch hatte ich 10 und in Deutsch sogar 11, persönliche Bestleistung. Trotzdem hatte es nicht gereicht. Ich hätte mich die zwei Jahre vorher doch etwas mehr anstrengen und ein bisschen mehr bei den Lehrern einschleimen sollen. Aber dieses Schleimerding ist einfach nicht meins. Warum wird Ehrlichkeit nicht bewertet? In die mündliche Nachprüfung konnte ich auch nicht, hätte nichts geändert. Daher muss ich mein Leben lang mit 2,0 leben.

Während sich bei mir die Freude in Grenzen hielt, war sie bei meiner Familie groß. Als schwarzes Schaf der Familie war ich trotzdem die Erste mit Abitur. (Und dann noch so eine Enttäuschung. 2,0. Die Leute hören bei 2 schon weg. Komma null, okay! Fast 1,9. Aber eben nur fast.)

Nach einer Weile kam aber auch bei mir ein bisschen Freude durch. Wirklich fertig mit der Schule! Ich kam mir noch immer so klein vor, also im Sinne von so jung. Die ganzen Gesichter nicht mehr sehen. Außer am Abiball. Und das war, nach feiern und ausnüchtern, der nächste Punkt auf meiner Programmliste. Der Abiball, dafür gab es nämlich noch etwas vorzubereiten: die Abirede. Zu der ich ausgewählt wurde, gemeinsam mit einem Mitschüler.

Wir hatten Versammlung der gesamten Stufe, ich weiß nicht mehr, weshalb, irgendwas wegen Schule halt. Ein Programmpunkt war: Wer soll die Abirede halten? Ein paar Schüler wurden vorgeschlagen, darunter auch ich. Ich hab mir gedacht, mich wird sowieso keiner wählen, gehe ich halt vor und schaue, was passiert. Ich hatte meine zehn Leute aus der Jahrgangsstufe, mit denen ich gern geredet und Zeit verbracht habe, mit dem Rest hatte ich eher wenig zu tun. Ich bin zwar ein sehr offener Mensch, aber von den anderen hatte keiner den Anschein gemacht, als dass er sich groß für mich interessiert hätte. Von einigen hab ich gehört, sie hätten zu viel Respekt gehabt oder nicht gewusst, wie sie mit mir umgehen sollten. Aber ich würde die Haltung der meisten als Desinteresse bezeichnen. Da ich sowieso immer davon ausgehe, dass mich alle hassen, konnte mich auch keiner wirklich vom Gegenteil überzeugen. Ich wurde nicht ausgeschlossen, wurde aber auch nie wirklich integriert.

Jetzt ging es um die Wahl der Abiredner, ein Junge und ein Mädchen sollten sprechen.

»Fangen wir bei Amelie an. Wer ist für sie?«

Und ohne Scheiß, sehr viele haben sich gemeldet, fast die gesamte Oberstufe. Ja gut, das kam unerwartet. Muss sagen, das war ein ziemlicher Ego-Push. Als Junge wurde ein Mitschüler ausgewählt, der sein Abitur später mit 1,0 bestanden hat. 1,0 und dann ist er noch völlig normal, sieht nicht schlecht aus und ist witzig. Wie zur Hölle? Ich hab nur 2,0, weil ich hübsch und witzig bin. Wäre ich dann noch intelligent, wär es einfach too much. Vorsicht, Ironie.

Blogeintrag vom 13. Mai 2016:
Aufstehen, fertig machen, an den Frühstückstisch setzen und sagen: »Boa, Leute, ich hatte voll den Albtraum! Ich hab geträumt, dass ich querschnittgelähmt bin.«

Nun musste diese Rede noch geschrieben werden. Wie kommt man auf die Idee, jemanden eine Rede halten zu lassen, der in Deutsch immer eine Niete war? Ich weiß es nicht. Aber es hat Spaß gemacht. Die meiste Arbeit hab definitiv nicht ich gemacht, aber wie meine Mitschüler so nett meinten: »Wir hätten uns gewundert, wenn es andersrum gewesen wäre.«

Unser Abimotto war »hAbi Potter – 12 Jahre durchgemuggelt«. Ja, ich fand das auch nicht gerade großartig. Ich darf mich aber nicht beschweren, ich hab verplant abzustimmen. Story of my school-life.

Das sind immer die Besten: Nicht wählen gehen und sich dann wundern, warum die AfD plötzlich die Mehrheit hat.

Stilistisch gesehen verstehe ich das Motto noch immer nicht, aber umsetzen ließ es sich sehr gut. Und für die Abirede gab es reichlich Stoff für Anspielungen. Natürlich konnten wir die Gelegenheit nutzen, um ein wenig auf die »Barrierefreiheit« aufmerksam zu machen. Kommt man nicht drum rum, wenn man eine Rollstuhlfahrerin die Rede halten lässt. Ein kleiner Auszug:

»Der vom Architekten durch eine geniale Verkettung von kreativen Einfällen gefasste Entschluss, einen Großteil der Wände in stylischem Sichtbeton-Grau erstrahlen zu lassen, erquickte unser müdes Augenlicht immer wieder aufs Neue.

Der Zeppelinanbau mit seinem optimal für den Schulalltag ausgelegten hellgrauen Teppichboden, den weißen Innenwänden, dem kaum wahrnehmbaren Röhren der Klimaanlage und allen voran der nicht für Rollstühle ausgelegten Behindertentoilette komplettierte unsere Faszination für die Mauern unserer Zauberschule. Selbst Hogwarts mit seinen wandelnden Treppen ist rollstuhlgerechter.«

Dann war der Tag des Abiballs gekommen. Das letzte Mal die Schule betreten. Ich hatte mir ein blaues Kleid ausgesucht und widerwillig meine Chucks gegen Schuhe mit Absatz und Glitzer getauscht. Mit elf Jahren hatte man mich für die Hochzeit meiner Halbschwester dazu gezwungen, ein pinkes Kleid anzuziehen. Ich hab die ganze Autofahrt lang geheult. Ganz so schlimm ist es heute nicht mehr, Pink ist noch immer nicht meine Farbe, aber Kleider gehen schon mal. Im Rollstuhl muss man da allerdings aufpassen, vor allem bei kurzen Kleidern und Röcken. Wir alle wissen, wie tief das im Sitzen blicken lässt … Mein Kleid war daher züchtig und lang.

Die Zeugnisverleihung fand vormittags statt. Ich musste schon früher hin, um zu prüfen, ob mit dem Rednerpult alles für mich passte. Meine Mama und meine Geschwister wollten nachkommen. Mein Papa war an diesem Tag krank und hat sowieso versucht, drum rum zu kommen. Was mich ein wenig traurig gemacht hat, aber ich kann ihn verstehen, viele Menschen sind auch nicht mein Ding.

Zusammen mit meinem besten Kumpel saß ich in einer vorderen Reihe. Die Rede wurde auf einem Podest gehalten, auf das er mir hochhalf. Ich sah meine Familie schon im Publikum sitzen. Die beste Freundin meiner Mutter war auch gekommen, ich hatte sie eingeladen. Eben weil sie für meine Mutter sehr wichtig ist und auch, weil sie schon viel für uns getan hat und gesagt hatte, sie wollte schon immer auf einen Abiturball.

Ich war überglücklich, sie alle dort zu sehen, und ich war stolz. Und kurz bevor es mit der Rede losging, entdeckte ich auch meinen Papa. Alles war perfekt.

Ich hab mich sehr auf die Rede gefreut, auch wenn ich ein wenig nervös war. Aber vor Leuten reden ist einfach mein Ding. 20 Minuten hat die Ansprache gedauert, und ich hab mir sagen lassen, dass sie ganz gut war. Und dass ich eine angenehme Stimme hätte. Ego-Push mal wieder.

Dann kam die Rede vom Direktor. Bester Jahrgang der Schulhistorie, wir sind alle ganz toll und werden unseren

Weg machen. Darauf folgte ein Satz, den ich schon so befürchtet hatte.

»Jetzt zu einer ganz besonderen Schülerin.«

›Nein, nein, nein. Bitte nicht. Wehe!‹

Schon im Vorfeld hat der Direktor öfter gesagt: »Beim
Abiball haben wir dann eine Überraschung« und »Da machen wir aber schon was Besonderes«.

Und ich hab immer wieder gesagt: »Nein, bitte nicht.«

Ich bin nichts Besonderes, und bin nicht anders als alle
anderen. Und er hat das auch verstanden. Mir war trotzdem klar, dass irgendwas passieren würde.

»Eine Schülerin, die es trotz ihres Schicksals bis hierher
geschafft hat und sich nicht hat unterkriegen lassen.«

Applaus.

Er hat von meinem Skiunfall erzählt, dass er anfangs
nie damit gerechnet hätte, dass ich wieder zurückkommen
könnte, dass ich Respekt verdiene, mich durchgekämpft
habe und den ganzen Kitsch. Es war bestimmt lieb gemeint,
hat aber hauptsächlich gezeigt, dass meine Message nicht
angekommen war.

Ich bin nicht besonders. Hab keinen 1,0-Schnitt und soll-
te deswegen unerwähnt bleiben, wie die meisten anderen.
Ich kann nicht laufen, aber ich war eine von vielen Schülern.
Deswegen fand ich es schade, dass ich ein so großer Teil der
Rede wurde.

Ein Satz, damit hätte ich mich noch anfreunden können,
aber ich bin keine fünf Minuten Redezeit wert. Drei Jahre
kämpfen um Normalität, Gleichberechtigung, und das war
anscheinend alles, was hängen geblieben war. Amelie, die
besondere Schülerin. Am Arsch.

Was ich ihm zugutehalte, ist, dass es nett gemeint war. Am
nettesten wäre es natürlich gewesen, man hätte auf mich gehört und mich unerwähnt gelassen. Aber ohne Drama geht's
dann wohl doch nicht.

Es folgte die Zeugnisverleihung, *Snow* von den Red Hot Chili Peppers hatte ich mir für meinen Lauf ausgesucht. Warum ausgerechnet der Song? Wenn ich die Red Hot Chili Peppers höre, bekomme ich immer gute Laune. Oder ich höre sie immer, wenn ich gute Laune habe. Das erste Album hab ich mit 13 von meiner Mama entwendet, auf meinen iPod geladen und immer gehört, wenn ich vom Fußballtraining nach Hause geradelt bin. Das war im Sommer, deswegen bekomme ich immer so einen schönen Throwback, wenn ich die Lieder höre. Ich fühle, wie meine Beine, kaputt vom Training, die letzten Meter nach Hause in die Pedale treten, ich spüre die Sonne, die am Untergehen ist, meine Fußballtasche auf dem Rücken und wie schön alleine ich war. Und *Snow* war an diesen Sommertagen eines meiner liebsten Lieder. Der Text hat heute eine neue Bedeutung für mich bekommen. »When will I know that I really can't go …« Jop, das frag ich mich auch. Im Schnee hat es damals angefangen, mit *Snow* hörte es in der Schule für mich auf.

Am Abend gingen wir zum Abiball. Da waren nur meine Mama und meine Schwester dabei, und da es an diesem Tag viel zu heiß war, sind wir auch nicht sehr lang geblieben.

Ein weiterer Punkt war abgehakt. Abiball. Das letzte Mal in die Schule gehen. Und jetzt?

Jetzt wurde es langsam wirklich ernst. Ich musste überlegen, was ich mit meinem Leben machen will. Also zumindest kurzfristig. Viele meiner Freunde machten ein Jahr Pause, gingen ins Ausland oder machten eine Weltreise. Das kam für mich alles nicht infrage. Ein Jahr nichts tun, da würde ich verrückt. Ins Ausland oder Weltreise kann ich nicht so einfach machen. Ich bin auf Hilfe angewiesen. Wäre das alles nicht passiert, ich glaube, ich hätte ein Jahr Pause auf unserer Hütte gemacht. Oder wäre zumindest einige Zeit dort geblieben. Aber das ging nun leider nicht mehr. Ich hatte mich nie ernsthaft damit befasst, was ich nach der Schule machen könnte, weil mir das immer so weit entfernt schien. Jetzt war ich fertig und hatte keine Ahnung, wie es weitergehen sollte. Ich hatte nur einen Plan A: Jura studieren. Warum? Weil ich das schon immer machen wollte, ich ein Praktikum beim Rechtsanwalt gemacht und den NC erreicht hatte – aber vor allem weil ich nicht wusste, was ich sonst hätte machen sollen. Keine starken Argumente, aber besser als nichts.

Also Jura sollte es werden. In München, denn zu Hause ausziehen war noch nicht möglich. Dafür war ich noch nicht selbstständig genug. Vor allem: von welchem Geld? An der Ludwig-Maximilians-Universität in München kann man schließlich auch Jura studieren, und die ist von meinem Elternhaus nicht allzu schwer zu erreichen.

Also hab ich mich an der LMU für Jura beworben. Da bewerben sich allerdings immer recht viele. Jetzt gibt es die Möglichkeit für einen Härtefallantrag, der, falls er genehmigt wird, eine Bevorzugung bringt. Den haben alle meine Bekannten, die im Rollstuhl sitzen, genehmigt bekommen. Also hab ich mir da weniger Sorgen gemacht, denn es liegt ja wirklich eine außergewöhnliche Situation vor. Ich kann die Wartezeit nicht sinnvoll überbrücken, kann nicht woanders und auch nicht jedes beliebige Fach studieren. Den Antrag zu stellen war nur etwas kompliziert. Ich kann verstehen, dass die Behörden vorsichtig sind, weil bestimmt viele versuchen, diese Möglichkeit ausnutzen. Nur die Leute, die wirklich den Antrag brauchen, dann zu fünf verschiedenen Ärzten zu schicken machte für mich wenig Sinn. Wie immer hat sich meine Mama darum gekümmert. Was wieder extrem viel Stress für sie bedeutete. Verschiedene Punkte mussten abgearbeitet werden. Darunter ärztliches Attest, beglaubigte Kopien usw. Das ging allerdings verhältnismäßig schnell. Was weitaus stressiger war, war die Beantragung einer Studienbegleitung. Wie auch in der Schule würde ich im Studium auf Hilfe angewiesen sein. Ich komme nicht alleine zur Uni, kann mich in der Uni nicht selbstständig bewegen, brauche Hilfe in der Bibliothek und so weiter. Ohne Studienbegleitung würde ich das alles nicht schaffen.

17 Punkte waren hier gefordert. Mein Stundenplan. Woher? Ich war noch nicht einmal immatrikuliert. Immatrikulationsbescheinigung. Ich war noch nicht immatrikuliert. Wir wollten den Antrag so schnell wie möglich abschicken, die Bearbeitung von so was zieht sich ja immer. Wenn ich dann im Dezember Bescheid bekommen hätte, dass mir die Studienbegleitung genehmigt wird, wäre das für das Wintersemester, das Mitte Oktober beginnt, etwas zu spät. Ich würde gern schon vor der Immatrikulation wissen, ob ich überhaupt studieren kann.

Dann waren wieder verschiedene ärztliche Atteste gefordert, weshalb wir also wieder die Ärzte abgefahren sind. Zu dem Zeitpunkt war ich auf Reha, also musste sich meine Mama allein darum kümmern. Wie sehr ich ihr danke, ich kann das kaum in Worte fassen.

Nur mal ein Beispiel, mit welchen Fragen man als Querschnittgelähmter konfrontiert wird: »Wie sieht Ihr Berufsziel aus und denken Sie, dieses mit dem gewählten Studiengang erreichen zu können? (Auch unter Berücksichtigung Ihrer Behinderung)«

Leute. Ich bin behindert, ich bin nicht dumm!

17 Punkte, etliche Nerven später: Ich wurde zugelassen für Jura, konnte meinen Immatrikulationsbescheid und meinen vorläufigen Stundenplan abschicken. Ich hatte schon jemanden gefunden, der die Studienbegleitung machen wollte. Einer meiner Jungs aus der Schule, Freddie. Er hatte

sich schon bei einer Organisation beworben. Alles erledigt. Allerdings war es Ende September, und ich wusste noch immer nicht, ob die Studienbegleitung genehmigt würde. Ohne konnte ich gottverdammt noch mal nicht studieren. Wenn euch die Alternative – zu Hause rumsitzen und Sozialgeld kassieren – lieber ist, bitte. Aber ich hab da, ehrlich gesagt, wenig Bock drauf. Nur ohne Studienbegleitung würde mir nichts anderes übrig bleiben. Eineinhalb Wochen vor Semesterbeginn kam dann nach mehrfachem Nachfragen der Brief: Genehmigt.

Blogeintrag vom 20. März 2016:
Entdeckt, dass Facebook Nachrichten von »Fremden« filtert.
Mir 100 Nachrichten durchgelesen.
Kann zwischen vier Nachrichtentypen unterscheiden:
1. Behinderte oder Mütter von Behinderten, die mir nur schreiben, um zu zeigen, wie schwer sie es haben, und mir so wohl versuchen, Mut zu machen oder irgendwie befreundet sein wollen, weil sie denken »wir Behinderte müssen zusammenhalten und uns gegen böse Nicht-Behinderte verbünden, die uns das Leben absichtlich schwer machen«. Interessiert mich nicht. Lasst es bitte. Danke.
2. Menschen, die mir Tipps geben. Und Leute, bitte macht weiter! (Außer ihr seid behindert und gebt mir irgendwelche unnötigen Tipps zum Thema Rollstuhlfahren.) Aber alles andere gern mehr.
Viele, die Jura studieren, haben mir geschrieben und hier ein Danke an euch, das sind nämlich Tipps, die mir wirklich weiterhelfen!!!
3. Natürlich die, die mir sagen, wie umwerfend hübsch, toll, stark, klasse, bezaubernd, mutig … ich bin.

Lieb von euch. Wer liest so was nicht gern. Im Ernst, freut mich wirklich, ihr kleinen Schleimer!
4. Anfragen. Süße Jungs/Männer: Macht ruhig weiter. Vielleicht ist ja doch noch der Richtige dabei (haha, der war gut).
Eklige alte/hässliche Jungs/Männer: Hört auf. Ihr seid eklig alt und/oder hässlich. Ihr bekommt keine ab? Dann bekommt ihr auch mich nicht. Sorry, not sorry. Spart euch den Text und erspart mir den Brechreiz. Dankeeeeeee.

»Oh mein Gott. Wie kann sie so frech/oberflächlich/gemein sein, sie sitzt doch im Rollstuhl.« Jaja, halt's Maul.

Hoffe, ich schrecke die Richtigen jetzt nicht ab. Freu mich noch immer über Nachrichten.

21
Ein weiter Weg

Die Leute sagen, Schmerz vergeht mit der Zeit. Dass man sich an alles gewöhnt und dass alles besser wird. Na ja, auf ein Leben als Querschnittgelähmte trifft das nicht zu. Auf mein Leben als Querschnittgelähmte zumindest nicht. Am Anfang ist da die Hoffnung. Dieses »Jaja, das wird schon wieder« und vor allem die Unwissenheit. Rollstuhl, okay, ich kann halt nicht mehr laufen.

Aber so nach drei Jahren merkt man langsam: »Oh Scheiße, also irgendwie ist das noch immer nichts mit Laufen.«

Leute, die schon 30 Jahre im Rollstuhl sitzen, begegnen dir, und du merkst, hm, das könnte ich in 27 Jahren sein. Am Anfang denkt man sich, man muss dem Körper nun mal Zeit geben, um sich zu erholen. Blöder Körper, reichten mehr als dreieinhalb Jahre nicht langsam? Wann würde er endlich anfangen, sich zu erholen? Fragen, die ich mir im Sommer 2016 gestellt habe.

Blogeintrag vom 17. Mai 2016:
Ich bin raus. Ganz ehrlich! Hab null Bock mehr. Wie soll ich in dieser Welt jemals wieder klarkommen? In der Welt außerhalb der Schule und zu Hause. Ich weiß es nicht. Oder doch, ich weiß es: gar nicht. Nie wieder werde ich klarkommen, weil die Welt viel zu groß und viel zu scheiße ist. Weil ich nie ein normales Leben leben werde, nie mein Leben so leben kann, wie ich es möchte, sondern wie ich es muss. Und ich hasse Vorschriften.

259

Die Welt ist nicht gemacht für Rollstuhlfahrer. Darwin hat recht.

Was will man als Rollstuhlfahrer hier? Was kann man? Was darf man?

Nichts. Nichts, nichts, nichts, nichts, nichts.

Will einfach nicht mehr. Will nichts von meiner Zukunft wissen und die Gegenwart geht mir auch zu schnell vorbei.

Warum Rollstühle, Ärzte, Krankenhaus? Warum nicht einfach liegen lassen im Schnee? Wäre so viel einfacher.

So muss man jeden Tag weitermachen und jeden Tag mit dem Wissen leben, dass alles so bleibt, nichts besser wird, alles schlimmer. Danke.

Die Welt ist nicht gemacht für Rollstuhlfahrer, ist nicht gemacht für mich.

Aber natürlich fiel mir in weniger tristen Momenten auf, wie viel ich erreicht hatte. Was ich alles (wieder) gelernt hatte und (wieder) konnte. Man selbst sieht diese kleinen Fortschritte ja nicht. Aber man erinnert sich dran, zum Beispiel, wenn man alte Bilder ansieht. Vor allem wurde mir klar, wie weit ich gekommen war, als ich im Sommer 2016 wieder auf Reha ging. Die Kasse hatte mir das genehmigt. Ich habe sofort beantragt, dass ich nicht mehr in eine andere Reha möchte, sondern nach Bad Wildbad, wo ich gleich nach Murnau drei Monate verbracht hatte. Und sogar das wurde genehmigt.

Vor der Reha hatte ich Angst. Ich hatte Angst, dass ich wieder solche ekelhaften Zustände bekommen würde. Wieder Depressionen, Angst und Panik vor allem. Am ersten Tag alleine dort hatte ich auch schon gedacht, es ginge wieder los, aber das war nur die Aufregung. Und die nächsten Tage und Wochen ging es mir supergut.

Gleich als ich ankam, kamen viele auf mich zu. Vom Personal, vor allem Schwestern, aber auch Physio- und Ergotherapeuten und Patienten, die ich drei Jahre vorher kennengelernt hatte und die jetzt wieder dort waren.

Und immer wieder: »Wow, wie gut du aussiehst, wie toll du dich entwickelt hast.«

Und da wurde mir erst klar, was ich erreicht hatte. Zuerst einmal rein äußerlich. Ich war vor drei Jahren hier. Nach fünf Monaten Krankenhaus weiß wie Schnee, zusammengefallen. Meine Haare waren nahezu komplett ausgefallen. Ich war abgemagert und hatte kaum Muskeln.

Und jetzt war ich zwar noch immer dünn, hatte aber trotzdem Muskeln. Ich wurde langsam wieder braun, und meine Haare waren dick nachgewachsen und viel länger. Ich hatte kein Krankenhausgesicht mehr. Nur noch ein Endlich-fertig-mit-der-Schule-Gesicht. Und das ist ein glückliches.

Und dann vor allem meine Fähigkeiten. Am ersten Tag kam am Abend eine Schwester in mein Zimmer.

»Zähneputzen.«

»Wie, Zähneputzen?«

»Na, ich komm zum Zähneputzen.«

»Ach so, danke. Aber hab ich schon.«

Stimmt. Ich konnte mal nicht alleine Zähne putzen, und zwar eine ziemliche Weile nicht.

Eine Schwester, die zur Zeit meines Unfalls gerade angefangen hatte in der Einrichtung zu arbeiten, war auch noch dort. Ich hab mir meine Haare gekämmt, und sie stand neben mir und hatte Tränen in den Augen. »Wie toll du dich entwickelt hast und wie selbstständig du geworden bist. Das konntest du alles vor drei Jahren nicht.«

Und ja, stimmt, das konnte ich nicht.

Viele haben mir gesagt, dass ich erstaunlich selbstständig und weit für die Höhe des Querschnitts und die vergangene Zeit bin. Und die müssen es wissen, die haben den Vergleich. Es ist etwas anderes, wenn mir jemand sagt, der keine Ahnung von Querschnitt hat, wie viel ich doch kann, als wenn es jemand sagt, der jeden Tag damit zu tun hat.

Ich hab auch wieder ein paar Frischverletzte kennengelernt. Und mein Herz hat geblutet. Nicht wegen der Paras. Die sind nach zwei Wochen fitter, als ich es nach dreieinhalb Jahren war. Aber die Tetras. Und mir wurde klar, wie viel schlimmer es für Außenstehende sein muss, einen Frischverletzten, darunter auch mich damals, zu sehen.

Wie sie einen Strohhalm brauchen zum Trinken; wie sie mit den Händen noch nicht greifen können; nicht mit normalem Besteck essen können; noch keine Ahnung haben, was da noch alles auf sie zukommt. Ich bin froh, dass ich ein guter Verdränger bin. Und ich verdrängte auch diese Gedanken gern wieder. Aber ich war da. Ich saß da. Ich lag da und konnte meine Arme nicht heben. Ich lag da und konnte nach drei Monaten das erste Mal unter großer Anstrengung selbst einen Kopfhörer in mein Ohr stecken. Ich saß nach fünf Monaten hier, an diesem Tisch, und hab mit Tetra-Essbesteck das geschnittene Fleisch aufgespießt. Bis ich jemanden gesehen hab, der die Gabel zwischen den Fingern eingeklemmt hatte, es auch probiert habe und so ohne nerviges Gestell essen konnte. Noch immer hatte ich Probleme mit dem Schneiden. Fleisch bekam ich so gut wie gar nicht selbst geschnitten. Aber ich konnte alleine essen. Und dafür war ich dankbar. Auch dafür, dass ich alleine trinken konnte.

Ich konnte wieder schreiben, mich besser schminken als so manche Frauen mit Fingerfunktion. Ich konnte zeichnen, Papierflieger falten. Alleine ins Auto steigen und fahren. Ich hatte mein Abitur, und ich konnte alleine Zähne putzen. Ich brauchte noch immer Hilfe, klar. Aber ich hatte rausgeholt, was in der Zeit seit dem Unfall möglich gewesen war, um so selbstständig wie möglich zu werden. Jetzt konnte ich zeigen, wie man das Besteck am besten hält. Wie man schreibt und wie man sich die Haare kämmen kann.

Ich hab für vieles lange geübt. Zwei Jahre, um alleine ins Auto zu kommen. Dreieinhalb Jahre und ich kam alleine aufs Sofa. Und ich musste noch immer vieles üben. Was Rollstuhlfahren angeht, war ich nicht fit. Aber bei all der Anstrengung war ich doch so viel besser geworden.

An meinen Fingern hatte sich nichts geändert. Ich konnte sie noch immer nicht bewegen. Würde ich je wieder schnipsen können? Keine Ahnung.

Aber ich hatte mehr Gefühl in den Fingern. Nach dem Unfall hatte ich nur meinen Daumen und meinen Zeigefinger gespürt. Nach einem Jahr kam der Mittelfinger dazu. Den kleinen Finger habe ich mir oft verbrannt, weil ich nicht gemerkt hab, wenn er an einer heißen Tasse anstieß. Ich hätte ihn mir, ohne mit der Wimper zu zucken, abbeißen können. Mittlerweile spürte ich fast meine komplette Hand. Konnte genau sagen, wann ich wo berührt hatte. Wärme und Kälte am kleinen Finger war immer noch schwer, und so hatte ich noch immer hin und wieder Brandblasen dort. Aber es hatte sich gebessert. Und das war wichtig.

Mein linker Arm war von Anfang an stärker gewesen. Ich war schon ziemlich stolz auf meinen Bizeps und Trizeps.

»Fass mal meinen Arm an, schau mal meine Muskeln. Geil, oder?«

Mein rechter Arm war noch immer ein Lauch. Aber der Trizeps ließ sich wieder leicht ansteuern und wurde allmählich auch besser. Wenn ich meinen Arm nach oben streckte, konnte ich ihn nun langsam absinken lassen, anstatt ihn hilflos in mein Gesicht klatschen zu lassen. Ab einem gewissen Punkt konnte ich meinen Arm selbst strecken. Für dreieinhalb Jahre war das sehr langsam und sehr wenig, aber es kam. Und das zählte. Es wurde besser. Langsam, aber besser als nichts.

Dann mein linker Muskelstrang am Bauch. Wurde auch immer kräftiger. Ich konnte sogar meine Arschbacken ein wenig zusammenkneifen. Meine Physio hat ein wenig erstaunt geschaut, als ich gesagt habe: »Lang mal an meinen Hintern. Spürst du's?«

Und ja, sie hat es gespürt. War also keine Einbildung gewesen. Über so etwas freute ich mich. Jeden Abend liege ich noch heute im Bett, spanne zehnmal meinen Hintern an. Reicht es, um irgendwann zu twerken? Keine Ahnung.

Auf Reha hatte ich dieses Mal sehr viel trainiert. War jeden Tag eine Stunde im Kraftraum. Kräftigung war eines meiner Hauptziele. Zulegen und kräftiger werden. Und wir haben viel auf der Liege gearbeitet. Freisitzen, Gleichgewicht. Im Langsitz sitzen und einen Ball werfen. Das ist für mich sehr anstrengend. Anfangs musste ich den Ball fangen, mein Gleichgewicht finden. Ich war sehr unsicher, hatte Angst zu fallen und hab mir selbst wenig zugetraut. Am Ende der Reha konnte ich ohne Angst sitzen, konnte mich sehr gut halten, den Ball kurz festhalten und gleich wieder zurückwerfen. Ich hab mir viel mehr zugetraut, konnte mich mit den Armen abfangen, wenn ich gefallen bin.

Wir haben außerdem das Stützen geübt. Also das gesamte Körpergewicht mit den Armen anzuheben. Und auch das konnte ich nach der Reha recht gut. Das Schwierige hierbei ist nicht, die Kraft zu haben, natürlich auch, aber vor allem liegt die Herausforderung darin, das Gleichgewicht zu halten. Nicht vor oder zurück zu fallen. Wir haben an der Rumpfstabilität gearbeitet, die Arme trainiert und den rechten Trizeps verbessert. Jeden Tag Training mit Leuten, die sich auskennen, und vor allem Tipps von anderen Rollstuhlfahrern bekommen. Das hat viel geholfen.

Nicht nur motorisch, auch sensorisch hat sich auf dieser Reha einiges getan. Dort hatte plötzlich meine rechte Seite angefangen zu kribbeln. Vor allem mein Bauch. Wenn ich hinfasste, kribbelte er. Ich war Handbiken und hab auf einmal gespürt, wie mein T-Shirt an meiner rechten Seite im Wind schlackerte.

Da ist mir aufgefallen: Es musste einen doch komplett überfordern, wenn man seinen ganzen Körper spürte. Wenn ich im Sommer draußen bin, kommen ein paar Fliegen, setzen sich auf meine Beine und denken sich: »Haha, die Alte nerven wir jetzt mal schön.« Dann denke ich mir nur: ›Nein, liebe Fliegen! Juckt mich nicht.‹ Apropos juckt mich nicht: Im Sommer lege ich meine Beine immer schön offen hin, damit die Mücken was zu stechen haben. Und trotzdem stechen mich die Mistviecher meistens in den Arm.

Aber wenn man seinen Körper komplett spürt, muss man doch die ganze Zeit denken: ›Was ist da an meinem Bein? Oh, mein Hintern juckt.‹ Ich weiß es nicht mehr, wie ich das früher mal geschafft habe. Ich hab vergessen, wie sich mein Körper früher angefühlt hat. Und ich weiß auch nicht mehr, wie sich das Laufen angefühlt hat.

Die Leute fragen gern: »Wird das wieder?«

Anfangs hab ich noch gesagt, dass man das nicht genau sagen kann, dass man abwarten muss. Und auch nach dreieinhalb Jahren war ich noch nicht bereit, diese Frage zu verneinen. Ich hatte die Hoffnung noch nicht aufgegeben.

»Wirst du je wieder laufen können?«

Die Ärzte sagen: »Nein, finden Sie sich mit der Situation zurecht.« Die Menschen sagen: »Ich kenne einen, der konnte wieder laufen, weil er unbedingt wollte und nicht aufgegeben hat.« Ich sage: »Ich weiß es nicht.«

Ich war nun 20 und sah mich mit 30 nicht immer noch im

Rollstuhl sitzen. Oder ich wollte es einfach nicht sehen. Wenn es nur so einfach wäre und danach ginge, wie sehr man es will, liebe Menschen. Ich hab noch niemanden getroffen, der sagt, er finde es in Ordnung, im Rollstuhl zu sitzen. Wollen allein bringt dich nicht weiter.

Trotzdem: Bei meinem Körper hatte sich etwas getan. Ich fühlte mehr und konnte wieder Muskeln anspannen, die ich nach dem Unfall nicht ansteuern konnte. Aber es war so wenig und verbesserte sich so langsam.

Ich hatte mich im Alltag eingerichtet, aber ich hatte mich noch nicht mit meiner Situation abgefunden. Und ich konnte nicht sagen, ich würde nie wieder laufen können. Denn ich wusste es einfach nicht. Ich wartete auf die Wissenschaft, die vielleicht bald auch Nerven flicken könnte. Ich wartete darauf, dass sich meine Nervenenden wieder finden würden. Es gab Therapiemöglichkeiten, die ich noch nicht versucht hatte. Es gab das »Project Walk« in Amerika, wo lauter Querschnittgelähmte wieder zum Laufen gebracht wurden. Teuer, aber vielleicht irgendwann mal erreichbar für mich.

Ich wollte eben nicht sagen: »Ich werde nie wieder laufen, ich werde nie wieder Ski fahren, ich werde nie wieder wandern, ich werde nie wieder aufstehen, ich werde nie wieder den Mittelfinger zeigen können.«

Vielleicht würde ich nie wieder laufen. Wahrscheinlich würde ich nie wieder laufen. Aber es war nicht unmöglich. Und diese Hoffnung wollte ich mir von niemandem nehmen lassen.

 Blogeintrag vom 22. März 2016:
Gut: Meine Schuhe sind immer sauber.
Schlecht: Meine Schuhe sind immer sauber.

22
(K)ein Happy End

2030.

Augen auf. Irgendwas hat mich aufgeweckt. Neben meinem Kopf zwei wunderschöne braune Augen, die mich anstarren. Eine kalte Schnauze, die mich weckt. Hund hat Hunger. Ich richte mich auf im Bett. Etwas wacklig, aber es geht ohne Hilfe. Mein Rollstuhl steht neben meinem Bett. Morgens sind meine Beine noch sehr müde. Ich kann sie ein wenig bewegen, aber zum Gehen sind sie noch zu schwach. Ich setze mich also in den Rollstuhl und fahre in die Küche. Mache mir einen Kaffee und schmiere mir ein Nutella-Brot. Das dauert. Meine Finger funktionieren noch nicht so, wie ich es möchte. Ich kann sie strecken, aber sie sind nicht kräftig genug, um ein Messer gut zu halten und ein Brot gekonnt zu schmieren. Während ich auf meinen Kaffee warte, lasse ich die Hunde in den Garten. Drei Hunde habe ich, einen Schäferhund, zwei Mischlinge. Alle vom Tierschutz. Ich bin froh, meinen Arbeitsplatz so nah an meinem Haus zu haben, sodass ich immer wieder zu Hause vorbeischauen kann, um mit den Hunden Gassi zu gehen.

Es ist sieben Uhr, und ich muss mich langsam fertig machen für die Arbeit. Meine Beine werden langsam fitter, ich strecke sie vorsichtig. Fahre ins Bad, putze Zähne. Dann in mein Schlafzimmer. Da suche ich mir etwas zum Anziehen. Mein Freund ist zum Glück schon zur Arbeit gefahren, sodass ich nicht leise sein muss, um ihn nicht zu wecken. 34 Jahre alt und nicht verheiratet? So schaut's aus. Bin glücklich, so wie es ist.

Ich nehme mir eine Jeans, schlüpfe mit den Füßen hinein, stelle mich hin und ziehe sie hoch. Das Schwierigste wird sein, den Knopf zu schließen. Meine blöden Finger. Aber jahrelange Übung macht's möglich. Eine weiße Bluse, einen Blazer, meine schwarzen Vans und ich bin fertig.

Nach vier Jahren kam mehr und mehr meiner Rumpfstabilität zurück. Ich hab am deutschen »Project Walk« teilgenommen und war auf Reha. Irgendwann reagierte plötzlich mein Oberschenkelmuskel, und ich konnte das linke Bein ein paar Zentimeter anheben. Fünf Jahre nach meinem Unfall. Weitere drei Jahre und unzählige Trainings- und Therapiestunden später konnte ich bereits mit Hilfe stehen und ein paar Schritte laufen. Alles nur mit Unterstützung, aber das allein macht mein Leben so viel einfacher. Nicht nur umziehen geht jetzt um einiges schneller. Duschen, baden, ins Bett legen und wieder aufstehen, das mache ich alles allein.

Ich sehe meine Krücken neben der Tür stehen, fühle mich heute aber schwach und beschließe, im Rollstuhl zur Arbeit zu fahren.

Meine Hunde sind im Haus, einen kann ich als Begleitung mit in die Kanzlei nehmen. Ist schließlich zur Hälfte meine.

Ich wohne in einem kleinen Häuschen. Mit Aufzug. Ich komme überall wunderbar hin, egal ob mit oder ohne Rollstuhl. Zum Gehsteig führt eine kleine Einfahrt. Ich steige in mein Auto, verlade meinen Rollstuhl mithilfe der Verladehilfe. Und fahre los. Mit Handgas. Ich hätte die Kraft, um mit Pedalen Gas zu geben, aber so hab ich es gelernt. So fühle ich mich sicherer.

Ich bin froh, eine Kanzlei gefunden zu haben, die so nah an meinem Haus ist und zudem rollstuhlgerecht. Nach meinem Jurastudium habe ich in einer Kanzlei in München gearbeitet. Die war zwar rollstuhlgerecht, dort hinzukommen war aber anstrengend. S-Bahn-Fahren ist noch immer schlecht. In der Stadt bin ich nur mit dem Rollstuhl unterwegs. Ich kann kurz stehen, was mir vollkommen ausreicht, aber für lange Strecken bin ich noch nicht fit genug. Wer weiß, vielleicht wird das noch.

Kürzlich hatte ich die Möglichkeit erhalten, eine eigene Kanzlei zusammen mit einem Anwalt, mit dem ich im Studium in Kontakt gekommen war, zu eröffnen. Unter anderem Medienrecht. Warum nicht?

Ich habe mein eigenes, schönes, großes Büro. Ich komme überall fantastisch hin, kann mir sogar Kaffee machen.

Ich arbeite gern und bin froh darum. Mittags fahre ich nach Hause, um mich um meine Hunde zu kümmern. Meine Schwester wohnt nebenan. Mit ihr esse ich zu Mittag. Sie kocht noch immer sehr gut, was nicht nur mich, sondern auch ihre Kinder und ihren Mann freut.

Meine Eltern und mein Bruder wohnen zum Glück auch nicht weit entfernt, sodass wir uns oft sehen. Meine Familie ist noch immer das Wichtigste in meinem Leben. Ich bin so unendlich froh, sie bei mir zu haben. Warum ich noch keine Kinder habe? Arbeit, Hunde. Ich hab noch ein wenig Zeit. Und wenn nicht, ist es auch nicht tragisch. Ich habe einen Freund, mit dem ich mich gut verstehe, der mein bester Freund ist und immer für mich da. Dazu meine Familie, Hunde, Arbeit – was will ich mehr?

Es ist Freitag, und ich beschließe, nicht mehr in die Kanzlei zu fahren. Vielleicht arbeite ich morgen ein bisschen was. Jetzt fahre ich erst mal zum Sport, ins Fitnessstudio. Ich bin froh, endlich etwas Gewicht zugelegt zu haben. Wirklich aufpassen muss ich noch immer nicht, aber ich habe wieder mehr drauf. Und endlich Platz für Muskeln. Meine Beine trainiere ich, so gut es eben geht. Ich kann sie gut anheben, die Strecker funktionieren nur noch nicht wirklich. Aber das ist sowieso schon mehr als gut so. Beinpresse mache ich mit zwei Kilo. Läuft bei mir.

Nach dem Fitnesstraining gehe ich unter die Dusche. Und auch das ist so schön einfach, wenn man kurz aufstehen kann. Vom Rollstuhl auf einen Hocker in der Dusche, fertig. Abtrocknen, anziehen, Haare föhnen.

Ich gehe zu meiner Schwester rüber, nehme natürlich meine Hunde mit. Schreibe meinem Freund. Er soll später auch rüberkommen, wenn er von der Arbeit kommt. Wir wollen dort gemeinsam zu Abend essen. Er antwortet ein paar Minuten später: »Alles klar. Freue mich auf dich.«

Danach wollen meine zwei besten Kumpels, Amadeus und Freddie, noch bei mir vorbeischauen, und wir werden vielleicht etwas trinken gehen. Ich hatte ja schon nicht mehr daran geglaubt, aber auch sie sind mittlerweile in festen Händen. Beide hab ich noch in der Schule kennengelernt. Seitdem bin ich mit ihnen befreundet. Es ist schön, dass diese Freundschaften schon seit bald 15 Jahren halten.

Nach dem Abendessen bereite ich in der Küche Getränke vor. Ich liebe meine neue Küche. Rollstuhlgerecht, ich komme ans Waschbecken, an den Herd. Teuer? Ja. Aber das war's definitiv wert.

Was mich aber am glücklichsten macht, ist, dass ich wieder auf unsere Hütte kann. Ich bin komplett selbstständig. Ich kann alleine sein, wenn alles rollstuhlgerecht ist. Und ich hatte die Möglichkeit, die Hütte anzupassen. Zusammen mit meinem Papa, der mit seinen 83 Jahren immer noch richtig fit ist, und dem Rest der Familie natürlich. Ich kann bis direkt vor die Tür fahren. Wir haben über die Wiese einen Holzpfad gebaut. In der Hütte gibt es nun ein großes Bad und ein Bett, in das ich komme. Im Sommer, im Frühling und im Herbst bin ich so oft wie möglich dort. Mit meiner Familie. Im Winter ist es zu kalt. Und im Schnee komme ich nicht wirklich voran. Ich war zweimal dort, aber es war nicht mehr wie früher. Und auch die Skifahrer zu sehen tut ein bisschen weh. Ski fahren kann ich noch nicht. Ich hab's auch nicht mehr versucht.

Aber ich kann wieder an den schönsten Ort der Welt, und das reicht.

2017.

Ich weiß, alle lieben ein Happy End. »Ich bin dankbar für mein neues Leben und würde es für nichts eintauschen wollen.« Das gibt's hier nicht. Ich bin dankbar für die Erfahrungen, die ich gemacht habe. Ich bin unendlich dankbar für viele Einsichten, die ich bekommen habe. Dass nichts wichtiger ist als die Familie und die Gesundheit. Sich wegen Kleinigkeiten verrückt zu machen ist Schwachsinn.

Aber ich würde es sofort tauschen gegen mein altes Leben vor dem Unfall. Würde alles geben, um zu der falschen Zeit nicht am falschen Ort gewesen zu sein.

Ich weiß, dass sich nie so viele Leute für mich interessiert hätten, wenn ich nicht im Rollstuhl gelandet wäre. Ich hätte nie einen Blog und so viele Leser gehabt. Ich schätze das alles und nehme das gern an. Will weiterhin erzählen, dass behindert zu sein nicht behindert ist. Aber auf das winzige bisschen Popularität könnte ich leicht verzichten, wenn ich dafür wieder laufen könnte, wieder mein altes Leben leben könnte.

Aber auch wenn mein neues Leben viel verlangt, es gibt mir auch vieles. Ich bin nicht glücklicher als vor meinem Unfall, ich bin aber auch nur selten trauriger.